PHI... ...PHIE
...ES
IMAGES.

COMPOSÉE D'VN AMPLE

Recueil de Devises, & du Jugement de
tous les Ouvrages qui ont été faits
sur cette Matiere.

Par le P. C. F. MENESTRIER,
de la Compagnie de JESUS.

A PARIS,

Chez ROBERT J. B. DE LA CAILLE,
ruë S. Jacques, aux trois Cailles.

M. DC. LXXXII.

AVEC PRIVILEGE DV ROY.

A MONSEIGNEUR
COLBERT,
MARQVIS

DE SEIGNELAY, &c.

CONSEILLER DU ROY
en tous ses Conseils, Ministre &
Secretaire d'Estat, Contrôlleur
General des Finances, Sur-Intendant & Ordonnateur General
des Bastimens de sa Majesté, Arts
& Manufactures de France.

MONSEIGNEUR,

Il y a long-temps que les Souve-
rains, & la plûpart des Grands
Hommes representent leurs desseins

& leurs entreprises, par des Images Symboliques, & font graver ces Images, sur l'Or l'Argent, & le Bronze, pour apprendre à la posterité, les sentimens qui les ont portez à faire de si grandes choses. On a vû ces Images dans leurs Estandarts, & sur leurs Cottes d'armes, quand ils sont allez aux expeditions Militaires. Ils en font leurs Chiffres secrets, comme ils les font parler pour eux dans ces superbes divertissemens, ou les plus belles passions font gloire de se découvrir sous la pompe des Armes, & des Actions genereuses. L'Eglise & les Academies ont emprunté de ces Tournois & de ces Fêtes Militaires, ces Peintures Philosophiques, pour exprimer les Mysteres des Arts & de la Religion. Ainsi tout est plein de Devises à la Cour, &

EPISTRE.

dans les Armées, dans les Cabinets des Sçavans, dans les lieux de leurs Assemblées, à la tête de leurs Ouvrages, dans les Sales & dans les Galeries, sur les Meubles les plus riches, & jusques dans le Sanctuaire. Ce sont MONSEIGNEUR, ces Devises que j'ay ramassées en ce Livre, & je me suis persuadé que comme vous les faites servir à la gloire du Roy, dans les Medailles, & dans les Ouvrages publics; vous seriez bien aise de voir ce que les Autheurs en ont dit en diverses Langues, & tout ce qui s'est fait depuis plus d'un siecle en ce genre d'écrire. C'est le dessein de cét Ouvrage, qui contient la description exacte de tous les Traitez qui ont parû jusqu'icy, avec un Recueil de cinq mille Devises, l'Histoire de

ces Images Symboliques, & leurs
regles établies sur des principes soli-
des. C'est une partie considerable de
la Philosophie des Images que je
me suis proposée à developper dans
mes premeres études, & ce sont
les fruits de ces études que je vous
presente aujourd'huy, comme le
fidele tribut des sentimens respe-
ctueux avec lesquels je suis

MONSEIGNEVR,

Vôtre tres-humble & tres-
obeïssant Serviteur
CLAUDE FRANÇOIS MENESTRIER,
de la Compagnie de JESUS.

PERMISSION,

JE Loüis Camaret Provincial de la Compagnie de Jesus en la Province de Lion, permets au P. Claude François Menestrier, de faire imprimer *l'Art de Persuader*, & *la Philosophie des Images en plusieurs Volumes*, ou il est traité des Spectacles, Devises, Emblêmes, Hierogliphes, Armoiries, & autres Images sçauantes. A Lion le 14. de Novembre de l'an 1679.

LOUIS CAMARET,

Locus † Sigilli.

PREFACE.

LES Devises sont si fort du goust de ce siecle, que je me suis persuadé qu'un ramas de celles qu'on a faites en divers endroits de l'Europe, ne pourroit estre qu'agreable, & mesme utile au public. La bijarrerie des hommes dans la plufpart des jugemens qu'ils font des choses, m'a fait preferer un recueil au choix que j'aurois pû faire des Devises les plus justes, & les plus Spirituelles. Les sentimens de ceux qui en ont donné les regles sont si opposez les uns aux autres, qu'il est impossible de rien êtablir de certain dans cette opposition, si l'on ne prend d'autres routes que celles qu'ils ont prises ; & si au

PREFACE.

lieu du nombre & de l'authorité qui l'emportent d'ordinaire dans la plûpart des jugemens, on n'a recours à la raison, & à une discussion qui reduise ces sentimens aux premiers principes des choses, pour en reconnoistre la verité. C'est ce qui m'a obligé de commencer par un jugement de deux cens Autheurs qui ont écrit des Devises : ou exposant fidelement les sentimens de chacun, je laisse aux Lecteurs à remarquer cette diversité d'opinions, qui n'établit rien de solide, & la necessité qu'il y a de prendre d'autres mesures pour donner un veritable Art des Devises, comme je tâcheray de faire un jour. A ce jugement des Autheurs, je joints un recueil de quatre mille Devises. Il est aisé de voir que parmy un si grand nombre, il faut necessairement qu'il y en ait plus de foibles & de communes, que de brillantes, & de justes. Mais comme les gousts ne sont

PREFACE.

pas les mesmes, & que chacun a les vûës, ce qui ne plaira pas à quelques-uns, ne laissera pas de plaire à quelques autres. Quelques-uns découvriront en la plûpart de ces Devises, des finesses & des beautez que d'autres n'y verront pas. Les plus irregulieres serviront à en faire de plus justes en corrigeant leurs défauts, & tel en rectifiera quelques-unes, qui n'auroit jamais sceu en faire s'il luy avoit fallu chercher & le corps & la pensée qu'il trouvera en ce Recueil, & ausquels il n'aura qu'à donner une expression plus heureuse, & un plus beau tour de paroles. On aura aussi peut-estre plaisir de voir les divers caracteres de l'esprit, & ses diverses manieres à s'exprimer sur les mesmes choses, quand on verra plusieurs Devises assez semblables les unes aux autres, & des corps si propres à fournir un grand nombre de pensées & d'applica-

PREFACE.

tions , qu'il y a plus de cinq cens Devifes du Soleil, plus de deux cens de la Lune , & un auffi grand nombre des Aigles, des Abeilles, & de quelques autres corps. Il y a mefme des Devifes, qui pour n'être pas des plus juftes, ny des plus fpirituelles, portent des remarques d'Hiftoire affez fingulieres , à raifon des occafions aufquelles elles ont efté faites, pour meriter de tenir rang dans un Recueil. En tout cas il en fera de ce ramas comme du Ciel, ou toutes les étoilles ne font pas de la premiere grandeur, il y en a de nebuleufes , & mefme que l'on ne void point qu'avec le fecours des Lunettes, & que la curiofité des fçavans ne laiffe pas d'obferver. L'Abbé Picinelli a fait en Italie depuis vingt ans ce que je fais aujourd'huy en France; mais comme il n'a pas connu les Devifes qui fe font faites en ce Royaume, & qui ont l'avantage

PREFACE.

de ne point ceder à celles qu'on a faites delà les Monts, je faits honneur à la France de ramasser en un corps tout ce qu'elle a produit de plus spirituel en ce genre d'écrire, & de mêler nos Devises aux Devises étrangeres, qui ne sont pas toûjours les plus belles, ny les plus ingenieuses. J'ay ajoûté à la plûpart de petites applications morales, parce qu'il n'est point de Devise qui ne puisse servir dans un discours d'une riche similitude, pour expliquer les choses que l'on traite. J'ay suivi l'ordre des corps naturels, parce que cet ordre est le plus aisé, & qu'il est comme une espece de table pour trouver d'abord ce que l'on cherche. Ce n'est icy qu'une premiere partie, qui contient seulement les Devises tirées du Ciel & des Astres. La seconde sera de celles qui se tirent des Elemens ; & la derniere de celles qui sont composées

PREFACE.

de corps Artificiels, ou empruntées de l'Histoire & de la Fable.
L'Histoire des Devises en fera une
autre partie : Et enfin, l'Art des
Devises establi par des regles rai-
sonnées, achevera tous les traitez
que j'ay sur cette matiere, & qui
ne sont qu'une partie de la Philosophie des Images, dont j'ay déja publié plusieurs parcelles sepa-
rées.

AVTHEVRS,
QUI ONT ECRIT
des Devises, dont les Ouvrages
font examinez en ce Traité.

JUGEMENT
DES AUTHEURS,

Qui ont écrit des Devises.

TOUS les Autheurs qui ont écrit des Devises, se peuvent reduire à cinq ordres. Le premier est de ceux qui ont entrepris expressement d'écrire de l'Art des Devises, & qui en ont donné les regles. Le second de ceux qui en ont parlé par occasion. Le troisiéme de ceux qui ont fait des Devises. Le quatriéme de ceux qui en ont laissé des Recüeils, & le dernier de ceux qui en ont inseré dans leurs Ouvrages.

PAUL JOVE est sans contestation reconnu pour le premier de tous les Autheurs qui ont écrit de la nature des Devises & qui en ont donné les regles. Ayant cessé pour un temps, durant les grandes chaleurs de l'été de travailler à son Histoire, il alla avec

A

Loüis Domeniqui son amy, prendre le divertissement de la campagne, & s'estant
entretenu avec luy des Devises, que nos
François portoient sur leurs Cottes d'armes, & dans leurs êtendarts durant les
guerres d'Italie, il en composa un petit
traité en forme de Dialogue. Il commence
ce traité par les images, que les Anciens
porterent en leurs cimiers, en leurs êtendarts & sur leurs boucliers, & donne ensuite
cinq conditions de la bonne Devise.

*La premiere, qu'il y ait juste proportion de
corps & d'ame: c'est à dire entre les figures
& les paroles.*

*La seconde, que la Devise ne soit ny si obs-
cure, qu'elle ait besoin d'une Sibille pour l'in-
terpreter; ny si claire que chacun la puisse aise-
ment concevoir.*

*La troisiéme, qu'elle soit agreable à voir, les
corps estant pris des Astres, des Elemens, des
Animaux, des Ouvrages & des Instrumens
des Arts.*

*La quatriéme, qu'il n'y ait point de figure hu-
maine.*

*La cinquiéme, qu'il y ait un mot, qui soit
court sans estre obscur, & qu'il soit dans un autre langue que celle de la personne qui porte
cette Devise.*

Apres ces cinq Regles il donne quelques
exemples des Devises sans corps, & des

Devifes de fimples paroles fans aucune figure : de quelques Devifes obfcures, de
celles qui font trop fiéres, & qui paroiffent
arrogantes. Des Devifes de Chiffres parlans, ou des Rebus, & de celles dont les
mots font trop longs. Il loüe la Devife de
Loüis XII. celle de François I. & celle de
Henry II. que fon amy Loüis Domeniqui
avoüe en ce Dialogue eftre les trois plus
belles Devifes qu'il ait vûës. Enfin il blâme
les Devifes de quelques Efpagnols, & apres
avoir rapporté celles des derniers Rois
d'Arragon, des Ducs de Milan, & des Seigneurs de la Maifon de Medicis, il finit par
celles des grands Capitaines, des Dames
& des Cardinaux.

On ne peut que loüer cét Autheur, qui
s'eftant rendu celebre par l'Hiftoire qu'il a
écrite & par les éloges des grands hommes
qu'il a laiffez à la pofterité, ne s'eft pas
moins acquis d'eftime & de reputation parmy les Sçavans par ce petit traité, qui le
fait paffer depuis plus d'un fiecle pour le
Pere des Devifes, quoy qu'elles foient bien
plus anciennes que luy. Nous luy avons l'o-
bligation de fçavoir ce qu'elles font,
puis qu'il eft le premier qui ait pris
foin d'en rechercher l'origine, & d'en donner les regles, & je ne fçay fi nous fçaurions
celles que tant de Princes & de Seigneurs

ont portées, s'il ne les avoit conservées
dans ce petit traité.

Cependant il est vray de dire que ce
traité est trop court, qu'il donne trop peu
de regles, & qu'il a plûtost ébauché cette
matiere pour donner lieu à d'autres d'en é-
crire, qu'il ne l'a traitée à fond. Il combat
luy mesme par les exemples qu'il loüe &
qu'il approuve comme de bonnes Devises,
la quatriéme regle qu'il establit, qu'il n'y
ait point de figure humaine dans la Devise.
C'est ce qui a fait naistre tant de contestations parmy les Autheurs, qui ont écrit
apres luy, les uns s'en tenant à sa regle, &
les autres à ses exemples, & à l'approbation
qu'il leur donne. Il détruit aussi la seconde partie de sa cinquiéme regle par divers
exemples de fort belles Devises, qui sont en
langue vulgaire. Il dedia ce traité à Cosme
de Medicis son protecteur, & le luy presenta manuscrit.

Apres la mort de ce premier Autheur
des Regles, & de l'Art des Devises, Loüis
DOMENIQUI en fit un autre en forme de
Dialogue pour expliquer sa Devise, dont le
corps estoit un pot plein de fleurs & fou-
droyé, avec ces mots Grecs.

ΑΝΑΔΕΔΟΤΑΙ ΚΑΙ ΟΥ ΚΑΙΕΙ.

Qui veulent dire que ce coup de foudre
répand son exhalaison sur ces fleurs sans
les brûler, & que la mauvaise fortune le
traitoit de la mesme maniere. Ayant fait ce
petit traité à l'occasion de cette Devise, &
luy ayant donné pour titre *Ragionamento
sopra le imprese*, raisonnement sur les Devises, il l'envoya avec celuy de PAUL
JOVE son amy à Guillaume Rouville Libraire de la ville de Lion, en un temps où l'Im-
primerie y estoit des plus celebres, & lors
que la Nation Florentine y faisoit un corps
considerable pour le commerce. Ce fut l'an
1559. que ces deux Traitez commencerent
à paroître imprimez pour la premiere fois.
Le dernier est un Dialogue entre Pompée
de la Barba, Arnoux Arlenio, & Loüis Domeniqui. Ce pretendu raisonnement est
fort peu de chose, & n'est rien moins qu'un
raisonnement. Ce n'est à proprement parler qu'un ramas de Devises bonnes & mauvaises, & si ce traité n'avoit eu le bonheur
d'être joint à celuy de PAUL JOVE, il auroit
peine d'estre connu dans le monde. Alphonse Ulloa Espagnol estant à la suite
de Dom Francesco de la Torre Ambassadeur du Roy d'Espagne aupres de la Re-
publique de Venise, traduisit en sa langue
ces deux traitez & les fit imprimer à Venise. Ils furent depuis reimprimez à Lion,

chez Guillaume Rouville, qui les imprima aussi traduits en langue Françoise.

Environ ce mesme temps Hierôme Ruscelli publia un discours Italien de l'origine du nom des Devises & de leurs regles. Ce discours est divisé en huit Chapitres. Le premier est des regles de la Devise. Le second de l'occasion pour laquelle on ajoûte un mot aux figures. Le troisiéme du nombre des figures. Dans le quatriéme il examine si la figure humaine y peut entrer. Le cinquiéme est des Emblemes & de leur difference avec les Devises. Le sixiéme des paroles des Devises. Le septiéme des Devises que l'on fait à l'honneur de quelqu'un. Le huitiéme des personnes qui fôt des Devises pour elles mesmes. Comme ce Traité est un peu plus estendu que celuy de Paul Jouë, & qu'il parut en mesme temps que celuy-là fut imprimé, il a eu beaucoup de cours & beaucoup de reputation. Il y ajoûta deux autres livres de recueils de Devises, dont je parleray en traitant des Autheurs du quatriéme ordre qui ont publié des recueils.

L'an 1562. Scipion Ammirato celebre, Genealogiste, imprima un Dialogue des Devises sous ce titre. *Il Rota o vero delle imprese Dialogo del signor Scipione Ammirato, nel qual si ragiona di molte imprese di diversi*

Eccellenti Autori, di alcune regole e avertimenti intorno questa materia.

Il feint en ce Dialogue que l'Evêque de Potenza au Royaume de Naples, nommé Nino de Nini, allant avec Alfonse Cambi, & Barthelemy Maranta à la maison de campagne de Bernardin Rota qui les y menoit en carrosse, l'Evêque apperceut sur le dos de ce carrosse une Devise, ce qui luy donna occasion de demander ce que c'estoit, & de parler insensiblement des Devises durant tout le chemin, & dans la maison de campagne où ils alloient, parcequ'ils y trouverent quantité de Devises peintes en divers endroits.

En tout ce discours de Scipion Ammirato il y a bien des choses hors d'œuvre, parceque ceux qui composent le Dialogue y parlent de plusieurs Inscriptions qu'ils trouverent sur la porte de cete maison de cāpagne, sur les fontaines, & en quelques autres lieux : la plûpart des Devises qu'ils examinét sôt peu conformes aux regles des veritables Devises, & il en loüent quelques unes qui ne sont pas supportables. On ne s'instruit pas beaucoup en la lecture de ce Livre pour l'intelligence des Devises. Alfonse Cambi y loüe extraordinairement Antonio Epicuro qu'il nomme Maistre & Prince des Devises, Maestro e Principe delle Imprese. Je n'ay ja-

mais rien vû de ce Maiſtre, & je ne ſçay pas
s'il a écrit ſur cette Matiere.

L'Academie des Affidez de Pavie ayant
été établie & reglée l'an 1562. ALEXANDRE
FARRA l'un des Academiciens y fit un diſcours des Deviſes, & l'an 1571. il publia ce
diſcours avec d'autres traitez ſous ce titre.,
*Settenario dell' humana riduttione d'Aleſſan-
dro Farra Giureconſulto Aleſſandrino del Ca-
ſtellaccio.* C'eſt un Ouvrage compoſé de ſept
traitez de la Felicité, à l'occaſion de la Deviſe de l'Academie *degli Affidati* de l'Ignò-
rance: du Royaume de Dieu: de l'Euchari-
ſtie : de la Mort : de la Fureur Poëtique , &
des Deviſes. Il donne un nom à chacun de
ces traitez. Celuy de Mercure au premier,
celuy de Pſyché au ſecond, de Zoroaſtre au
troiſiéme : de Feſtin au quatriéme , de So-
crate au cinquiéme , d'Homere au ſixiéme,
& de Philoſophie ſimbolique au dernier. Il
y traite des Myſteres de la Cabale, des Poë-
ſies d'Orphée, des Nombres & des Sentences de Pythagore, & enfin il vient aux Deviſes, qu'il traite ſuccinctement, mais d'une
maniere forte & methodique. Il y definit
la Deviſe dont il aſſigne trois eſpeces , la
première de ſeules paroles , la ſeconde de
figures ſans paroles , & la troiſiéme de figures & de paroles. Il donne le nom de
Simboles, de Sentences & de Mots à la premiere

miere espece : de Hieroglyphiques à la seconde, & de Devises à la troisiéme. Il leur
assigne cinq parties, l'invention de l'Autheur, les paroles du mot, la proportion entre les paroles & les figures, la proprieté de
la figure, & la figure mesme qui est le corps.
Enfin il admet trois sortes de corps, les Fabuleux, les Historiques & les Naturels, &
rapporte toutes ces Devises à deux opera-
tions de l'esprit.

La mesme année 1571. BARTHELEMY
TAEGIO Milanois publia un autre Traité
des Devises sous ce titre *Il Lyceo*, le Licée.

Ce sçavant Jurisconsulte fait trois especes de Devises aussi bien qu'Alexandre Farra. Il veut que les Hebreux ayent esté autheurs des premieres, & ce sont les Paraboles. Il fait les Egyptiens autheurs des
secondes, & ce sont les Hieroglyphiques.
Les anciens Romains des dernieres, qui
sont selon luy les veritables Devises. Il
sousdivise ces Devises des Romains en quatre autres especes d'une maniere un peu
embarassée, entre les Revers, les Emblêmes
& les Chiffres parlans. Il donne dix Regles
de la Devise.

La premiere que la pensée soit noble,
qu'elle soit une & particuliere, modeste, &
diverse de ce que la figure represente, &
qu'elle ne contienne pas un enseignement

B

comme l'Embleme, dont le propre est d'enseigner. La seconde que les mots separez de la figure ne signifient rien de complet, mais qu'ils s'unissent avec la figure pour signifier quelque chose.

La troisiéme que l'on évite l'embarras de plusieurs figures, & des mots trop longs, & que l'on les reduise à l'unité.

La quatriéme que les figures se connoissent d'elles mesmes, sans l'aide de leurs noms.

La cinquiéme que les corps soient beaux, & que l'on ne puisse pas leur donner des contresens.

La sixiéme que la Devise ne soit ny trop claire ny trop obscure.

La septiéme que les corps Historiques & fabuleux, qui entrent dans les Devises, se representent sous des figures humaines qui n'ayent rien d'indecent.

La huitiéme que la Devise ne donne aucune occasion aux railleries, ny aux medisances.

La neuviéme que le nom des figures principales n'entre point dans le mot.

La dixiéme qu'il y ait convenance & rapport entre toutes les parties de la Devise.

Aprés cela il veut que le mot soit en langue naturelle, particulierement aux Joustes, Tournois, & combats à la Barriere, où les

Devises doivent estre entenduës des Dames. Il ne veut pas que les Enfans se servent de celle de leurs Peres, & se les rendent hereditaires. Il loüe celles qui font quelque allusion au noms des personnes qui les portent. Enfin il examine plusieurs Devises. Il y a plus de vingt regles en ces preceptes, quoy qu'il n'en promette d'abord que dix, & l'on peut remarquer par ce traité, que l'Art des Devises commençoit à se developper estant beaucoup plus éclairci par ces deux traitez de Farra & de Taëgio qu'il n'avoit esté auparavant par ceux de Paul Jove, de Domeniqui, de Ruscelli, & de Scipion Ammirato.

Quelques années auparavant ce mesme Taëgio Lecteur en Droit au College de Milan publia 44. petits discours sur diverses matieres en forme de réponses à autant de lettres de divers de ses amis qui l'avoient consulté sur ces matieres. Entre ces réponses il y en a une des Devises addressée au Comte Mercurino Gattinara, ou il dit en peu de mots pour satisfaire à la demande de ce Comte, que les Devises doivent avoir deux qualitez, la brieveté, & l'ambiguité de sens, c'est à dire un sens literal, & un sens moral & d'application. Il en rapporte ensuite sept ou huit, ou il fait voir que cela se trouve, après quoy il rapporte un Son-

B ij

ner de l'Aretin, sur la Devise de la Duchesse d'Urbin qui portoit la lettre S, sans autre figure ny mot. Antoine du Verdier Autheur de la Prosopographie traduisit en nostre langue ces petits discours l'an 1576. & les dedia à Belleforest Autheur de l'Histoire de France.

Quoy qu'Alexandre Farra eust publié depuis dix ans le discours des Devises qu'il avoit recité dans l'Academie des Affidati, Cette Academie ne laissa pas de charger Luca Contile un autre Academicien, de recüeillir les Devises de tous les sujets de cete Academie, & d'accōpagner ce recüeil d'un traité des regles de la Devise, c'est ce qu'il fit l'an 1574. sous ce titre *Ragionamento di Luca Contile soprà la Proprietà delle Imprese, con le particolari de gli Academici Affidati.*

Il commence par un raisonnement sur neuf sortes d'Inventions. C'est ainsi qu'il nomme les Marques des dignitez, les Armoiries, les Livrées & les habits de diverses couleurs, les Modes, les Emblemes, les Revers des Medailles & des Monnoyes, les Chiffres & les Hieroglyphiques. Mais on peut dire qu'il n'a rien entendu de tout cela, & qu'il a donné en ce pretendu raisonnement de 53. grandes pages un épouvantable galimathias. A ce premier raison-

nement il en ajoûte un autre de la proprieté des Devises, ou il explique le terme Italien *Impresa*, & en cherche l'origine & l'e-
tymologie : il traite ensuite six Questions.
1. Si la Devise reçoit plusieurs figures.
2. S'il faut joindre les figures avec le mot.
3. Si le mot peut estre une Sentence entiere.
4. Quand les Devises ont commencé &
par qui. 5. Quelles conditions elles demandent. 6. A qui appartient proprement
l'usage des Devises. Ces six Questions sont
belles, mais elles sont mal traitées. Il veut
que les figures se prennent parmy les choses naturelles & artificielles, les evenemens
de l'Histoire & les corps Fabuleux, n'ex-
cluant de la Devise que les figures chime-
riques & monstrueuses. Il cite plusieurs Autheurs qui en ont écrit devant luy, entre
autres un François qu'il ne nomme point,
se contentant de le designer par ces mots,
un Moderno Francese in sua lingua, apres
quoy il cite Simeoni, Giovio, Domenichi,
Ruscelli, Ammirato, l'Academie de Casale de Sanvasio, l'Arnigio, Farra & Taëgio.
In Toscana favella, dit-il, *il Simeone, il Gio-*
vio, il Domenici, il Ruscelli, l'Ammirato,
l'Academia di Casale Sanvasio, l'Arnigio per
l'Academia de gli Occulti di Brescia, il Farra
Academico Affidato, finalmente il gentilissi-
mo Taegio Iureconsulto. Je ne sçay quel est

cet Autheur François qu'il allegue, ſi ce n'eſt Paradin qui avoit publié un recueil de Deviſes Heroïques dés l'an 1556.

Jean Andre' Palazzi de la ville de Fano, prononça environ ce meſme temps dãs l'Academie d'Urbin, quatre diſcours ſur le ſujet des Deviſes : dans le premier il traita de leur origine, dans le ſecond de la difference qu'il y a entre les Deviſes, les Emblemes, les Chiffres & autres choſes ſemblables : dans le troiſiéme il donne la definition des Deviſes : le quatriéme eſt des divers corps dont ſe compoſent les Deviſes. Dans le premier il cherche l'etymologie du mot *Impreſa*, qui eſt le nom que les Italiens donnent à la Deviſe. Il range generalement les Chiffres, les Emblemes, les Revers, les Enigmes & les autres images ſçavantes ſous le nom d'*Impreſe*, dont les unes ſont plus ou moins parfaites que les autres. Il en donne divers exemples tirez des anciens Autheurs. Il aſſigne trois âges à ces Deviſes. Le premier depuis les Égyptiens juſqu'à la guerre de Troye en a eſté comme l'enfance. Le ſecond depuis la guerre de Troye juſqu'au temps de Petrarque en a eſté la jeuneſſe. Le dernier depuis Petrarque juſqu'à nous eſt l'âge viril. Sur la fin de ce diſcours, il donne quelques Deviſes des Rois, des Reines & Seigneurs François, avec celles des Ducs d'Urbin.

Au second discours il distingue ce qu'il avoit confondu dans le premier, montrant la difference qu'il y a entre les Chiffres, les Enigmes, les Livrées, les Armoiries, les Emblemes, les Revers, les Cimiers & les Devises. Il rapporte des exemples de toutes ces especes plûtost qu'il n'en donne les regles.

Au troisiéme discours il fait voir qu'il s'est servi des exemples de Gabriel Simeoni, de Paul Jove, de Ruscelli & de Scipion Ammirato, & dit en ce mesme lieu que Fabio Albergati & Luca Contile écrivoient sur cette matiere. Je n'ay point vû d'Ouvrage de ce Fabio Albergati, & ne le trouvant point cité par ceux qui ont écrit sur cette matiere, je crois que son Ouvrage n'a pas esté publié. Jean André Palazzi s'estonne en ce mesme discours que Paul Jove, Ruscelli, & Domeniqui n'ayent point fait de definition de la Devise, & apres en avoir rapporté trois ou quatre de differens Autheurs, il en fait une. Il reprend ces mesmes Autheurs de n'avoir reconnu que deux especes de Devises, les Devises Militaires, & les Devises d'Amour, & il fait voir judicieusement qu'elles peuvent servir à exprimer d'autres choses que des desseins Militaires, & les tendresses de cette passion, puisqu'il y en a d'Academiques, de Politi-

ques & de Sacrées. Il reduit les cinq regles
de Paul Jove à trois.

1. Que le corps soit beau.
2. Que le mot soit court.
3. Que le sens ne soit pas trop abstrait.

Dans le quatriéme discours il traite des
corps naturels, artificiels & fabuleux, qui
entrent dans les Devises, & en donne divers exemples : enfin il propose pour exé-
ple d'une Devise parfaite, celle d'un Palmier dont une branche est courbée par un
poids que l'on y a attache, avec ces mots,
INCLINATA RESURGIT, par-
ceque ces branches estant d'un bois fort &
pliant, qui tient de la nature des ressorts,
elles se redressent d'elles mesmes quand le
poids est osté. La plûpart des Devises qu'il
allegue sont de Francesco Landi de Pietro
Viti son cousin, Jean Baptiste Campeggi,
Evêque de Maillorque, Jean Galeazzo
Rossi. Ce fut Pierre Viti qui fit imprimer
ces quatre discours à Bologne l'an 1575. &
les dedia à Marc Antoine Marsilij Colon-
na Archevêque de Salerne.

L'an 1580. Alexandre Vandini fit imprimer un petit traité des Devises, composé
par FRANÇOIS CABURACCI d'Imola, sous ce
titre *Trattato di M. Francesco Caburacci da
Imola dove si dimostra il vero e nuovo modo di
far le Imprese.* Cét Ouvrage ne fut imprimé

qu'a-

qu'apres la mort de l'Autheur, & il est demeuré imparfait. C'est ce qui a obligé Alexandre Vandini de mettre en quelques endroits *qui mancano alcune parole*, il manque
icy quelques mots : *qui mancano alquante ri-
ghe*. Il manque icy quelques lignes ; ce
manquement de quelques lignes , & de
quelques mots empesche d'entendre le sens
de cet Autheur. On void neanmoins qu'il
a voulu faire une idée de la Devise sur celle
d'un discours de Rhetorique , & il fait un
assez long raisonnement pour examiner si
la Devise est une invention de pure fantai-
sie, ou si elle sert à quelque chose. Les Devises qu'il examine sont, celle du Laurier &
du Cyprez, avec le mot ERIT ALTERA
MERCES. Les Colonnes de Charles V.
avec le mot PLUS OUTRE. Le Porc-
épy de Loüis XII. avec les paroles CO-
MINUS ET EMINUS. Le nœud Gor-
dien, & le TANTO MONTA de Phi-
lippe II. & le Soleil avec le Globe de chry-
stal de Clement VIII. & les mots CAN-
DOR ILLÆSUS.

Ce fut l'an 1578. que SCIPION BARGAGLI
publia pour la premiere fois la premiere
partie de son traité des Devises sous ce titre. *La prima parte dell imprese de Scipione
Bargagli. Doue doppo tutte l'opere così à penna
come à stampa ch' egli ha potuto vedere di co-*

C

loro che della materia delle imprese hanno par-
lato, della vera natura di quelle si ragiona. Il
commence par l'origine des Devises, qu'il
fait aussi anciennes que le monde, les faisant passer des Hebreux aux Egyptiens: des
Egyptiens aux Grecs: des Grecs aux Romains: & des Romains aux Chevaliers de la
Table ronde. Il explique ensuite le mot
d'*Imprese*, examine les definitions données
par divers Autheurs, & en fait une qu'il
explique. Il rapporte les sentimens de ceux
qui ont écrit devant luy. Il n'admet pas la
figure humaine. Il assigne les quatre causes
de la Devise. La materielle qui est le corps
& les images sensibles. La formelle qui est
la ressemblance & le rapport qu'il y a entre la chose sensible, & celle que l'on veut
signifier. La finale qui consiste à exprimer
agreablement sa pensée & son dessein. L'efficiente est l'esprit humain qui trouve ces
rapports, & qui les fait. Enfin il traite de
l'utilité des Devises, & il en examine plusieurs. Ce traité est un Dialogue entre l'*Attonito Intronato*, qui est le nom Academique
de Bargagli, Hippolito Augustini, & Belis-
sario Bolgarini. Comme ce traité est plus
methodique que plusieurs autres qui avoïet
paru auparavant il fut aussi mieux receu, &
quelques Academies firent des reglemens
particuliers pour n'admettre aucune Devi-

se qui ne fut selon les regles de Bargagli.

Giacomo Curzi Conseiller d'Estat de l'Empereur & son Vice-Chancelier, ayant connu Bargagli à Sienne lorsqu'il y faisoit ses estudes, & ayant fait amitié avec luy, se souvint de cette amitié de jeunesse, & ayant vû cette premiere partie de l'ouvrage de son amy, le pressa d'achever le reste, & luy conseilla de dedier l'ouvrage entier à Rodolfe second, l'assurant que cét Empereur le recevroit avec joye. Bardigali suivit le conseil de cét amy & l'an 1594. reimprima cete premiere partie avec deux autres, & les dedia à ce Prince, qui en reconnoissance luy donna la qualité de Chevalier doré, & ajoûta aux Armoiries des Bargagli un quartier de l'aigle de l'Empire, & une couronne de laurier sur le casque posé de front.

Les Devises que cét Autheur rapporte, & celles qu'il a faites sont meilleures que celles des ouvrages precedens.

Le celebre TORQUATO TASSO Autheur de la Jerusalem délivrée, composa sous le Pontificat de Sixte V. un Dialogue de l'Art des Devises sous ce titre *il Conte, o vero delle Imprese.*

Il fait parler en ce Dialogue un Comte Romain, & un Neapolitain qui est le Tasse mesme. Il feint dans cét entretien, qu'attendant à une fenestre du Palais de S. Jean

de atran le Cardinal S. George a qui il de-
die cét ouvrage , il confideroit avec ce
Comte l'ancien obelifque que le Pape Sixte
avoit fait dreffer depuis peu de jours devant
ce Palais, & qu'à l'occafion des figures gravées fur cét obelifque ils fe mirent à parler
des Hieroglyphiques , & s'engagerent in-
fenfiblement dans la matiere des Devifes,
& des revers de Medailles. Il examine en ce
traité plufieurs definitions de la Devife. Ce
qu'il en dit au commencement eft affez em-
barraffé , particulierement quand il parle
des fimilitudes femblables. & des fimilitudes
diffemblables, qui ne font que les rapports
de convenance & les rapports d'oppofition
& de contrarieté. Il difpute enfuite fi la
Devife eft une efpece de Poëfie. Il reçoit
deux fortes de corps les naturels & les artificiels , & fait plufieurs Devifes fur les
Aftres, dont quelques unes ne font pas les
plus heureufes du monde. Il en cherche
dans tous les corps fublunaires, & rapporte enfin les cinq regles données par Paul
Jove.

L'an 1588. ABRAHAM FRANS Anglois
publia en Latin un petit traité fous ce titre
Abrahami Franſ Infignium , Emblematum,
H eroglyphicorum & Symbolorum, quæ ab Ita-
lis Impreſe nominantur explicatio. Le troifiéme Livre qui eft fuccint , & qui eft le feul

ou il parle des Devises, ne contient que les sentimens de Jove, Ruscelli, Farra, Contile, & Bargagli.

Trois ans apres Jules Cesar Cappaccio fit imprimer à Naples un Traité des Devises divisé en trois parties, dont la premiere qui regarde les Devises à trente Chapitres sur cette matiere.

Le premier qu'il est difficile de traiter des Devises, & ce que neuf Autheurs en ont écrit devant luy, Paul Iove, Domeniqui, Simeoni, Ruscelli, Contile, Palazzi, Paradin & Bargagli.

Le second, ce que c'est que les Emblemes, & comment on en peut faire des Devises.

Le troisiéme, des Hieroglyphiques, & des rapports qu'ils ont avec les Devises.

Le quatriéme, ce que signifie le mot d'Enigme.

Le cinquiéme, les diverses manieres des Simboles, & de leurs significations.

Le sixiéme, des Revers de Medailles, & quels rapports ils ont avec les Devises.

Le septiéme, ce que signifie le mot d'Imprese, & leur difference d'avec les Armoiries.

Le huitiéme, l'antiquité des Devises.

Dans les trois Chapitres suivans il examine qu'elle est la matiere des Devises, & il en donne des exemples tirez des Astres, des Meteores, des Elemens & des Animaux.

Au Chapitre onziéme, il demande quel jugement on peut faire de la beauté des Devises.

Le douziéme, le treiziéme & le quatorziéme considerent les proprietez des corps qui entrent dans les Devises.

Le quinziéme, est des manieres de placer les figures.

Le seiziéme, des Allegories des figures.

Le dix-septiéme, de la disposition des figures dans les Medailles.

Le dix-huitiéme, des Augures des anciens.

Le dix-neufviéme, si l'on peut se servir dans les Devises des figures tirées de l'histoire.

Le vingtiéme, du nombre des figures que la Devise peut recevoir.

Le vint-vniéme, des figures entieres ou divisées.

Le vint-deuxiéme, des Devises formées sur certains évenemens.

Le vint-troisiéme, est de la figure humaine.

Le vint-quatriéme, de l'obscurité des Devises.

Le vint-cinquiéme, du mot de la Devise & de ses Regles.

Le vint-sixiéme, de diverses sortes de mots.

Le vint-septiéme, si les mots doivent estre en langue estrangere.

Le vint-huitiéme, combien de paroles y peuvent entrer.

Le vint-neuviéme, des Devises sans mot.
Le trentiéme, des Couleurs.

Il n'y a point d'ordre en tout ce Traité, & il n'y examine pas, bien des choses qu'il faudroit examiner.

La seconde partie ne traite que des proprietez des Animaux, des Plantes, & des autres corps, qui peuvent entrer dans les Devises.

La troisiéme, est un Recueil d'Emblêmes, expliquez en Vers & en Prose. Le titre de son Ouvrage est, *Delle Imprese, Trattato di Giulio Cesare Capaccio in tre libri diviso. Nel primo, del modo di far l'Imprese di qualsi voglia oggetto o naturale, o artificioso, con nuove maniere si ragiona.*

Nel secondo, tutti Ieroglifici, simboli, e cose mistiche in lettere sacre, o profane si scuoprono, e come da quegli cavar si ponno l'Imprese.

Nel terzo, nel figurar de gli Emblemi di molte cose naturali per l'Imprese si tratta.

Sur la fin du siecle passé D. ALBERT BERNARDETTI Religieux de Valombreuse, fit un petit Traité des Devises sous ce titre, *Giornata prima dell'Imprese di Don Alberto Bernardetti l'Attonito, Academico Intento.* C'est un Dialogue, & un entretien qui se fait dans une maison de campagne, de François Marie Ricasole Gentil-homme Florentin. Les personnes qui parlent dans cet entretien, sont le maître du logis, sa femme, ses enfans, & ce Religieux, avec un cousin &

une coufine de ce Gentil-homme. La Devife d'un Diamant, mis fous la rouë pour
être poli, avec ces mots François, RIEN
SANS PEINE, fut l'occafion de cet
entretien, parce que ce Religieux l'ayant
vûe fur une cheminée de cette maifon de
campagne, en fit le fujet de la converfa-
tion, & dit que la Devife demande de belles figures, qu'il ny faut introduire aucun
corps, qui puiffe donner quelque occafion
aux railleries. Il en exclud la figure humaine. Il veut que la proprieté du corps
qui entre dans la Devife, ait quelque chofe de merveilleux, & de caché. Il demande
que le mot foit court, qu'il ne foit ny trop
clair, ny trop couvert. Il propofe pour e-
xemple d'une Devife parfaite celle de Loüis
XII. Apres ce difcours ceux qui parlent
en cét Entretien, font quatre explications
de la Devife du diamant qui eftoit fur la
cheminée. L'un en fait une Devife Academique, un autre une Devife Heroïque,
un autre une Devife Amoureufe, & un autre une Devife Sacrée. Apres cét Entretien. Le Religieux tire le Livre des Academiciens Intenti de Pavie, & l'on en
choifit trois dont on fait des applications
morales. Les applications font ennuyeu-
fes. Il y fait parler les Dames trop fça-
vamment, & citer l'Art d'aimer d'Ovide,
                                    ce qui

ce qui n'est guere honneste pour des Dames. Je n'ay vû que cette partie intitulée
Giornata prima, & je ne sçay s'il y en a
d'autres.

L'an 1600. Le Docteur JACOMO SASSO
Academicien dans l'Academie des Infor-
mes de Ravenne, sous le nom de *l'Acade-*
mico Acceso, soûtint publiquement des
Theses sur la matiere des Devises selon les
regles de Bargagli, & dedia ces Theses à
l'Evêque de Vigevano, Vicelegat de Ravenne.

Un an apres ANDRE' CHIOCCO Medecin
& Philosophe de Verone publia un traité
des Devises, & des vrais moyens de les faire sous ce titre *delle imprese, e del vero modo*
di formarle. Il considere principalement en
ce Traité les Devises des Academies, &
apres avoir dit que la Devise est un moyen
dont nostre esprit se sert pour exprimer ses
pensées & ses desseins, il raisonne en Philosophe, & dit que l'homme estant fait
pour la felicité, & ne devant se proposer
qu'une fin honneste en tous ses desseins, l'A-
cademicien doit exprimer en sa Devise le
dessein honneste qu'il a d'arriver à cette felicité. C'est pour cela qu'il fait trois especes
de Devises. La premiere de celles qui regardent les choses à faire, la seconde de
celles qui regardent la conservation des

D

biens honnestes dont on est en possession.
Et la troisiéme de celles qui expriment
quelque sentiment, ou quelque passion particuliere. Il donne pour exemple des premieres celle des trois Couronnes de Henry
troisiéme Roy de France & de Pologne,
avec le mot MANET ULTIMA
COELO. Pour la seconde espece celle
d'Erasme du Dieu Terminus avec le mot,
CEDO NULLI; & pour la troisième espece il propose un arbre frappé de la foudre avec ce mot IL MIO SPERARE,
qui estoit la Devise de Curtio Gonzague.
Il ne veut pas que l'Academicien soit scru-
puleux à rechercher la verité ou la fausseté
de la proprieté du corps qu'il fait entrer
dans sa Devise, mais seulement la credibili-
té. Il demande deux figures dans le corps
de la Devise avec un rapport d'action & de
passion comme d'un fusil qui frappe une
pierre dont il fait sortir des estincelles. Il
veut que cette condition soit essentielle à
la Devise,& il fait entendre qu'il est le premier qui ait étably cette regle , & qui en
ait connu la necessité pour la perfection des
Devises.

L'an 1612. HERCULE TASSO fit paroistre
un Ouvrage sur les Devises ; dont le titre
estoit *della Realtà e perfettione delle imprese,*
con l'essamine de tutte le opinioni infino a qui

scritte sopra tal arte. Cêt Ouvrage est divisé
en deux parties. En la premiere qui est assez succincte, il traite de toutes les espéces
de Simboles, Chiffres, Emblemes, Enigmes,
pour venir insensiblement aux Devises,
dont il donne la definition en neuf lignes,
ce qui la rend extraordinairement longue.
Il en explique toutes les paroles en quatre
pages, apres quoy il donne les conditions
de la parfaite Devise & les reduit à onze,
à scavoir.

1. *Che poche siano le parole.* Que le mot
soit de peu de paroles.

2. *Che non ven' habbia di souerchio ne di
meno* Que rien n'y soit superflu, & que rien
n'y manque.

3. *Che siano volgari la do ve hanno a servire,
o Latine al meno.* Qu'elles soient en langue
vulgaire ou Latine.

4. *Che di suono siano simili, e di significato
diverse.* Qu'elles ayent cadence dans leur
nombre, & opposition dans leur signification. Ce que dit la cinquiéme regle.

5. *Che habbiano fra se contrapositioni.*

6. *Che nobile sia il concetto.* Que la pensée
soit noble.

7. *Che le figure non siano piu di due.* Qu'il
n'y ait pas plus de deux figures.

8. *Che vistose siano le cose figurate.* Que les
figures soient belles à voir.

9. *Che dette figure si conoscano senza ajuto di colori ne di parole.* Que l'on connoisse les figures sans aide de couleurs ny de paroles.

10. *Che facciano atto proportionato a loro, non però sordido.* Qu'elles soient dans une action qui leur soit propre, & qui n'ait rien d'indecent.

11. *Che la natura o proprietà onde si cava la passione, o da se appaia, o volgasi da libri famosi e accetti.* Que la nature ou proprieté dont se tire l'application de la Devise, soit connuë ou tirée de quelque Autheur celebre.

Il explique toutes ces conditions, & donne ensuite des exemples.

La seconde partie qui fait un grand Livre & un juste Volume, est l'Examen de vint-cinq Autheurs, qui ont écrit des Devises

  PAUL JOVE.

  GIROLAMO RUSCELLI.

  LOÜIS DOMENIQUI.

  IL MATERIALE INTRONATO.

  SCIPION AMMIRATO.

  BARTHELEMY ARNIGIO.

  ALESSANDRO FARRA.

  FRANCESCO CABURACI.

  THOMAS GARZONI.

  BARTHELEMY TAEGGIO.

  LUCA CONTILE.

  JEAN ANDRE' PALAZZI.

SCIPION BARGAGLI.
BERNARDIN PERCIVALLE.
CAMILLO CAMILLI.
STEFANO GUAZZO.
TORQUATO TASSO.
JULES CESAR CAPPACIO.
SIMON BIRALLI.
ANDRÉ CHIOCCO.
PANFILIO LANDI.
HIEROME RAIMONDI.
ALBERT BERNARDETTI.
GABRIEL SIMEONI.
CLAUDE PARADIN.

Il rapporte des lambeaux & des parcelles des Ouvrages de ces Autheurs qu'il explique, ou qu'il refute. En sa Preface il donne trois raisons pourquoy il écrit de cette matiere. La premiere, parcequ'on n'en avoit pas bien écrit, ou du moins autant qu'il estoit necessaire pour la parfaite intelligence de cét Art. La seconde, parcequ'en diverses occasions il en avoit censuré quelques-unes, sans dire les raisons des censures, & la troisiéme, parcequ'il vouloit justifier quelques Devises qu'il avoit faites autrefois.

JEAN BAPTISTE LICINIO qui fit les deux Tables de cét Ouvrage, l'une des Matieres, & l'autre des Devises, avec les noms de ceux de qui elles estoient, fit un Sonnet ou la vie de cét Autheur est décrite.

Nacque da sangue illustre, tra fortuna
Mediocre, liber huom in citta serva,
Desto dal grido ch. altri in vita serva
A più scienze si diè non queto d'una.

Arsel fiamma d'Amor ben importuna
Ma ch' ancho la rendè, ch' anch' il conserva
Immortal ne segreti, ch' egli osserva
In Virginia suo ardor che'n se l'aduna

Poco, ma dotto ei scrisse; e oprò molto.
Piacquegli il ver, el suo valor portollo
A tutti i più sublimi patrij seggi.

Moglie hebbe; e ben che in molti figli involto
Benche immerso in publici maneggi
Mai non si vide d'imparar satollo.

On apprend par ce Sonnet qu'Hercule Tasso estoit Gentilhomme, qu'il eut peu de biens de fortune, & qu'estant né à Naples qui ne joüissoit plus de son ancienne liberté, il avoit sçeu conserver la sienne. Qu'il s'estoit attaché à l'êtude des Sciences, sans donner des bornes à son esprit, dans une estenduë si vaste. Qu'il avoit aimé une Dame nommée Virginie, c'est la Comtesse Bianchi pour laquelle il fit quantité de Devises. Qu'il merita d'estre élevé aux premieres charges de son païs. Qu'il fut marié

qu'il eut plusieurs enfans, & qu'au milieu
de l'embarras de ces soins & de ces emplois,
il ne relacha rien de ses estudes & du desir
d'apprendre & de s'instruire.

Sa critique dans la Censure qu'il fait des
Autheurs qui ont ecrit devant luy est un
peu trop Philosophique, & il côdamne bien
des choses qui pourroient estre soûtenuës.

Le P. HORACE MONTALDE enseignant
la Rhetorique à Milan, fit imprimer sous
le nom de Cesar Cotta un de ses Disciples,
des Theses sur la matiere des Devises, il
affecta de combattre les sentimens d'Hercule Tasso, ce qui obligea cét Autheur de
luy répondre par un écrit qui portoit pour
titre *Risposte di Hercole Tasso alle assertioni
del molto Reverendo Patre Horatio Montaldo
Giesuita contra il trattato suo delle imprese,
stampate e publicate in Milano sotto nome di
Cesare Cotta.*

Ce Pere Montalde fit une seconde edition de ces Theses ou il corrigea quelque
chose, & JEAN BAPTISTE PERSONE' Philosophe & Medecin, prenant la défense du Tasse
publia un second écrit contre ces secondes
Theses, & donna pour titre à son Ouvrage,
*Osservattioni del signor Giovan Baptista Per-
sonè Filosofo Medico di trenta sette errori in
sole dieci otto delle seconde corrette assertioni del
Padre Horatio Montaldo* Ce sont des con-

testations sur les regles des Devises.

A l'occasion dv Mariage du Roy Loüis XIII. avec Anne d'Austriche Infante d'Espagne, on fit un superbe Carrousel dans la Place Royale, & il parut plusieurs Devises sur les boucliers des Tenans & des Assaillans. François d'Amboise Baron de la Chartre sur Loire, ayant fait connoistre que quelques unes des Devises qu'on avoit portées en cette Ceremonie n'estoient pas selon les regles, on le pria d'en composer un traité qui en fit mieux entendre la nature, & qui put faire distinguer celles qui estoient justes, de celles qui ne l'estoient pas. Il composa ce traité, mais estant mort avant qu'il pût le mettre au jour, son fils Adrien d'Amboise le donna au public l'an 1620. & le dedia au Roy.

Dans cét Ouvrage l'Autheur apres un discours assez succint des Hieroglyphiques, Sentences, Emblemes, Armoiries, rapporte les regles des Devises données par Paul Jove. Il fait suivre ces regles des exemples de plusieurs Devises de simples mots sans aucune figure. Il y joint les simboles de Pithagore, les cris de Guerre de quelques Maisons, des Proverbes Espagnols, des Devises de simples figures sans aucune parole, & quelques Rebus. Il traite en suite du nombre des figures & de leur choix. Il refute

Ruscelli

Ruscelli se tenant aux regles de Paul Jove, & rapporte plusieurs exemples de Devises ou la figure humaine sert de corps, ce qu'il condamne. Enfin après un assez long verbiage, & un grand nombre de Devises dont peu sont regulieres, il en reduit les corps à trois especes, aux choses naturelles, artificielles & fortuites. Il nous apprend en ce traité qu'il est le premier qui en ait écrit en nostre langue, & qu'il l'a composé dans le parc & les jardins de S. Maur des Fossez, dont sa maison d'Hemery estoit proche.

L'an 1621. DOM PAUL ARESI Milanois Religieux de la Congregation des Clercs Reguliers, ayant mis au jour trois livres de Discours Sacrez & Moraux accompagnez de Devises sous le titre d'*Imprese Sacre*, fit paroître en mesme temps un Traité, ou il dit que n'ayant rien trouvé de bié établi jusqu'alors, ou de bien arresté à l'égard des regles des Devises, il est obligé d'entrer plus avant dans les mysteres de cét Art pour en determiner les regles, & pour justifier la plûpart de ses Devises. Son Ouvrage est composé de vint-trois Chapitres, dont

Le premier, est du nom de la Devise.

Le second, de l'origine & de l'antiquité des Devises.

Le troisiéme, si l'on peut faire une science des Devises.

E

La quatrième, de l'ordre & de la methode qu'il faut tenir pour traiter des Devises.

La cinquième, s'il est necessaire que la Devise soit composée de figures & de paroles.

La sixiéme, si la figure doit estre nommée le corps de la Devise, & si les paroles en sont l'Ame.

Le septiéme, quelle est la forme qui fait la perfection de la Devise.

Le huitiéme, si la Devise ne reçoit que les figures naturelles & artificielles.

Le neuviéme, si la figure humaine peut entrer dans les Devises.

Le dixiéme, si les parties du corps humain y peuvent estre receuës.

L'onziéme, si une figure ou pour n'estre pas assez connuë, ou pour avoir besoin d'estre colorée, ou pour n'estre pas belle à voir doit estre excluë des Devises.

Le douziéme, s'il y a nombre determiné pour les figures.

Le treiziéme, des conditions essentielles au mot.

Le quatorziéme, si la signification des Devises est fondée sur la similitude.

Le quinziéme, si on peut faire des Devises pour d'autres que pour soy-mesme, & si celles que l'on fait pour loüer ou blâmer les autres sont veritables Devises.

Le seiziéme, si la Devise doit toûjours neces-

fairement regarder le temps avenir, & s'il s'en
peut faire sur des sujets qui regardent le présent
& le passé.

Le dix-septième, quelle doit estre la pensée
exprimée par la Devise.

Le dix-huitième, de quelle manière la Devise doit exprimer nos pensées.

Le dix-neuvieme de la fin des Devises, & de
leur cause efficiente.

Le Vintième, à quelle categorie se peut reduire la Devise.

Le Vint-unième, en quoy consiste la difference
des Hieroglyphiques, des Emblemes, des revers
de Medailles, & des Chiffres d'avec les Devises.

Le Vint-deuxième, est de la definition de la
Devise.

Le vint-troisième examine cette definition.

Le Vint-quatrième, contient les regles qu'il
faut observer pour faire de bonnes Devises,
quant à leurs figures.

Le Vint-cinquième, contient les regles du
mot.

Le Vint-sixième, est des regles qui regardent
le sens de la Devise.

Dans le Vint-septième, il examine pourquoy
entre les Devises, qui sont justes & faites selon
les regles, il y en a de plus parfaites les unes que
les autres.

Cét Ouvrage est sans difficulté l'un des

plus sçavans entre ceux qu'on a faits sur ce
sujet. Neanmoins ce Traité quoyque sçavant, methodique, plein d'esprit, & de reflexions particulieres sur cet Art, n'a pas
eu la reputation de quelques autres qui ne
sont pas de cette force, peut-être parce
qu'il est écrit d'une maniere un peu seche,
& trop Philosophique, mêlant des objec-
tions d'une maniere qui paroît trop Scho-
lastique. Il y a peu d'exemples, ce qui est
plus necessaire pour donner les regles des
Arts, que de grands raisonnemens, que tout
le monde n'est pas capable de concevoir,
comme ces images des choses qui nous les
rendent sensibles, & nous les font voir
en pratique.

Deux ans apres L'ABBE' FERRO publia un
grand Traité des Devises, sous ce titre *Tea-*
tro delle Imprese. Theatre des Devises. Il est
divisé en deux parties, la premiere traite
de l'Art des Devises, la seconde est un recueil de Devises par l'ordre Alphabetique
des figures, qui font les corps des Devises.
Cet Autheur ayant combattu en divers
endroits de cet Ouvrage les sentimens
d'Aresi, & condamné quelques-unes de ses
Devises Sacrées, comme n'estant pas assez
justes ny assez naturelles, donna occasion à
ce sçavant Religieux, qui venoit d'être fait
Evêque, de se deffendre par un petit traité

qu'il intitula la Plume retaillée , *la Penna riaffilata*. Il soûtenoit dans ce traité les reflexions qu'il avoit faites dans son Art des Devises, & justifioit les Devises que l'Abbé Ferro sembloit avoir condamnées. Ce Prelat faisant reimprimer ses Discours sur les Devises Sacrées l'an 1629. mit à la teste son traité de l'Art des Devises , sous ce Titre *Delle Imprese Sacre di Monsignor Paolo Aresi Chierico regolare e Vescovo di Tortona libro primo in cui si dichiara la vera natura delle imprese , & si danno regole per formarle non solo buone ma perfettissime.* Il distribua dans tout cét Ouvrage ce qu'il avoit écrit pour sa defense dans *la Penna riaffilata*, & il en fit des Additions à vint Chapitres , au 2. 4. 5. 6. 7. 8. 9. 10. 11. 13. 15. 16. 17. 18. 20. 21. 22. 24. 26. & 27. & séparant ces Additions du corps de chaque Chapitre, il donna pour titre à chacune *Aggiunsione fatta dell Autore*.

Quelques Chapitres en ont deux, d'autres trois & quatre, le vint-sixième en a cinq. Il declare dans la premiere qu'il fait ces Additions pour deux fins , l'une pour mieux établir la verité des choses qu'il avoit avancées dans son premier Ouvrage , & l'autre pour delasser le Lecteur par de nouveaux exemples de Devises , qui feront mieux entendre les preceptes qu'il a donnez.

Ces contestations entre ces deux scavans

hommes commencerent de la maniere du
monde la plus honneste & la plus civile,
comme on devoit attendre de deux perſonnes de ce caractere & de ce merite.

L'Evêque de Tortone dit de l'Abbé Ferro en ſa premiere Addition, *L'Abbate Gio.*
Ferro Autore fra gli ſcrittori di queſta materia
ultimo ſolo di tempo, poiche e per ingegno e per
dottrina, e per diligenza merita ſenza dubbio
de' primi luoghi, e noi confeſſiamo di havergli
molto obbligo, in prima perche fa ſovente di
noi mentione, e piu di quello che meritiamo,
honorata. Appreſſo, perche non laſcia di opporci-
ſi liberamente in quello che ſtima havere noi de-
viato dal vero, dandoci in queſta guiſa occaſio-
ne, o di ſpiegarci piu chiaramente, o di meglio
ſtabilire le noſtre opinioni, o di conoſcere i noſtri
errori. Il proteſte enſuite que c'eſt avec le
meſme eſprit qu'il entreprend la défenſe
de ſon Ouvrage dans ces Additions. Mais
comme il arrive en la plûpart des diſputes
que les eſprits s'échaufent, & que l'on ſe
pouſſe trop fortement, l'Abbé Ferro ne
pût ſouffrir ces Additions de l'Evêque de
Tortone, ny ce titre *de Penna riaffilata*, &
compoſa un nouveau traité ſous le nom
d'*Ombre apparenti*, où non ſeulement il
ſoûtenoit tout ce qu'il avoit avancé contre
Areſi dans ſon Theatre des Deviſes, mais
encore il examinoit toutes les Deviſes Su-

crées que ce Prelat avoit publiées, il l'obligea de composer un volume entier pour sa justification. Il donne à ce volume le nom d'atriere-garde, & il en fait un septiéme volume de ses DevisesSacrées sous ce titre. *La Retroguardia libro settimo delle sacre Imprese di Monsignor Aresi Chierico Regolare e Vescovo di Tortona, in cui se stesso difendendo l'Autore, non pochi luoghi delle divine lettere si espongono, e di tutta l'Arte o scienza Impresistica esarissimamente si tratta.* Il y a dans ce traité soixante & douze défenses contre Ferro, & quoy que par tout si le nomme du nom d'amy, il y paroist bien de l'aigreur en divers endroits, & ce Livre quoy que sçavant est plein de vetilles & de chicaneries ennuieuses. Enfin cette querelle alla si avant qu'outre les divers traitez qu'ils écrivirent l'un contre l'autre, ils se firent aussi la guerre en Devises, & leurs amis fâchez de voir deux personnes de ce merite dans ces contestations firent cesser leurs disputes, & les reconcilierent. Ce fut ce qui obligea Aresi de representer au devant de sa *Retroguardia*, deux Ecclesiastiques dont l'un rompoit un arc & des fleches, & l'autre brûloit des boucliers, avec ces mots du Psalmiste, ARCVM CONTERET ET CONFRINGET, ARMA ET SCUTA COMBVRET IGNI. Dans ce mesme

Ouvrage Monſeigneur Areſi ſe juſtifie contre deux autres Autheurs qui avoient écrit l'un de l'Art des Deviſes, & l'autre de la Rhetorique & de l'Hiſtoire, & qui avoient combatu quelques uns de ſes ſentimens. Ces deux Autheurs ſont le P. SILVESTRE PETRASANCTA, & AUGUSTIN MASCARDI. Il ne fait que deux Chapitres pour répondre à ces deux Autheurs. Le titre du premier eſt *Ricercata breve ſopra del Libro del Padre Silveſtro PetraſanÄ‹ta de Simbolis Heroſcis, per quanto fa al propoſito della noſtra Retroguardia.*

Le traité de Ferro a trente cinq Chapitres.

Au premier de ces Chapitres il traite du nom de la Deviſe.

Au deuxième, de ſa definition.

Au troiſième, de ſon origine.

Au quatriéme, de ſes eſpeces.

Au cinquiéme, des cauſes qui concoûrent à former une Deviſe.

Au ſixiéme, de la maniere des Deviſes, & des figures qui en compoſent le corps.

Au ſeptiéme, ſi la figure humaine y doit entrer.

Au huitiéme, du nombre des figures.

Au neuviéme : des qualitez, proprietez, & uſages des corps.

Au dixiéme, ſi les couleurs doivent entrer dans les Deviſes.

Dant

Dans l'onzième, de la necessité du mot.

Au douzième, quelle est la nature & l'office du mot dans les Devises.

Au treizième, en quelle langue doit estre le mot.

Au quatorzième, des qualitez du mot, du temps, des cas, du nombre, de la personne en laquelle les noms & les verbes se doivent placer.

Au quinzième, de la maniere de trouver les mots.

Au seizième, du nombre des paroles, & s'il faut les tirer de quelque Autheur.

Au dix-septième, des conditions du mot.

Au dix-huitième, qu'il faut qu'il y ait similitude & comparaison dans les Devises.

Au dix-neuviéme, que c'est la similitude ou comparaison qui fait l'ame de la Devise.

Au vintième, de la signification de la Devise.

Au vint-unième, de la fin de la Devise.

Au vint-deuxième, du rapport de la Devise Academique avec l'Academicien.

Au vint-troisième, si l'on doit changer de Devise.

Au vint-quatrième, de l'objet de la Devise.

Au vint-cinquième, si l'allegorie doit entrer dans les Devises.

Au vint-sixième, de la personne pour qui se fait la Devise.

Au vint-septième, qui a droit de porter des Devises.

Au vint-huitième, d'où se peuvent tirer les Devises, & les mots des Devises.

Au vint-neuvième, s'il vaut mieux inventer de nouvelles Devises, ou rajuster celles qui ont esté faites.

Au trentième, quelles sont les plus belles Devises, ou celles dont les corps sont naturels, ou celles dont les corps sont artificiels.

Au trente-unième, comment il se faut faire un nom Academique, tiré de la Devise que l'on a choisie.

Au trente-deuxième, où il faut representer les Devises.

Au trente-troisième, des regles de la Devise.

Au trente-quatrième, des défauts des Devises.

Enfin le trente-cinquième, est la conclusion de tout l'Ouvrage.

Le second Livre traite en neuf Chapitres des Emblemes, Fables, Apologues, marques d'Honneur, Livrées, Armoiries, Cimiers, Hieroglyphiques, Revers & Chiffres.

Cét Autheur nous a donné en la premiere fueille de ce Theatre des Devises, les Portraits de dix Personnes qui ont écrit sur cette matiere, de Paul Jove, de Ruscelli, de Contile, de Bargagli, des deux Tasses, de Capaccio, de Taeggio, d'Ammirato, & d'Aresi. Il dedia son Ouvrage au Cardinal Maphée Barberin qui fut depuis Pape sous le nom d'Urbain VIII. & il luy applique sei-

ze belles Devises. Il y a beaucoup de choses inutiles dans cet Ouvrage, & il s'est plus
attaché à refuter les Autheurs, qui ont écrit
devant luy, qu'à établir les princpes de
l'Art, & des manieres aisées de faire les
Devises.

Environ ce mesme temps Monsieur DE
BOISSIERE Gentilhomme de Languedoc, faisoit d'excellentes Devises. Il en fit pour le
Mariage de Madame Chrestienne de France avec le Prince de Piedmont Victor A-
medée depuis Duc de Savoye. Pour des
courses de Bague de Mr. de Montmorency,
faites à Tolose l'an 1619. Pour le Ballet des
quatre Saisons dansé l'an 1623. pour celuy
de la Nuit dansé l'an 1624. pour une Mas-
carade de l'Inconstance, &c. L'an 1664. Un
de ses amis dedia le recüeil de ces Devises
à Messieurs de l'Academie Françoise, avec
un petit traité des regles de la Devise, composé par ce mesme Autheur. Il y a à la teste
de l'Ouvrage une Lettre de Mr. Servientis
à Mr. Chappelain, par laquelle il rend témoignage que Mr. de Boissiere est l'autheur
de la Devise d'une Cascade ou cheute
d'eau, avec ces mots Espagnols, DE MI
CAYDA MI CANDOR, & qu'il l'a-
voit faite pour la Reine Marie de Medicis.

Le Pere SILVESTRE PETRASANCTA Jesuite Romain, ayant esté plusieurs années

dans les Païs-bas avec Pierre Loüis Carrafe
Nonce Apostolique du S. Siege, & depuis
Cardinal, trouva l'usage des Devises intro-
duit en la plûpart des Colleges de ces païs
là, sans qu'on en sçeut bien les regles. Cela l'obligea d'en composer un traité durant
son sejour à Liege. Ce traité imprimé à Anvers l'an 1634. a pour titre *de Symbolis He-*
roicis Libri IV. Authore Silvestro Petrasan-
Eta Romano è Societate IESV. Le premier
Livre est un recüeil de Devises choisies divisées en cinq Chapitres, dont le premier
est des Devises Sacrées faites pour Nôtre-
Dame, & quelques Saints. Le second contient les Devises de quelques Papes. Le
troisiéme les Devises de quelques Princes.
Le quatriéme les Devises de quelques sçavans, & le cinquiéme les Devises de quelques Dames. Le second Livre est des Medailles antiques. Le troisiéme des anneaux
des anciens. Le quatriéme des Chiffres secrets & des Rebus. Le cinquiéme des Emblemes. Les autres ne contiennent que les
regles des Devises.

Henry Estienne Sieur des Fosses, Interprete du Roy és Langues Grecque & Latine, publia l'an 1645. l'Art de faire des Devises, ou il est traité des Hieroglyphiques,
Symboles, Emblemes, Enigmes, Sentences,
Paraboles, revers de Medailles, Armes,

Blasons, Cimiers, Chiffres & Rebus, avec
un traité des rencontres ou mots plaisans.
Ce titre promet beaucoup & donne peu.
L'Ouvrage est composé de dix Chapitres.

Le premier est des Hieroglyphiques.

Le second des Symboles.

Le troisiéme de l'Enigme.

Le quatriéme des Emblêmes.

Le cinquième de la Parabole, & des apologues.

Le sixiême des Devises.

Chacun de ces Chapitres est d'une page
ou deux, ou il ne dit rien.

Le septiéme est de l'Etimologie & definition
des Devises.

Le huictiéme de l'excellence & utilité des
Devises.

Le neuviéme de l'origine & antiquité des
Devises.

Le dixiême des Regles des Devises.

Ce dernier tient deux fois autant que
tous les autres ensemble. Il l'a divisé en
plusieurs Sections, dont l'une contient les
sentimens de Paul Jove. La seconde l'opinion de Jerôme Ruscelli. La troisiême est
des paroles suivant l'opinion du mesme
Ruscelli. La quatriéme est des sentimens de
Scipione Ammirato sur les Devises. La cinquième des sentimens de Bargagli. La sixiéme des causes principales qui composent la Devise. La septiéme des observa-

tions pour les Devises tirées de la nature
& de l'Art. La huitième des mots. La neu-
vième de quelle langue doivent estre les
mots. La dixième d'où se tirent les Devises.
L'onzième quelles sont les meilleures Devises, ou celles qui se prennent de la nature, ou celles que l'on tire de l'Art. Il nous
apprend dans la Preface de ce traité que
ce fut de ROBERT ESTIENNE son oncle qu'il
apprit les premieres Regles des Devises, &
qu'il en avoit fait plusieurs en sa jeunesse.

Le P. PIERRE LE MOINE Jesuite, apres
avoir donné un Recüeil de Devises Heroïques & Morales expliquées par de petits
discours, & l'Art de regner, ou sous les Symboles des qualitez & des effets du Soleil, il
fait l'idée d'un Monarque & d'un Prince
accompli, entreprit à la sollicitation de
Monsieur Habert de Montmor Maistre des
Requestes un traité des Devises qu'il publia l'an 1666. il est divisé en cinq livres,
dont le premier est de l'origine & de la dignité de la Devise. Le second de sa nature,
de ses differences, de ses sujets & de ses especes. Le troisième de la figure qui en est
comme le corps & la matiere. Le quatrième du mot qui est comme l'esprit de ce
corps & la forme de cette matiere. Le cinquième des qualitez qu'elle demande pour
estre parfaite. Tout est esprit en ce traité

comme dans les autres Ouvrages de ce Pere.
Mais il s'estoit fait une maniere d'écrire si
particuliere & si metaphorique qu'il n'y a
rien de naturel dans tout ce qu'il a écrit.
La plûpart de ses Devises sont justes, spirituelles & bien imaginées , & l'on peut dire
universellement qu'il les a mieux faites
qu'il n'a enseigné à les faire. Le style dog-
matique n'est pas de son caractere, parcequ'il affecte les pointes , & les metaphores
les plus tirées.

Outre ces Autheurs qui ont entrepris
de traiter de l'Art des Devises , il y
en a plusieurs qui en ont parlé par occasion en traitant d'autres matieres, ou en
examinant des Devises particulieres. C'est
ainsi qu'un Seigneur Alleman ayant pris un
pin pour Devise l'an 1560. demanda à Co-
stanzo Landi Comte de Compiano un mot
qui convint à cét arbre pour le mettre dans
ses drappeaux. Ce Comte fit sur ce sujet
un petit traité en forme de lettre, ou il explique la nature des Devises sous ce titre.
*Lettera dell' Illustre S. Constanzo Landi Con-
te di Compiano sopra una impresa d'un Pino
con i motti postovi , e con la dichiaratione di
tutta la natura del Pino.*

L'an 1569. CESAR TREVISANI fit imprimer un Discours fort long & fort imperti-
nent en forme de Dialogue sur une Devise

extravagante qu'il avoit faite. Le titre de
son Ouvrage imprimé à Gennes est celuy-
cy *la Impresa di M. Cesare Trevisani ampla-
mente da lui stesso dichiarata.*

Fr. FELICE MILENSIO de l'Ordre de S.
Augustin fit imprimer en l'année 1595. trois
Dialogues sur la Devise du Cardinal de
Montelparo, dont le corps estoit un Elephant posé sur une montagne, & chargé
d'une Tour sommée de trois T. Cette Devise extravagante est expliquée par ces trois
Discours, qui ne sont qu'un galimatias per-
petuel sur la nature de l'Elephant & des
montagnes, avec grand nombre d'applications impertinentes sur la lettre T. Il y parle par occasion des Devises, mais comme
un homme qui ne les entend pas.

L'Academicien de Sienne, qui nous a
donné un recueil des Devises d'Alcibiade
Lucarini, sous ce titre *Imprese dell' Officioso
Academico Intronato, raccolta da lo Sconosciuto Academico Vniro*, dans la Preface de ce
Recueil, donne six Regles des Devises,
conformes aux sentimens de Scipion Bargagli qu'il nomme *lo Schieto*, de son nom
Academique.

La premiere, est que la comparaison dont
on se sert dans la Devise pour exprimer sa
pensée & son dessein, soit fondée sur un
corps reel & veritable, ou du moins esti-
mé rel

me tel ; rejettant tous corps fabuleux , ou dépendans de l'histoire , & des évenemens casuels & particuliers. Quoy que plusieurs Autheurs soient d'un sentiment contraire, particulierement Jules Cesar Capacci au chapitre dixneusiéme de son traité des Devises.

La seconde , que les corps & les figures qui servent aux Devises soient de choses honnestes , & qui ne puissent rebuter ny les yeux , ny l'imagination. Et qu'il est indifferent de les prendre des choses naturelles ou artificielles. Et à l'égard de la figure humaine , il la rejette absolument quelques raisons qu'alleguent au contraire Ruscelli & Capacci , l'un au chapitre quatriéme de son premier livre des Devises illustres , & l'autre au chapitre vingt-troisiéme de son premier livre. Il y reçoit le bras ou la main comme des aides à soûtenir les figures , plûtôt que comme des figures essentielles à la Devise.

La troisiéme , est qu'il ne faut pas que la comparaison de la Devise soit fondée sur des proprietez difficiles à estre connuës, & qui demandent de longues reflexions des sçavans pour estre entenduës. Qu'il y a neanmoins des instrumens & des machines de Mathematique, dont les usages sont assez connus pour pouvoir estre employez

G

dans les Devises ; & qu'enfin dans les Academies, qui font des assemblées de sçavans & de personnes spirituelles, on peut
souffrir des Devises plus recherchées, &
d'un sens plus caché, que l'on ne feroit en
d'autres occasions.

La quatriéme, qu'il faut que cette
proprieté soit expliquée par des paroles
courtes, propres, spirituelles & bien tour-
nées, en forme de Prosopopée, pour exprimer nettement la pensée ou le dessein
de celuy qui se fait cette Devise, ou pour
qui un autre la fait, sans que pourtant on
puisse dire que ces paroles soient l'Ame de
la Devise, mais seulement le mot qui en
exprime la proprieté, quoy que Domene-
chi soit d'un autre sentiment.

La cinquiéme Regle, est qu'il ne faut
point que les paroles soient si claires pour
exprimer la proprieté, que toutes sortes de
personnes même les plus grossieres les puissent entendre, ny d'ailleurs si obscures
qu'elles ayent besoin d'une Sybille pour
estre entenduës. Il ne faut pas non plus
qu'elles exprimenr les figures, ny rien de
ce qui se void clairement & distinctement
dans le corps de la Devise.

Enfin la derniere, est qu'il ne faut rien
mettre autour des figures de la Devise qui
puisse empêcher d'en bien distinguer le

corps, comme seroient certains ornemens
de paysage, d'architecture, ou autres semblables choses, qui pourroient faire douter
de la figure principale, quoy qu'il soit permis de faire des ornemens de guirlandes,
de fleurs, de feüilles d'eau, de laurier, ou
de quelque autre chose pour orner les car-
touches où se mettent les Devises. Le mot
se peut aussi mettre dans les listons volans,
ou en bordure, ou en titre.

Le MATERIALE INTRONATO Academi-
cien Siennois dans le livre qu'il a fait des
jeux spirituels pour le divertissement des
veillées, en a mis un des Devises où il traite en deux pages de la nature des Devises.
C'est le cent quinziéme jeu.

Entre les Dialogues de STEFANO
Guazzo Gentilhomme de Casal de Montferrat, il y en a un des Devises où les personnes qui parlent sont Cesar de Nemours
& Annibal Magnocavalli. C'est un Dialogue de peu de feüilles, où il dit peu de choses de la Devise. Il ne parle presque que de
Paul-Jove & de Ruscelli. Il blâme ce dernier d'avoir condamné les sentimens du
premier. Et tout ce qu'il dit des Devises
se reduit à sçavoir s'il faut nommer le mot
l'Ame de la Devise, & si la figure humaine
y doit estre receüe. A quoy il ajoûte deux
ou trois regles de Paul-Jove, & trois

Devises qu'il examine.

THOMAS GARZONI en son ouvrage de la *Piazza universale di tutte le professioni del mondo*, a un chapitre des Devises.

PIETRO GRITIO en son *Castiglione* qui est un Dialogue des armoiries, dit en passant quelque chose des Devises.

L'an 1600 Dom, JUAN DE OROSCO & COVARRUVIAS imprima en Espagne un traité des Emblêmes moraux, où par occasion il a dit quelque chose des Devises. Il traite en plusieurs chapitres des Emblêmes, Devises, Chiffres, Livrées, Armoiries, Hieroglyphiques, & autres images sçavantes qu'il ne distingue pas assez. Il se jette d'abord dans les fables des anciennes Divinitez, dont il donne les symboles aux Chapitres 15. 16. & 17. Il donne dix regles des Devises,

La premiere, qu'il y ait une juste proportion entre la figure & le mot.

La seconde, que la devise ne soit ny trop claire ny trop obscure.

La troisiéme, qu'elle soit agreable à la vûe.

La quatriéme, qu'il n'y ait point de figure humaine.

La cinquiéme, qu'il y ait un mot.

La sixiéme, que l'intention de celuy qui porte la Devise soit honneste.

La septiéme, qu'elle ne donne point oc-

cafion aux railleries.

La huitiéme, qu'il y ait peu de figures.

La neufviéme, qu'elle represente des choses à faire, & non dèja faites.

La dixiéme, que l'on ne prenne point la Devise d'un autre.

Au chapitre 18. il donne trois rapports des Emblêmes & des Devises, & huit differences qu'il y a entre les unes & les autres.

Tout le reste de la premiere partie ne traite que des Hierologlyphiques des Anciens.

La seconde & la troisiéme sont des recueils d'Emblêmes, dont quelques-uns sont de veritables Devises comme celles-cy.

Un flambeau allumé & demy-renversé avec ces mots, VIRES INCLINATA RESVMO.

Un arbre fleury DABIT FRUCTUM IN TEMPORE SUO.

Une treille de vigne sur plusieurs troncs d'arbres qui luy servent d'échalas. VNIUS COMPENDIUM MULTORUM DISPENDIUM.

Un Moulin à vent, QUAL MAS, QUAL MENOS, tantost plus, tantost moins.

Il y a des vers & des discours pour l'explication de chaque Emblême.

La même année l'Abbé FEDERICO COR-

NARO Venitien ayant étably à Padoüe une Academie fous le nom des *Ricourati*, Jean Belloni l'un des Academiciens prononça un difcours fur la Devife de l'Academie dont le corps eftoit l'Antre des Naïades à deux ouvertures décrit par Homere au XIII. de l'Odyffée avec ces mots, B I P A T E N S ANIMIS AZYLUM. Il fit imprimer un an après ce difcours, qui eft auffi obfcur que la Devife.

Peu de temps aprés RIDOLPHO MOJEZ-CHINO PIO publia un difcours contre celuy de Belloni fous le titre de doutes propofez à Meffieurs de l'Academie de Padoüe. *Dubbi propofti da Ridolfo Mojefchino Pio alli Signori Academici Ricourati di Padoa per occafione della imprefa loro, che è l'antro delle Ninfe Naïadi di Homero.* Il y a en ces deux dif-cours cinq ou fix feüillets de la nature des Devifes, & de leurs qualitez.

Belloni veut que la Devife foit *di corpo bel-lo, di grande fpirito, vaga agli ochi, alla men-te mifteriofa.*

Le titre de fon difcours eft *difcorfo intor-no all'antro delle Ninfe Naïadi di Homero im-prefa de gli Academici Ricourati di Padoüa di Gioüanni Belloni detto il Pelegrino, Canonico, è Lettore delle Morali nello ftudio di effa città.*

L'an 1603. PAMPHILIO LANDI Siennois Recteur de l'Academie Parthenie de Rome

publia un discours pour expliquer la Devise de cette Academie sous ce titre, *dichiaratione dell'impresa dell' Academia Parthenia.*
Il y traite de plusieurs choses qui concer-
nent les Devises, & il demande pour le
corps quatre qualitez, Verité, Simplicité,
Noblesse & Proportion. Trois pour le mot,
Brieveté, Choix des paroles, & Rapport
avec la propriété de la figure.

La même année JEAN-BAPTISTE PICCA-
GLIA recueillit en un volume trois de ces
explications de Devises pour trois Academies établies en trois Colleges des Jésuites
à Rome, à Naples, & à Milan.

La premiere, est celle de PAMPHILIO
LANDI pour l'Academie de Rome, dont le
corps est un Ayman qui attire des anneaux
de fer, & les lie les uns aux autres par la
vertu que cet ayman leur communique. Le
mot est ARCANIS NODIS.

La seconde, est celle de Naples dont le
corps est une plante d'Agnus-Castus, qui
chasse les serpens avec ces mots Grecs,
ΒΛΑΒΕΡΩΤΕΡΟΝ ΔΙΩΚΕΙ.
Nocentiorem fugat. Cette explication est sous
le nom de Hierome Raimond Prince de
l'Academie.

La troisiéme, qui est celle de Milan a
pour corps un troupeau de Cerfs qui passent une riviere appuyant leurs testes cha-

cun sur la croupe de celuy qui est devant
luy, & se mettent les uns aprés les autres
à la teste de cette file avec ces mots,
DANT ANIMOS VICES. Cette exposition est sous le nom de Fabricio Visconti.

GUIDO CASONI ayant fait la Devise des
Academiciens de Trevise sous le nom des
Perseverans, & ayant donné pour corps à
cette Devise un bâtiment à demy élevé
avec les echaffaux & les materiaux prepa-
rez pour l'achever & ces mots :
TARDE VT SUBLIMIUS.

Un inconnu sous le nom supposé d'ALEAR-
DI fit un écrit contre cette Devise, & obligea Casoni de la deffendre par une Apolo-
gie sous ce titre, *Apologia di Guido Casoni
per l'impresa de Signori Perseveranti Academici di Trevigi notata da persona sconosciuta
sotto sembianza d'un tale Aleardi*. Il répond
par parcelles à l'écrit de cet Aleardi.

JEAN ANDRÉ PALAZZI en son traité des
Devises cite une lettre de Francesco Lanci écrite à Hierome Pallantieri, où il dit que
cet Autheur raisonne sur la matiere des
Devises. *Francesco Lanci da Fano in una sua
lettera scritta al Signor Girolamo Pallantieri
ragiona delle Imprese*. Je n'ay point vû cette
lettre, & je ne sçay si elle a esté imprimée.

L'an 1618. FRANÇOIS CONTARINI noble
Venicien prononça un discours sur la Devise

vise de l'Académie des Immaturi de Venise, & le fit imprimer sous ce titre. *Discorso intorno l'impresa de gli Immaturi da Francesco Contarini.*

Ruggiero Pesci Académicien de l'Académie de la nuit établie à Bologne y prononça un discours sur la nature des Devises, qui parut l'an 1624. sous ce titre *delle Imprese discorso del Sonnachioso hauuto nell' Academia della Notte di Bologna da Ruggiero Pesci.*

Hierome Aleandri Académicien Humoriste fit imprimer trois discours sur la Devise de l'Académie des Humoristes, dont le corps est une pluye douce tirée des vapeurs salées de la mer avec ces mots de Lucrece, REDIT AGMINE DULCI. Il traite en ces trois discours de la nature des Devises d'une maniere sçavante, & cette illustre Académie pour reconnoistre le merite de cet Académicien qui avoit fait de si beaux discours sur sa Devise, l'honora aprés sa mort de superbes funerailles, dont le Cardinal François Barberin fit la dépense. *Mortuus elatus est Academicorum Humoristarum humeris atque in eâ Academia de quâ erat optimè meritus Francisci Cardinalis Barberini operâ sumptuque amplissimo funere cohonestatur.* Le titre de son ouvrage est celuy-cy. *Sopra l'Impresa de gli Academici Humoristi discorso di Girolamo Aleandro detto nel-*

H

la stessa *Academia l'Aggirato, da lui in tre let-*
rioni publicamente recitato 1611. Il y a un difcours de GUILLELMO PLATI fur la Devife
des *Nafcofti* de Milan.

L'an 1636. MARIN BOLIZZA Gentilhomme de Cattaro ayant efté receu au College des Nobles à Modene, publia un difcours
Academique des Devifes à l'occafion de
la Devife des Academiciens Elpemenes de
ce même College, dont le corps eft un
cedre fleury avec ces mots du rameau d'or
de la Sybille au fixiéme de l'Eneide, EX
AURO POMA. Il n'y a en tout ce difcours qu'un ramas de diverfes chofes que
divers Autheurs ont écrites fur la matiere
des Devifes. Les exemples qui y font citez
ne font pas des Devifes les plus juftes ny
les plus fpirituelles. Elles font la plûpart
du P. Hippolite Camille Dominicain. Le
titre de ce difcours eft *Difcorfo Academico*
di Marin Bolizza Gentilhuomo di Cattaro fo-
pra l'Imprefe.

L'an 1639. Dom JEAN-BAPTISTE ALBERTI
Clerc Regulier de la Congregation des
Somafques en Italie fit imprimer un difcours de l'origine des Academies publiques
& privées. Ce difcours a trois parties, &
toute la troifiéme n'eft qu'une explication
de la Devife de l'Academie des Affidati de
Pavie. Il commence par les divers fenti-

mens que les Autheurs ont eus sur cette
Devise, & après les avoir rapportez il examine ce que c'est que la Devise, la difference qu'il y a entre elle & les Emblêmes,
les Hierologlyphiques, les Armoiries, les
Livrées, les Cimiers, les Revers, les Chiffres, les Cachets & les Symboles. Il remarque judicieusement que le mot d'Em-
prise est un terme militaire qui a passé des
pas d'armes aux Academies. Il s'en tient
à la definition d'Aresi, qu'il loüe comme
l'Autheur qui a le mieux écrit des Devises,
& après avoir parlé des Academies d'Italie,
il passe à l'explication de la Devise des Affidati, qu'il justifie contre ceux qui l'avoient
censurée.

Le P. Athanase Kircker en son Edipe
Egyptien, qui est l'explication des Obelis-
ques, qui sont à Rome devant l'Eglise S.
Pierre, celle de S. Jean de Latran, & dans
la place del Populo, a dit quelque chose
des Devises au commencement de ce traité.

Le P. Jacques Masen Jesuite l'an 1650.
fit paroistre un traité latin des Images sçavantes sous ce titre : *Speculum imaginum
veritatis occultæ, exhibens symbola, Emblemata, Hieroglyphica, Ænigmata omni tam ma-
teriæ, quam formæ varietate exemplis simul ac
præceptis illustratum. Anno* M. DCL. *quo Ro-
manus orbis jubilabat, Authore R. P. Jacobo*

Mafen è Societate Iefu. Il a donné le nom
de miroir à ce Ouvrage à cause de ce paſ-
ſage de l'Epiſtre aux Corinthiens. *Videmus
nunc per speculum in ænigmate.* Il eſt diviſé
en ſix livres.

Le premier traite des Images en general.

Le ſecond des ſources des Images ſçavantes,
de l'Iconologie, des Fables des Anciens & des
Paraboles.

Le troiſiéme des ſujets qui reçoivent ces images comme les drappeaux de guerre , les boucliers , les cottes d'armes , les cachets, les ba-
gues , les medailles &c.

Le quatriéme, eſt de la Metaphore , de l'Ana-
logie, & de la comparaiſon qui ſont de l'eſſen-
ce des Images ſçavantes.

Le cinquiéme , eſt des Deviſes.

Le ſixiéme , des Emblêmes, des Hieroglyphiques , & des Enigmes.

Le cinquiéme livre , qui concerne les Deviſes a dix chapitres.

Dans le premier, il confond les Emblêmes &
les Deviſes , & avoüe que de tous les Autheurs
qui ont écrit de cette matiere il n'a vû qu'Areſi,
Bargagli & Petraſancta. C'eſt ce dernier qu'il
ſe propoſe comme guide en cette matiere.

Dans le ſecond chapitre , il traite de la definition de la Deviſe.

Dans le troiſiéme de la matiere des Deviſes
Morales & Heroïques.

Dans le quatriéme, du mot.

Dans le cinquiéme des diverses especes de Devises Morales & Heroïques.

Dans le sixiéme, septiéme, huitiéme, neufviéme & dixiéme, il découvre les sources des Devises, qu'il tire de la proportion des choses, de leur opposition, de leur dissemblance, & de l'allusion. Il donne des exemples de plusieurs Devises tirées de ces sources, & il en fait luymême de toutes ces especes à l'honneur de la sainte Vierge.

Il y a une grande erudition & un grand ramas dans cet Ouvrage, mais il ne paroît pas assez digeré, ny les choses assez distinguées. Cependant on peut dire qu'il donne un grand jour aux Images sçavantes, Il y a quantité de Devises & d'Emblêmes de sa façon dans ce volume, qui sont la plûpart spirituelles & assez selon les regles. Il y en a cinquante sur les pieces des Armoiries de Fabio Chigi Nonce Apostolique pour la paix d'Allemagne, & depuis Pape sous le nom d'Alexandre VII. Cinquante sur la colombe des Armoiries du Pape Innocent X. & autant sur le rameau d'olive. Cette affectation de faire servir plusieurs fois le même corps & à tant de Devises, est cause qu'il y en a quelques-unes qui ne sont pas si naturelles.

L'Abbé Dom EMANUEL TESORO d'une

illuftre & fcavante Maifon de de-là les
Monts donna dés l'année 1654. un grand
traité des Inventions ingenieufes qui entrent dans l'Eloquence, la Poëfie, les Infcriptions, les Symboles & les Images fous
ce titre. *Il Canocchiale Ariftotelico, o fia
idea delle argutezze heroïche vulgarmente chia-
mate Imprefe, e di tutta l'arte Symbolica &
Lapidaria, continente ogni genere di figure &
infcrittioni efpreffive di arguti, ed ingeniofi
concetti, effaminata in fonte co' Rettorici pre-
cetti del divino Ariftotele, che comprehendono
tutta la Rettorica, e pratica elocutione. Del
Conte D. Emanuele Tefauro Cavalier Gran
Croce de fanti Mauritio & Lazaro.*

Tout ce traité eft de la Metaphore qu'il
fait la fource univerfelle de toutes les belles
penfées & de toutes les Images fcavantes,
Symboles, Emblêmes, Enigmes, Devifes,
Armoiries, &c. Il donne à cet Ouvrage le
nom de Lunette d'Ariftote, parce que tout
ainfi qu'avec les Lunettes d'approche on
découvre les taches du Soleil, c'eft fur les
regles de ce Maiftre qu'il examine les penfées les plus brillantes, & les images les
plus fpirituelles pour en connoître les defauts. Il acheve tout ce traité de l'Elocu-
tion par un traité des Devifes qu'il nomme
l'Idée de la Devife parfaite *Idea della per-
fettiffima Imprefa.* Il en cherche d'abord la

definition dans les noms mêmes que tous
les Scavans ont donnez aux Devises en diverses Langues, dans les exemples des plus
regulieres, & dans les sentimens des Autheurs qui en ont écrit. Enfin tout son
traité est de trente-une Theses ou propo-
sitions.

*La premiere, que la parfaite Devise est une
Metaphore.*

*La seconde, qu'elle est une Metaphore de pro-
portion.*

*La troisiéme & la quatriéme, qu'elle est
fondée sur un raisonnement Poëtique.*

*La cinquiéme qu'elle est un composé de corps
& d'ame.*

*La sixiéme, que le corps de la Devise par-
faite doit estre vray & réel.*

La septiéme, qu'il doit estre noble & beau.

*La huitiéme, que les corps naturels sont pre-
ferables en Devises aux corps artificiels.*

*La neufvième, que la Devise ne reçoit pas le
corps humain.*

*La dixiéme, que le corps doit tenir du mer-
veilleux.*

*L'onziéme, qu'il doit estre nouveau, mais
connoissable.*

*La douziéme, que la proprieté du corps de la
Devise doit estre apparente & de quelque action.*

La treiziéme, qu'elle doit estre singuliere.

La quatorziéme, que le corps doit estre aisé à representer.

La quinziéme, qu'il doit estre proportionné au lieu ou on le represente.

La seiziéme, qu'il demande unité entre les figures.

La dix-septiéme, que le champ qui reçoit la figure doit estre simple.

La dix-huitiéme, que la Devise doit exprimer une pensée ou un dessein particulier.

La dix-neufviéme, que cette pensée doit estre herojque.

La vingtiéme, qu'elle doit estre unique.

La vingt-vniéme, qu'il faut joindre un mot à la figure.

La vingt-deuxiéme, que ce mot doit estre court & spirituel.

La vint-troisiéme, que les mots èquivoquez sont les plus spirituels.

La vint-quatriéme, qu'il faut prendre les paroles dans quelque Autheur connu.

La vint-cinquiéme, que la parfaite Devise demande de l'Antithese dans les paroles, & les jeux de mots.

La vint-sixiéme, que les mots latins sont les plus propres.

La vint-septiéme, que la belle Devise doit avoir quelque chose d'enigmatique.

La vint-huitiéme, qu'elle doit avoir je ne sçay quoy de propre & de singulier à l'é-

gard

gard de la personne qui la porte.

La vingt-neuf viême , qu'elle doit estre ingenieuse.

La trentiême , les reduit aux trois genres de
Rethorique , demonstratif , judiciel , & delibe-
ratif.

La trent-vniême , qu'il faut avoir égard à
la bienseance dans la Devise.

Tout brille d'esprit dans cet Ouvrage
comme dans tous les autres que cet Autheur nous a donnez , mais il demande des
lecteurs scavans ; & comme il est allé aux
sources , ceux qui ne montent pas si haut
ne trouvent pas dans ce traité une methode assez aisée.

Il s'est fait quatre Editions de cet Ouvrage , une à Turin , une à Venise , & deux
à Rome. L'ordre des Chapitres est un peu
changé en ces dernieres Editions. Il y a un
traité des Emblêmes ajoûté à celuy des Devises , & un Chapitre des pensées propres de la chaire sous ce titre , *Trattato de'*
concetti predicabili , & loro essempli.

Le P. PIERRE L'ABBE' dans le recueil
de ses Eloges a donné huit regles des Devises sous ce titre. *De Symbolis Gallicé De-*
vises. Ex variis artis symbolica præcepta hæc
videntur præcipua.

I.

Symbolum pictura & lemmate constat , seu

ut loquitur vulgus corpore & anima.

II.

Pictura ut plurimum simplex esse debet non composita , ne emblema esse videatur aut ænigma.

III.

Erudita esse debet, non cuique obvia , neque tamen adeo tecta ut Interprete egeat.

IV.

Corpus humanum integrum pictura esse non potest , pars corporis oculus, cor, manus tolerari potest.

V.

Lemma hemistichium esse debet , non versus integer: desumi potest à Poëta aliquo vel de novo cudi.

VI.

Et pictura & lemma itá allegorica esse debent , ut neque personam nominent cujus sunt signa, neque se appellent in vicem.

VII.

Totum corpus adeò nativum esse debet , ut ipso ferè aspectu rem designet & sine Interprete.

VIII.

Additur aliquando symbolo Epigramma ut illud explicet , atque hæc explicatio plus ingeny quam symbolum habet, & sane plus laudis. Extraneum tamen est hoc epigramma, & symbolum supponit magis quàm facit. Ex eo tamen

dividunt aliqui symbola in nuda & explicata.
Nuda vocant quæ picturam habent & lemma.
Explicata ea funt quibus additur Epigramma.

Entre les difcours de l'Academie des Gelati de Bologne imprimez par les ordres de
Monfieur le Comte Valerio Zani Prince
de cette Academie l'an 1691. il y a une lettre du fieur FRANCESCO CARMENI fur la
matiere des Devifes. Dans cette lettre il tire l'origine des Devifes des Ethiopiens, dont
elles pafferent aux Egyptiens, aux Grecs &
aux Romains. Il la definit en fuite, il en explique les caufes. Il donne les regles du corps,
& celles des paroles aufquelles il ne veut
pas que l'on donne le nom d'Ames. Il examine les Devifes de deux Academiciens, &
& traite en general des Devifes Academi-
qués, finiffant par cinq conditions que l'Abbé Tefauro demande dans les Devifes.

L'Abbé Dom PHILIPPE PICINELLI Milanois imprimant un grand Recueil de Devifes fous le titre de *Mondo Symbolico*, a mis
à la tefte de ce recueil cinq Chapitres de
l'art des Devifes.

Le premier, eft de l'Etymologie du nom des
Devifes & de leur antiquité.

Le fecond de la definition de la Devife.

Le troifiéme, du corps de la Devife.

Le quatriéme, du mot.

Le cinquiéme des devifes particulieres.

Le P. Bouhours Jesuite qui publia il y
a quelques années les Entretiens d'Arista
& d'Eugene, où il traite de la mer, de la
langue Françoise, du secret, du bel esprit,
& du je ne sçay quoy, a fait un sixiéme
entretien des Devises, qui vaut tous les
traitez qu'on a composez sur ce sujet.

Il feint d'abord qu'un Navire de France
étant entré dans le port de Dunquerque,
où il estoit avec un de ses amis, ils re-
marquerent sur ce bâtiment la Devise du
Roy, cequi leur donna occasion de s'entretenir des Devises. Il commence cet entretien par dire que la Devise est une Metaphore de proportion qui represente un
objet par un autre avec lequel il a de la
ressemblance. Il explique ensuite ce que
c'est que la Metaphore, & la comparaison
dont il fait l'essence de la Devise. Il donne les raisons pourquoy on appelle corps la
figure & ame les paroles, & montre le juste
rapport qu'elles doivent avoir ensemble.
Que l'union que l'on en fait ne doit estre
ny bizarre ny chimerique. Il ne veut ny les
corps allegoriques, ny la figure humaine. Il
prefere les corps naturels aux artificiels. Il
demande que la proprieté des corps qui
sont le fondement de la Devise soit réelle
& veritable. Que le corps soit noble &
agreable à la vûë. Que les corps soient en

action pour avoir plus de grace & de beauté. Qu'ils soient connus. Qu'il y ait de l'u-
nité dans les figures qui servent de corps;
Qu'elles ne soient guere plus de trois ou
quatre , à moins que ce ne soient les étoilles du Firmament , un parterre remply de
fleurs & les abeilles d'un essain.

Des regles de la figure il passe à celles des
paroles , & la premiere qu'il prescrit est
que ces paroles conviennent avec la figure.
Aprés quoy il ordonne qu'elles ne disent
point ce qui se voit clairement , mais que
le sens de la Devise & sa signification re-
sultent des figures & des paroles , & ne fassent qu'un composé , comme le corps &
l'ame font un tout. Il demande un sens
su'pendu dans les paroles pour rendre la
Devise plus ingenieuse. C'est ce qui fait
que le mot est court & plus agreable , laissant à l'esprit quelque chose à deviner. La
cadence y sert aussi , & la mesure des vers.
Rien ne doit estre dans le mot qui ne con-
vienne à la figure dans le sens naturel, aussi
bien que dans le moral. Le litteral & le
mystique doivent s'unir si bien ensemble
que ce qui se dit de l'un dans le sens mate-
riel de la Devise , puisse se dire de l'autre
dans son application. Il remarque aussi que
quand on peut joindre dans le mot la ressemblance avec l'antithese , cela y fait un

double agrément. Il eſt pour les langues
étrangeres à l'égard des paroles ; mais par
ces langues étrangeres il n'entend que la
Latine, l'Italienne & l'Eſpagnole. A l'é-
gard de la penſée & du deſſein qui eſt exprimé par la Deviſe, il veut qu'il ſoit noble,
determiné & particulier. Il s'explique en
ſuite ſur la nature du merveilleux qui fait
la beauté de la Deviſe. Il diſtingue les heroïques, les paſſionnées, les ſatyriques, les
burleſques, les morales, les politiques &
les Chrétiennes comme en autant d'eſpeces, & il donne divers exemples de toutes
ces eſpeces. Enfin il parle des Deviſes des
Cachets, des Vaiſſeaux, des Eſtendarts,
des Academies, des Cavaliers, des Dames,
des Sçavans, & ne laiſſe rien à deſirer dans
un deſſein ſi bien traité, & ſi agreablement
écrit.

Le Traducteur des Propheties d'Iſaïe en
noſtre langue a touché dans ſa Preface la
nature des Deviſes, lors qu'expliquant les
differences du ſens litteral & du ſens ſpirituel pour entendre les Prophetes il dit, on
peut voir cette neceſſité d'allier dans ces
livres ſaints le ſens de la lettre avec le ſens
ſpirituel par un exemple qui paroît ſenſible.
On ſçait aſſez ce que c'eſt que les Deviſes
dans leſquelles on prend pour corps quelque choſe qui eſt ordinaire dans la nature,

pour marquer d'une maniere courte & ingenieuse une verité qu'on a dans l'esprit.
Ainsi un homme de qualité s'estant autre-
fois donné à un Prince, & estant toûjours
demeuré attaché à sa personne aprés même
qu'il fut tombé dans une grande disgrace,
prit pour sa Devise un lierre qui embrassoit
le tronc d'un chesne, & qui y demeuroit
enlassé aprés que le chesne avoit esté ren-
versé par terre avec ces mots, HÆRET
QUE CADENTI. *Il ne le quitte point dans*
sa chûte même.

Il est certain qu'il y a dans cette Devise
le sens de la lettre & le sens spirituel. Le
sens de la lettre est que le lierre s'attache à
un arbre, & ne s'en separe point lors même qu'il tombe. Le sens spirituel est qu'un
homme demeure toûjours fidele à un Prince sans qu'il l'abandonne dans son mal-
heur.

Si donc une personne soutenoit que cette
Devise ne signifie autre chose sinon que le
lierre s'attache aux arbres, & à tout ce
qu'il rencontre, & que ce qu'on y ajoûte
de plus n'est qu'une pensée en l'air qu'on
a inventée, qui n'est peut-estre jamais venuë dans l'esprit de celuy qui a fait cette
Devise, on se moqueroit sans doute d'une
simplicité si peu raisonnable. Car tout le
monde voit au contraire qu'encore que ce

fens de la lettre foit tres-veritable , & qu'il
foit le fondement de l'autre ; l'Autheur
neanmoins de la Devife l'a fuppofé fans
vouloir qu'on s'y arreftaft : mais que le fens
fpirituel , qui eft l'ame dont ce fens literal
n'eft que le corps , eft qu'il nous a voulu
tracer un tableau fenfible de cette admirable fidelité d'un homme, qui demeure attaché à un Prince dans fon infortune , &
qui fait fa gloire d'avoir part à fon mal-
heur.

C'eft ainfi que faint Auguftin & les autres Peres confiderent les paroles des
Prophetes. Ils fuppofent la lettre & ils en
recherchent l'efprit.

ANSELME BOODT Medecin de l'Empereur
Rodolphe H. expliquant quelques Devifes
du recueil d'Octavio Strada , qu'on attribuë ordinairement à Typotius , fait auffi
en peu de mots le caractere de la Devife à
laquelle il donne la nom de Hierographie.
Voicy comme il en parle.

HIEROGRAPHIA

Nobis eft fignificatio rei , aut perfonæ facratior
Notis, aut litteris non tam expreffa
quam impreffa.
Sacratior dicitur;
non tantùm quod inventio facra fit ;
aut res ipfa Paganis omnes ferè facræ,

ima

Imò plerumque ritu divino habitæ:
Sed
quod mysteriorū instar plus abdāt quàm promāt,
Notis
Picta, sculpta, celata intelligimus
literis scripta.
Scribuntur literæ, syllabæ voces, sententiæ,
Dividimus igitur Hierographiam

in	{	Hieroglyphicon	}	id est	{	Picturam
		&				&
		Symbola				Scripturam.

C'est ainsi qu'il distingue les figures & les paroles des Devises, donnant le nom de *Note*, de *Hierogliphique*, & de *Peinture* à ce qu'on nomme le corps, & le nom de *Lettre*, de *Symbole*, & d'*Ecriture* à ce qu'on nomme l'ame.

Le sçavant CLAUDE MINOS Jurisconsulte Dijonnois à qui nous devons les doctes Commentaires sur les Emblêmes d'Alciat, a traité dans sa Preface des Devises, dont il rapporte douze ou treize exemples de diverses especes, & dit tres-sagement qu'ayant consulté sur cette matiere quelques personnes sçavantes il ne tira rien de certain de leurs disputes sur la nature des Devises, parce qu'aucun d'eux n'alloit aux principes des regles qu'ils pretendoient etablir. *De quâ quidem Philologia parte*

K

ne cogar singula percensere, cum quosdam vi-
ros excellenti doctrinâ, & antiquitatis vel
maximè studiosos aliquando disputare audie-
bam, memini ultrò citróque habitos ea de re
sermones eruditos, ex quibus tamen ad extre-
mum, ut uno verbo dicam, nihil ferè præ-
ter conjectanea comparavi. Sa preface ne
laisse pas d'estre sçavante sur la nature des
Symboles, sur leur origine & sur leurs especes.

Passons des preceptes aux exemples, &
voyons ceux qui ont fait des Devises, &
ceux qui les ont recueillies. Commençons
par ceux qui les ont inserées dans le corps
de leurs Ouvrages, pour donner à ces Ouvrages l'agrément de la peinture, & l'esprit
qui brille ordinairement dans les Devises.

Le premier que je trouve qui l'ait ainsi
pratiqué est MAURICE SEVE Gentilhomme
Lionnois, qui lorsque François I. tenoit sa
Cour à Lion à l'occasion des guerres d'Italie, fit des vers François de ses amours, accompagnez de cinquante Devises, dont
tous les mots sont François.

L'an 1613. JEAN FRANÇOIS DE VILLAVA
Espagnol imprima des discours de pieté,
qu'il accompagna d'autant de Devises sous
ce titre, *Empresas spirituales y morales en que*
se finge que differentes sup vestos las traen al mo-
do estrangero, representando el pensamiento en

que mas pueden senalarce assi en virtud como en vicio, de manera que pueden servir à la Christiana piedad. Il dit en sa Preface qu'ayāt fait reflexion sur les inventions ingenieuses des Devises dont se servoient les François & les Italiens, qui n'en faisoient que de militaires ou d'amour, il songea aux moyens d'en faire de Chrétiennes, & qu'il eut de la peine à s'y determiner, ne voyant rien de certain & de bien arresté à l'égard des regles que les Autheurs en ont données. Ses Devises ne sont pas des plus justes, & n'ont rien de spirituel que le titre d'*Empresas spirituales*, & l'application qu'il en fait à des sujets de pieté.

L'an 1617. l'Academie d'Altorff à Nuremberg fit un recueil des harangues Latines de ses Professeurs depuis l'an 1577. & mit des Devises à la teste de chacun de ces discours sous ce titre : *Emblemata anniversaria Academiæ Noribergensis quæ est Altorffii studiorum juventutis exercitandorum causa.* Les Devises ne sont pas faites exprés, elles sont tirées de divers Autheurs, & appliquées à ces discours.

PAUL ARESI Religieux de la Congregation des Clercs reguliers & depuis Evèque de Tortone a fait huit volumes de discours sacrez sous le titre de Devises sacrées, *Imprese sacre*, parce qu'à la teste de chacun de

K ij

ces discours sur les mysteres de la vie de
Nostre Seigneur & de la sainte Vierge, &
sur les festes des Saints Apôtres, Martyrs,
Confesseurs & Vierges, & sur les maximes
morales il y a une Devise ajustée au sujet.

Dom Diego de Saavedra a representé en cent Devises accompagnées d'autant
de discours l'idée d'un Prince Politique &
Chrétien sous ce titre : *L'Idea de un Prin-*
cipe Politico Christiano representada en cien Em-
presas por Don Diego de Saavedra. Ce livre
s'est traduit en Latin & en Italien, & il s'en
est fait plusieurs Editions.

Le Pere Henri Engelgrave Jesuite Fla-
mand a fait imprimer des Sermons en langue Latine pour les festes des Saints, & les
Dimanches de l'année avec une Devise à
la teste de chaque Sermon. Il a donné pour
titre aux Sermons des Saints PANTHEON
CHRISTIANUM, & aux discours de morale celuy de LUX EVANGELICA. Plusieurs de ces Devises sont ingenieuses.

L'an 1652. le Pere Sebastien de la
Mere de Dieu Carme Déchaussé fit imprimer à Lublin cinquante discours sur les
mysteres de la vie de N. Dame avec autant de Devises ou Emblêmes sous ce titre. *Firmamentum symbolicum in quo Deipara*
Elogia quibus velut Firmamentum stellis est

exornata symbolicè depinguntur. Il pretend
que ses discours serviront aux Predicateurs
pour toutes les Festes de N. Dame. Pour
les Devises & les Emblêmes il ne faut que
les voir pour juger qu'il n'a jamais entendu
les regles des unes ny des autres.

Le Pere PIERRE LE MOINE imprimant
l'Art de regner qui est un traité de Politique, l'accompagna de quinze Devises, dont
le Soleil fait tous les corps, & represente
quinze qualitez Royales, la pieté, la pro-
bité, la moderation, l'exemple, la prudence, la justice, l'authorité, la fidelité, la
clemence, la bonté, la liberalité, le conseil, le soin des finances, les armes & le
bien public. Il joignit depuis ces Devises
à son traité de l'art des Devises sous le titre de Devises Royales avec de petits discours, & autant de dixains François.

L'an 1620. on soûtint à Todi en Italie
des Theses de Logique, dont chaque pro-
position estoit exprimée par une Devise,
& chaque Devise expliquée par des vers
Italiens. L'universel estoit representé par
des orgues avec ce mot, VNUM IN
MULTIS. Les vers qui expliquoient cette
Devise estoient ceux-cy,

Di metallo canoro,
Gli harmonici concenti
Dan meraviglia all'ingegnose menti.

Tal de l'Vniuerfal l'alto lavoro
Difpofto e ben partito
Quel ch' infinito appar può far finito,
Quanto di bel rifplende
Da lui come da un fol tutto difcende.

Le Genre eſtoit repreſenté par un cedre
chargé de feüilles, de fleurs & de fruits
avec ce mot, EX VNO, Et ce Madrigal.

Questa pianta gentile
Che rami, e frutti, e frondi, e fior produce
E fi varia vaghez za agli occhi adduce
Al Gener e fimile
In cui natura ancor varia reluce,
E in un del mio Signor fembra la luce,
Sua ſtirpe i rami, e i rài fpende per tutto
S'è la porpora il fior, virtute il frutto.

Ces Theſes d'une invention ſi bizarre
furent dediées au Cardinal Landi Evêque
de Todi, & la plûpart de ces Deviſes fai-
ſoient alluſion à ſes vertus, à ſes talens &
à ſa dignité.

Le Pere ANDRE' MENDO Jeſuite Eſpa-
gnol faiſant imprimer un traité de Politique ſous le titre *del Principe perfetto y Mi-*
niſtros ajuſtados mit au commencement de
chaque chapitre un Emblême ou une Deviſe.

Le Pere MATHIEU RUFFI a donné au public des harangues latines prononcées à
l'ouverture des claſſes pour les Ecoles de

Grammaire , de Rhetorique , de Philosophie , des Mathematiques & de Theologie sous le titre de *prolusiones Academicæ* ,
avec une Devise devant chacun de ces discours.

Le Pere CHARLES BOVIO de la même
Compagnie ayant fait cent Eloges & cent
Epigrammes sur la vie de saint Ignace , a
mis à la teste de chaque Eloge une Devise
sur le même sujet. Elles sont belles & spirituelles. Le titre de son Ouvrage est celuy-cy. *Ignatius, Insignium, Epigrammatum,*
& Elogiorum centuriis expressus. Chaque
Devise est expliquée en trois ou quatre lignes. Cette explication est suivie d'une
Epigramme de huit ou dix vers , & l'Epigramme d'un Eloge d'une page & demie.

Monsieur DE CHAUMELS Conseiller en
la Cour des Aides de Guienne fit paroître l'an 1667. quarante discours en nostre
langue avec autant de Devises qu'il nomme Devises panegyriques. Ces discours &
ces Devises sont à l'honneur de la feu Reine Anne d'Austriche. Il dit quelque chose
de la Devise en son Epistre dedicatoire à
Monsieur le Marquis de S. Luc , & en sa
Preface parlant des siennes il dit que chacune est composée de six pieces. D'une figure qui en est le corps. D'un mot latin
qui en est l'esprit. D'un mot François qui

en eſt la verſion. D'une Epigramme ou
d'un Madrigal qui en eſt le premier trait
de connoiſſance. D'un Diſtique qui en eſt
l'application, & d'un diſcours qui en eſt
l'intelligence toute entiere.

Le Pere Aurelio Corbellini Piemon-
tois Religieux de l'Ordre de ſaint Auguſtin
de la reforme de Lombardie ayant eſté
long-temps perſecuté dans ſon Ordre, fit
peindre ſur la porte de ſa chambre un
vaiſſeau battu de la tempeſte avec une
étoile qui commençoit à paroiſtre dans un
ciel brouillé, & ce vers au deſſous.

FORSE FIA CHE SEREN MI TORNI
IL CIELO.

Enfin il faut que le beau temps revienne.

Quelques-uns de ſes amis l'eſtant allé vi-
ſiter virent cette deviſe, & luy en deman-
derent l'explication, qu'il leur donna d'a-
bord en peu de mots en leur diſant. *Gran
ſenſo ha queſta picciola figura. Per la nave ecco la vita mia : per li mare ecco tutto il mondo : per gli venti contrarij ecco le tribulationi :
per l'onde c'hora s'in alzano, e hora s'abbaſſa-
no, ecco la vacillatione del tribolato : per la re-
ſiſtenza che fa la nave, ecco la fermezza ch'
altri chiamano arroganza di chi è afflitto : per
lo sforzo ecco il rintuzzamento che ſi fa al tri-
bolante : per la fuga, o il ritiramento a luogo
ſicuro, ecco ſi deé fuggire o ſtar ſaldo a colpi de*

gli inimici : per la stella , ecco la speranza del-
la confolatione : per lo porto in cui cerca di ri-
rarfi la nave , ecco quale è il vero conforto de
tribolati. Il fit depuis autant de dialogues
fur chacune de ees applications , & les fit
imprimer l'an 1618. fous le titre de *Confola-*
tion Chrétienne. On peut joindre à ces Devifes d'accompagnement de difcours celles
que plufieurs Autheurs ont mifes à la refte
de leurs Ouvrages pour leur fervir d'ornement & d'introduction.

Le Pere JEAN PINEDA dés l'an 1600. fai-
fant imprimer à Cologne de fcavans Commentaires fur le livre de Job, mit à la refte
de fon livre douze Devifes fur autant d'actions de ce faint homme , dont il expliquoit
les fentimens.

La premiere, eftoit un Aigle au deffus des airs,
& plufieurs fleches décochées contre elle fans
pouvoir l'atteindre avec ces mots. HAUD
ULLÆ POTUERE. *C'eftoit pour reprefen-*
ter les diverfes tentations aufquelles il avoit efté
expofé.

La feconde, pour exprimer fa conftance &
fes victoires au milieu de ces attaques eftoit un
Laurier au milieu des foudres & des éclairs.
VINCIT INTACTA.

La troifiéme une Salamandre au milieu des
flammes. PROBAT FORNAX.

La quatriéme , des vents qui amenant une

grosse pluye font la fecondité de la terre. BE-
NEFICENTIUS.

La cinquiéme, une Epée contre les flammes,
& *un rocher.* HINC FRUSTRA, INDE
RETUSUS. *Pour sa fermeté contre les persecu-*
tions des demons, de sa femme & *de ses amis.*

La sixiéme, des marteaux, un enclume, &
un diamant au milieu. IMPAVIDUM FE-
RIENT. *Pour les accidens arrivez à ses en-*
fans & *à ses biens.*

La septiéme, un cube. QUOCUMQUE
VERTAS. *Pour sa perseverance dans le*
bien.

La huitiéme, une rose au milieu des oignons
qui ne servent qu'à augmenter son odeur. NON
ÆQUIS VIRIBUS HOSTES.

La neufviéme, une vigne que l'on taille. VT
FRUCTUM PLUS AFFERAT.

La dixiéme, un Palmier dont les branches
estoient courbées par des poids. RESURGET.

L'onziéme, le Soleil dans son Ecliptique.
MUTAT VICES. *Pour marquer ses chan-*
gemens de fortune.

La douziéme, le Soleil levant. RURSUS
POST TENEBRAS.

Le Pere BALTHASAR CORDIER *impri-*
mant quarante-six ans après des Commentaires sur le même livre, se contenta de
marquer les quatre états de Job par quatre Devises, dont les mots estoient pris

du livre même qu'il expliquoit.

La première, estoit un *Phenix* dans les flammes avec ce mot du chapitre 29, INNOVA-
BITUR.

La seconde, une pierre d'*Amiante* qui comme l'or ne fait que se purifier dans le feu, avec
ces mots du chapitre 13. QUASI AURUM.

La troisiéme, d'un *Aigle* qui fait son nid sur
une haute montagne, avec ces paroles du chapitre 39. IN ARDUIS.

Enfin la quatrième, estoit un tronc d'arbre
dont toutes les branches avoient esté coupées, &
qui commençoit à en pousser de nouvelles.
RURSUS VIRESCIT, tiré du chapitre 14.

Les Jesuites de la Province de Flandres
publians les réjoüissances qu'ils avoient faites l'an 1640. en action de graces du premier siecle depuis la confirmation de leur
Institut, mirent à la teste de cet Ouvrage
intitulé *Imago primi sæculi Societatis Jesu*,
douze Devises qui marquoient les divers
états de cette Compagnie, sa profession &
ses vœux.

Il y a dans le corps de cet Ouvrage prés
de cent autres Devises qui accompagnent
les discours, & les poësies latines sur le sujet de cette feste, & de cette action de
graces.

On se sert quelquefois de ces Devises pre-

liminaires pour expliquer les matieres
qu'on doit traiter, ou pour les distinguer.
Ainsi le Pere CHARLES REGIO ayant composé un Ouvrage de l'Orateur Chrétien,
& des qualitez qu'il doit avoir, a marqué
par quatre Devises dés l'entrée de cet Ouvrage les quatre principales qualitez que
demande une fonction si sainte.

La premiere, pour exprimer que le Predica-
teur doit estre un homme inspiré du S. Esprit
pour un ministere si saint, est une trompette
avec ces mots : INFLANTE SPIRITU.

La seconde, pour signifier que le Predicateur
doit avoir des sentimens conformes à ceux de
l'Eglise & des oracles sacrez, est un orgue
dont tous les tuyaux doivent faire de justes ac-
cords avec ces paroles : CONSONET VT
PERSONET.

La troisième, pour faire entendre qu'il faut
que le Predicateur soit touché pour toucher les
autres, est un canon où l'on met le feu & dont
il sort un boulet. ARDEAT VT FE-
RIAT.

Enfin pour exprimer que le Predicateur doit
faire ce qu'il enseigne & pratiquer ce qu'il dit,
est une horloge à tymbre. QUOD SONUS
HOC INDEX.

A l'égard de la distinction des matieres le
Pere MARTIN BRESSER qui a fait six livres
de la Conscience, l'ayant distinguée com-

me tous les Theologiens en conscience droite, erronée, scrupuleuse, inquiete, probable, a marqué ces differences par autant de Devises à la teste de son Ouvrage.

Pour la Conscience droite, c'est un niveau avec son plomb : CONSCIA RECTI.

Pour la scrupuleuse, un bassin de fontaine dont l'eau est agitée par une petite pierre que l'on y jette : SCRUPO CONFUNDITUR UNO.

Pour l'inquiete, un balancier d'horloge qui se tourne tantost d'un costé tantost d'un autre : NUNC HUC, NUNC VERTITUR ILLUC.

Pour l'erronée, un bâton dans l'eau qui estant droit & entier paroist rompu. DECIPITUR SPECIE RECTI.

Pour la probable, une balance. VTRINQUE PARI LIBRAMINE NUTAT.

Passons maintenant à ceux qui ont fait profession de composer des Devises & de donner des Recueils de celles qu'ils ont faites.

Le premier & le plus ancien de tous est GABRIEL SIMEONI Florentin, qui fit imprimer à Lion l'an 1551. un Recueil de Devises de sa façon, qu'il dedia au Connestable de Montmorency. Il commence par celles d'Auguste & de Tite, puis il en rapporte d'autres, qu'il avoit faites pour le

Roy, pour la Reine, pour la deffunte
Reine de Navarre, pour Madame Anne
de Valois sœur du Roy, pour le Roy & la
Reine de Navarre, pour le Duc de Guise,
pour le Prince de Melphes, pour un Cavalier de ses amis, & quelques autres sur
des sujets moraux. De toutes ces Devises
il n'y en a qu'une seule qui merite le nom
de Devise. C'est celle d'un papillon qui se
brûle à la chandelle attiré par sa lumiere,
avec ce vers Italien

COSI VIVO PIACER CONDUCE A MORTE.

Il a joint à ce recueil quelques Devises
qui ne sont pas de luy & qui valent mieux
que les siennes, comme celle de la Ducheffe de Valentinois, celle de Bonne Duchesse
de Savoye, celle de René Roy de Sicile,
celle du grand Capitaine, & celle du Seigneur de S. Vallier.

L'an 1588. BERNARDIN PERCIVALLE
Ferrarois Docteur & Cavalier publia des
vers & des Devises, dont Hercule Tasso
a dit que de cent cinquante-neuf figures
qu'il applique à divers Gentilhommes d'I-
talie, il y en a cinq ou six qui pourroient
passer pour des Devises assez regulieres,
tout le reste n'étant qu'extravagance.

Le GRAND COSME DE MEDICIS Duc de
Toscane ayant levé une Compagnie de Ca-

valerie de cent hommes d'armes Siennois,
que le Duc Ferdinand son fils continua
d'entretenir, le Comte Germanicus Her-
calano leur Cornette leur persuada de
prendre chacun une Devise, qui marquât
leur fidelité envers leur Prince, & qui ser-
vist en même temps à les distinguer en la
portant sur leur cottes d'armes. Bargagli
les fit la plûpart, & l'an 1591 elles furent
imprimées sous ce titre. *Rollo o vero cento
imprese de gli illustri Signori Huomini d'arme Sanesi militanti sotto l reale e felicissimo
stendardo del serenissimo Ferdinando de Medici
Gran Duca III. di Toscana.*

Peu de temps après un Academicien de
Sienne publia un recueil de quatre cent
Devises d'ALCIBIADE LUCARINI de l'A-
cademie des Intronati sous ce titre: *Imprese dell' offitioso Academico Intronato, raccolte da lo Sconosciuto Academico unito.* La
premiere partie de ce recueil contient
cent quarante Devises faites pour diverses personnes de qualité. Toute la seconde partie est de Devises sacrées, c'est à
dire appliquées à des sujets de pieté. Dans
un si grand nombre de Devises il y en a un
plus grand nombre de communes, que de
bien spirituelles.

L'an 1619. JULES GUILLAUME ZINCGREFF
Alleman publia cent Devises sous ce titre.

Emblematum Ethico-politicorum Centuria Iulij Guillielmi Zincgreffii. Quoy qu'il donne à ce recueil d'images politiques & morales le nom d'Emblêmes, la plûpart ne laissent pas d'estre Devises, & il distingue les Emblêmes par le nom d'Emblêmes universels, & les Devises par le nom d'Emblêmes particuliers; parce que les Emblêmes sont des enseignemens generaux, & les Devises expriment les desseins personnels & singuliers. Il y a dans cet Ouvrage une Preface sur l'origine & la nature des Emblêmes, Armoiries & Devises, & quatre vers François sous chaque Devise; mais ces vers sont d'un François Alleman, c'est à dire fort écorché. Il commence par une Devise contre ceux qui voudroient le censurer par envie ou par jalousie. Le corps de cette Devise est un beau & grand lit sur lequel se roule un chien symbole de l'envie avec ce mot: TIBI NON SVM STRATUS.

ADRIEN d'AMBOISE faisant imprimer l'an 1621. un discours ou traité des Devises tiré des cayers de François d'Amboise son pere Baron de la Chartre sur Loire, & Maistre des Requestes ordinaire de l'Hôtel, y joignit quelques Devises de sa façon sous le nom de Devises Royales. Il commence ce recueil par celle de Henry quatriéme,

de

île deux fceptres avec une épée, & ce mot:
DUO PROTEGIT VNUS. Il la fait fuivre
de cinq ou fix figures qui ne font rien moins
que Devifes, & il finit fon recueil par les
Devifes de CharlesIX. de Catherine de Medicis en fa viduité, d'Henry III. de Loüife
de Lorraine Reine Doüairiere de France,
& du Duc d'Alençon.

L'an 1622. on ne vid dans toute l'Italie,
dans la France, dans l'Efpagne & dans les
Pays-Bas que divers recueils des Devifes
qui avoient fervi aux folemnitez de la canonization des faints Ignace de Loiola,
François Xavier, Philippe de Neri, Ifi-
dore, & Therefe de Jefus.

On a vû depuis la même chofe pour les
canonizations de S. François de Sales, &
des faints Caëtan de Tienne, Loüis Ber-
trand, François de Borgia, Philippe Be-
nifi, & Rofe de Lima.

L'an 1625. ALONSO DE LEDESMA fit imprimer à Madrid un recueil d'Epigrammes &
de Devifes qu'il nomme Hieroglyphiques,
parce qu'elles font toutes facrées, & donna
ce titre à ce recueil. *Epigrammas y Hiero-
glyphicos a la vida de Chrifto, feftividades
de nueftra Senora, excelencias de Santos, y
grandezas de Segovia, por Alonfo de Ledefma
natural de Segovia.*

La premiere de ces Devifes eft pour la
M

sainte Trinité, le corps est une fontaine à trois tuyaux avec ces vers.

VN A ES EL AGUA QUE VEZ
AUNQUE LOS CANOS SON TREZ,
C'est la même eau dans tous les trois tuyaux.

La seconde est de la creation du monde, la troisième, de la chûte des Anges; la quatrième, de la creation de l'homme; la cinquième, de son peché; la sixiéme, du Mystere de l'Incarnation; la septiéme, des deux Natures de Jesus-Christ; la huitiéme, de ses larmes. Elles sont suivies de trente autres Devises sur les principaux Mysteres de la vie de J. Christ, de sa passion, de sa resurrection, & de la mission du S. Esprit. Il y en a neuf sur les Mysteres & les Festes de la sainte Vierge. Trente-neuf à l'honneur de divers Saints & Saintes. Dix-huit sur la vie, mort & miracles de S. Ignace Fondateur de la Compagnie de Jesus, & vingt-trois sur des sujets moraux des vices & des vertus.

Toutes ces Devises sont faites à la maniere Espagnole, c'est à dire sans autre mot que trois vers qui les expliquent, dont le premier exprime presque toûjours le corps & la figure, ou le sujet, & les deux autres la proprieté de ce corps & son application au sujet. Ainsi pour exprimer en Devise les

biens de cette vie qui font incertains, il a
repreſenté trois dez avec ces trois vers.

BIENES POR EL MUNDO DADOS
POR ADONDE LOS ECHARES
HALLARAS QUE SON AZARES.

C'eſt à dire que les biens que le monde
donne de quelque côté qu'on les tourne,
& quelqu'uſage qu'on en faſſe c'eſt toûjours,
le hazard qui les conduit. Qui oſteroit le
premier vers, les deux autres pourroient
ſervir de mot.

Pour la creation de l'homme il a mis,

HIEROGLIFICO.

Pintoſe un horno de Vidrio, y un vaſo a la boca.
C'eſt un verre à la bouche de la fournaiſe
où il vient d'eſtre fait. Voicy les vers.

HECHURA DE VIDRIO SOY,
PUES TODO EL SER RECEBI
POR RESPIRAR DIOS EN MI.

Je ſuis un ouvrage de verre, puiſque je ne
ſuis ce que je ſuis que par un ſouffle de
la bouche de Dieu. Si on ne prenoit de
tous ces vers que ces paroles EL SER
RECEBI POR RESPIRAR. C'eſt un
ſouffle qui m'a donné l'eſtre, cette Deviſe
ſeroit fort juſte. Il en eſt peu que l'on ne
pût ajuſter de cette maniere, & en faire
des Deviſes ſpirituelles & regulieres.

La troiſiéme & quatriéme partie du Roman du Chevalier du Soleil, côpoſé en Eſpa-

gnol par Diego Ortunez de Calaorra;
Pedro la Sierra, & Marcos Martinez
sont remplies de Devises qui sont toutes de
cette maniere expliquées par trois & quatre vers; mais il s'en faut bien qu'elles ap-
prochent de celles de Ledesma, & la plûpart ne sont rien moins que Devises.

Les Devises de Monsieur de Boissiere
sont recueillies en un corps avec son traité
des Devises, & en font la seconde partie.

Le P. Pierre le Moine dés l'an 1650.
donna au public des Devises heroïques &
morales expliquées par des vers & de
petits discours. Elles sont des plus ingenieuses, & il est peu d'Autheurs qui en
ayent fait un aussi grand nombre de bonnes. Il reimprima ce Recueil avec son
Art des Devises, & il y joignit un cabinet de Devises, un jardin de Devises,
dont tous les corps sont des fleurs, & des
Devises Royales tirées de son Art de regner.

La plûpart des Autheurs qui ont écrit
de l'Art des Devises, en ont fait un assez
bon nombre, qu'ils ont inserées en divers
endroits dans le corps de leurs ouvrages.
Passons à ceux qui ont recueilly celles des
autres, & qui les ont publiées.

Le premier & le plus ancien Recueil est
celuy de Claude Paradin Chanoine de

Beaujeu. Il a esté traduit en diverses langues, imprimé plusieurs fois , & allegué presque par tous les Autheurs qui ont écrit sur cette matiere. Les Devises qu'il rapporte sont celles de François 1. Henry 11. Loüis xi. Loüis xii. Charles-Quint, Cosme de Medicis , Henry viii. d'Angleterre , Marguerite d'Orleans Reine de Navarre , Philippe le Bon Duc de Bourgogne , Jean Duc de Bourgogne, Galeaz Duc de Milan, Diane de Poitiers , Charles Cardinal de Bourbon , du Cardinal de Tournon , du Cardinal de Ferrare Hyppolite d'Este , de Catherine de Medicis Reine de France, de Charles Cardinal de Lorraine , d'Eleonor d'Autriche Reine de France , de Valentine de Milan Duchesse d'Orleans , d'André de Laval Admiral de France , de l'Archevêque d'Ambrun de Bois-Dauphin, d'Erasme , de Guillaume de Haynau , du Pape Clement vii. d'Horace Farnese Duc de Camerin , du Maréchal de saint André, de Marguerite dé France Duchesse de Berry , de Philippe Chabot Comte de Charny, du Chancelier de Morvillier , du Roy Charles vi. de l'Admiral de Bonnivet , de Loüis Duc d'Orleans , & de Jean Duc de Bourgogne.

A ces Devises de tant de personnes illustres PARADIN en a ajoûté plusieurs au-

tres de son invention ; mais de toutés ces
Devises à peine y en a-t'il une vingtaine
qui meritent le nom de Devises.

RUSCELLI l'an 1566. fit imprimer à Venise un recueil de plusieurs Devises accompagnées de discours pour leur explication,
Il divisa cet Ouvrage en trois livres sous ce
titre : *Le Imprese illustri con espositioni e discorsi del S. Jeronimo Ruscelli.*

VINCENT RUSCELLI son parent y ajoûta
un quatrième livre l'an 1583. sous ce titre.
*Il quarto libro delle Imprese illustri Con. figure
di stampe in rame, aggunto da Vincenzo Ruscelli da Viterbo.*

Les années 1565. 1566. & 1568. JEAN-BAPTISTE PITTONI Peintre de la Ville de Vicence dessina plusieurs Devises qu'il fit graver , & qu'il donna au public accompagnées de Sonnets & de Stances Italiennes
composées par LUDOVICO DOLCE sur chacune de ces Devises : le titre de l'Ouvrage estoit. *Imprese di diversi Principi, Duchi , Signori , ed altri personaggi , ed huomini
illustri.*

L'an 1578. BARTHELEMY ARNIGIO publia
un recueil des Devises des Academiciens
de Bresce dans l'Estat de Venise, qui se nommoient *gli Occulti.*

LUCA CONTILE a fait la même chose pour
l'Académie des Affidati de Pavie avec un

discours sur chaque Devise, & un abregé de la vie de chaque Academicien.

Nous devons aux soins de Monsieur le Comte VALERIO ZANI les deux volumes des discours prononcez dans l'Academie des Gelati de Bologne, & des Devises de ses Academiciens. Ayant esté choisi l'an 1670. par les suffrages de tous les Academiciens Prince de l'Academie, & confirmé l'année aprés dans la même charge, il fit recuillir à ses frais & imprimer ces discours & ces Devises donnant au premier volume le titre de *Profe de Signori Academici Gelati di Bologna.* Et au second de *Memorie Imprese e ritratti de Signori Academici Gelati di Bologna.*

Dans le premier il y a quinze discours.

Delle gioftre e Tornei del Sig. Senatore Berlingiero Geffi.

Delle armi delle famiglie del Sig. Conte Gafparo Bombacci.

Dell' Imprefe Academiche del Sig. Francefco Carmeni.

Della Filofofia Morale del Sig. Conte Alberto Capara.

De gli intervalli Muficali Rifleffioni del Sig. Gio. Batt. Sanuti Pellicani.

Delle Cagioni fifiche de gli effetti fimpatici del Sig. Conte Ercol Agoftino Berò.

Dell' Idioma nativo &c. del Sig. Giouan

Francefco Bonomi.

Della Tragedia del Sig. Dott. Innocenzio Maria Fioravanti.

Dell' Ifopo di Salomone del Sig. Dott. Ovidio Montalbani.

Della Politica, e della ragion di ftato del Sig. Dott. Aleffandro Barbieri.

Delle Terme antiche, e gi vochi de' Romani del Sig. Dott. Gio. Batt. Capponi.

Delle fette de Filofofi, e del genio di Filofofare del Sig. Ant. Felice Marfili.

Della Mufica del Sig. Girolamo Defideri.

Del metter in Carta opinioni Cavalerefche del Sig. Senatore Giouan Michele Guaftavillani.

Della Sparizione d'alcune ftelle del fig. Dott. Geminiano Montanari.

Les Devifes des Autheurs de ces difcours font mifes à la tefte de chacun de ces difcours.

Le fecond volume contient quatre-vingt & quatre Devifes, dont la premiere eft celle de l'Academie. Elle eft immediatement fuivie du portrait & de la Devife du Pape Urbain VIII. & de celles de quelques Cardinaux, qui ont efté de cette Academie. Les portraits de ceux qui font morts y font reprefentez. Il y a un Eloge de chaque Academicien, avec la lifte des Ouvrages qu'il a fait imprimer, ou qui font

prefts

prests à estre mis sous la Presse.

Octavio Strada celebre Antiquaire du
siecle passé ayant ramassé avec beaucoup
de soin les Medailles antiques & modernes
des Empereurs & des Princes Ecclesiastiques & Seculiers, dont il composa un riche
cabinet, fit en même temps un recueil des
revers de ces Medailles, & ayant separé les
modernes des antiques, il en fit une suite
pour les Papes, les Empereurs, les Rois,
les Cardinaux, les Princes de l'Empire, &
les personnes illustres. Il ajoûta à ce recueil quelques Emblêmes pour l'Eucharistie & pour la sainte Croix, en un temps
où l'une & l'autre estoient l'objet de la fureur des Heretiques d'Allemagne, de
France & d'Angleterre. Gilles Sadeler
Graveur de l'Empereur grava ce recueil
l'an 1601. Et Jacques Typotius Historio-
graphe de l'Empereur y joignit de petits
discours Latins pour l'explication de ces
figures.

Tout ce recueil est divisé en trois parties.
La premiere contient huit figures pour la
sainte Eucharistie; quinze pour la sainte
Croix; trente pour les Papes; trente-neuf
des Empereurs; quatre des grands Seigneurs
Othomans; quarante-huit des Rois d'Espagne; vingt-une des Rois d'Angleterre,
dix des Rois d'Ecosse; douze des Rois de

Portugal ; onze des Rois de Sicile ; huit des Rois de Jerusalem ; dix-huit des Rois de Hongrie & de Pologne ; six des Rois de Suede & de Dannemark, dix des Rois de Navarre ; deux des Rois d'Austriche; deux des Rois de Chypre ; quatre des Rois de Bourgogne, qui font en tout cent quatre-vingt & quatre Types.

La seconde partie contient quatre-vingt & dix-sept Types des medailles des Cardinaux ; quatre des grands Maistres de l'Ordre de saint Jean de Jerusalem ; sept des Patriarches ; quatorze des Electeurs de l'Empire ; vingt-cinq des Archiducs ; quatre vingt & seize des Princes de l'Empire, qui font en tout deux cens trente-neuf Types.

La troisiéme partie contient deux cens soixante-sept Types des Doges de Venise, Ducs, Princes, Marquis & Princesses d'Italie.

Entre ces six cens quatre-vingt & dix Types, il y a plusieurs Devises que ces Autheurs n'ont pas distinguées, donnant indifferemment à toutes le nom de Symboles sous ce titre. *Symbola divina & humana Pontificum, Imperatorum, Regum, &c.*

Il y a de grands defauts dans ce recueil. Le plus considerable est que plusieurs de ces Types, Symboles & Devises ont esté

faits à plaisir, & n'ont jamais esté portez
par les personnes à qui on les attribue. Il y
en a plusieurs qui n'ont jamais esté mis ny
en monnoyes ny en medailles, cependant
ils sont tous representez dans des medailles.
Plusieurs sont attribuez à d'autres personnes que celles qui les ont portez. On y
donne à Charles VII. la Salemandre de
François I. à Loüis XI. le Porc-epy de
Loüis XII. à Charles VIII. le cerf aislé
de Charles VI. à Loüis XII. la coupe de
François II. & le collier de S. Michel de
Loüis XI. Les deux globes de François second à François premier. Ce recueil n'a
pas laissé d'estre celebre, & depuis plus de
soixante ans il a esté cité par un grand nombre d'Autheurs, qui se sont servis de ces
Devises, ou dans leurs discours, ou dans
les decorations publiques. Quelques Histo-
riens sur la foy de ce recueil ont attribué à
des Princes, dont ils décrivoient la vie des
Devises qu'ils n'ont jamais portées.

L'an 1629. une partie de cet Ouvrage se
reïmprima à Francfort avec le nom du premier Autheur de ce ramas. *Vitæ Impera-*
torum Cæsarumque Romanorum Orientis, &
Occidentis, uxorum & liberorum. Item Ty-
rannorum, qui Romanum Imperium occupare
conati sunt à Cajo Julio Cæsare ad Ferdinan-
dum II. & annum 1629. unà cum eorum ef-

figiebus, & symbolis ex probatissimis Histori-
cis, aureis etiam & argenteis numismatibus
delineatis, & Genealogia Austriaca, cura
Octavii de Strada Francofurti 1629.

L'an 1619. SALOMON NEUGEBAVER fit aussi
imprimer à Francfort deux cens Devises
des Empereurs, Rois & Princes sous ce titre. *Selectorum symbolorum heroïcorum Cen-*
turia gemina enotata & enodata à Salomone
Neugeba vero à Cadano. Il commence par
celle de Rodolfe premier Empereur, qu'il
fait suivre de celles d'Albert premier,
Henry septiéme, Loüis de Baviere, Fri-
deric premier, Charles quatriéme, Ven-
ceslas, Sigismond, Albert second, Frieeric
troisiême, Maximilien premier, Charles-
Quint, Ferdinand, Maximilien second,
Rodolfe second, Mathias. Il en met vingt-
deux des Rois de France, mais la plûpart
sont mal attribuées. Celles des Rois d'Arragon, de Castille, de Sicile, de Naples,
de Portugal, de Navarre, d'Angleterre,
d'Escosse, de Dannemarck, de Suede, de
Pologne, de Hongrie, de Boheme, sont en
suite avec celles de quelques Electeurs,
Archiducs, Ducs de Bourgogne, de Lorraine, de Brunsvic, de Cleves, & autres
Seigneurs Allemans.

Messire JEAN-BAPTISTE CHRISTYN Chevalier, Conseiller du Roy Catholique en

son Conseil suprême de Flandres, prés sa
personne Royale, & dans tous ses Conseils
d'Estat & Privez aux Païs-bas, Plenipo-
tentiaire pour la paix à Nimmegue, a recueilli en deux Ouvrages des Ducs de Lo-
thiers, Brabant & Limbourg, & des Gouverneurs des Païs-bas toutes les Devises
que ces Ducs & ces Gouverneurs ont portées. Les titres de ces deux Ouvrages imprimez à Cologne sont, *Inclyti Brabantiæ*
Duces, Belgici, Burgundici, Austriaci, à
Godefrido qui à Barba nomen accepit, Duce
usque ad Carolum II. Hispan. & Ind. Re-
gem, Brabantiæ Ducem. Eorumque ortus, ad-
ventus auspicati, tempora regiminis, connu-
bia, fundationes piæ, obitus, sepulturæ, Epi-
taphia, inscriptiones, elogia, insignia genti-
litia, numismata, symbola heroica, & lemma-
ta epigraphica.

Belgij & Burgundiæ Gubernatores ac Ar-
chistrategi, eorumque ortus & series, adven-
tus auspicati, tempora regiminis, connubia,
gesta militaria, fundationes piæ, tituli, inscri-
ptiones, obitus, sepulturæ, Epitaphia, elogia,
insignia gentilitia, quarteria, fragmenta ge-
nealogica, numismata, symbola heroïca, &
lemmata epigraphica.

Ce sçavant homme a distingué les medailles des Devises, & les Devises des simples mots de celles de figures & de mots,

nommant les unes *symbola heroica* , & les autres *Lemmata epigraphica.*

ULISSE ALDROÜAND dans son Histoire naturelle dont il y a plusieurs volumes, a ramassé plusieurs Devises à l'occasion des animaux, des pierreries & des plantes, dont il fait la description , parce que ces animaux , ces pierreries & ces plantes entrent dans les Devises , dont ils composent les corps.

Il Museo di Giouan Paolo Reinoldi distinto in Imprese e Emblemi. Il y a environ deux cens Devises qui ne sont pas des plus spirituelles.

Basilicæ sanctæ Genovefæ decora Emblematibus illustrata. C'est le P. LOÜIS DE BRETHE de Clermont Chanoine Regulier de l'Ordre de S. Augustin, qui a mis à la teste de trente-deux Eloges autant d'Emblêmes ou de Devises. Elles ne sont pas toutes regulieres , mais il y en a quelques-unes de fort belles. Le nom d'Emblêmes qu'il leur donne fait qu'on ne les peut condamner de n'estre pas selon les regles , puisque les Emblêmes sont moins exacts que les Devises, & n'ont pas les mêmes Loix. Il dit aussi dans son avis au Lecteur , que les Eloges n'ont pas esté faits pour les Emblêmes, mais plûtost les Emblêmes pour les Eloges. *Apposita sunt Emblemata scilicet ad or-*

vamentum ; non enim Emblematum causâ *Elogia*, *sed Emblemata propter Elogia.*

L'an 1588. PRINCIPIO FABRICI publia un grand recueil de Devises sur le Dragon des armoiries du Pape Gregoire XIII. Le titre de son Ouvrage est celuy-cy. *Delle allusioni, Imprese, e Emblemi del Sig. Principio Fabrici da Teramo sopra la vita, opere & attioni di Gregorio XIII. Pont. Massimo Libri sei ne i quali sotto l'Allegoria del Drago arme del detto Pontefice si descrive anco la vera forma d'un Principe Christiano.* Ce ne sont à proprement parler ny Emblêmes ny Devises, mais une confusion de figures mal conceuës.

Sur la fin du siecle passé SIMON BIRALLI recueillit en deux volumes les Devises choisies des Autheurs qui en avoient écrit, & le titre de son recueil estoit *delle Imprese scelte da Simon Biralli. Dove sono Imprese tutte nuove ben regolate, si di varij gran personaggi, come di diversi elevati ingegni d'ogni qualità, di nobil professione, e di dotte Academie, e di studiosi Academici d'Italia.* Les Autheurs qu'il a recueillis sont Paul-Jove, Loüis Domeniqui, Hierôme & Vincent Ruscelli, Scipion Ammirato, Barthelemy Arnigio, Luca Contile, Pittoni, Paradin, Palazzi, Camillo Camilli, les hommes d'Armes de Sienne, Capaccio, Tor-

quato Taffo, & Afcanio Piccolomini. C'eft
le recueil de ces Autheurs qui fait fon premier volume. Le fecond eft un autre ramas de diverfes perfonnes. Son Ouvrage
eft en Dialogue.

Le dernier recueil que j'ay vû, & qui
peut paffer pour la compilation de tous les
autres, eft celuy de l'Abbé D. PHILIPPE
PICINELLI Milanois de l'Ordre des Cha-
noines Reguliers de faint Jean de Latran.
Il a rangé ce recueil felon l'ordre naturel
des corps dont les Devifes font compofées,
& luy a donné pour titre. *Mondo fimbolico*
formato d'Imprefe fcelte, fpiegate, ed illuftrate
con fentenze, ed eruditioni facre & profane,
che fomminiftrano a gli Oratori, Predicatori,
Academici, Poeti vn infinito numero de concetti
in quefta impreffione da mille e mille parti am-
pliato, ftudiofi diporti dell'Abbate D. Filippo Pi-
cinelli Milanefe ne i Canonici Regolari Latera-
nefi Teologo, Lettore di facra Scrittura, e Pre-
dicatore privilegiato.

Il s'eft fait deux Editions de ce livre. La
feconde imprimée à Venife eft de l'an 1670.
Il y a des applications facrées & morales
fur chaque Devife avec des paffages de
l'Ecriture, des Peres, des Autheurs facrez
& profanes, & des Poètes. Parmy ce recueil il y a un grand nombre de Devifes
de fon invention, qu'il a marquées à la
marge

marge d'une étoile pour les diftinguer des autres.

Les Devifes doivent leur progrez en ce Royaume à fept ou huit perfonnes, qui pour n'avoir publié aucun ouvrage fur cette matiere n'ont pas laiffé de la rendre illuftre par un grand nombre de Devifes qu'ils ont faites. L'un eft Meffire Henry Loüis Habert de Montmor ancien Maiftre des Requeftes, qui aimant la facilité d'Ovide & fes expreffions naturelles fe fervit de plufieurs bouts de vers de ce Poëte, en un grand nombre de Devifes qu'il faifoit de temps en temps, pour fe delaffer de fes plus ferieufes occupations. Il avoit un gouft excellent pour les belles lettres, pour la Critique, pour l'Antiquité, & pour la nouvelle Phyfique. Il cultivoit l'amitié des fcavans & des perfonnes d'efprit. Ce fut luy qui engagea le P. le Moine à écrire un traité des Devifes; c'eft à luy que ce traité eft adreffé fous le nom d'Arifte, & plufieurs de fes Devifes font une partie de cet Ouvrage fous le titre de Devifes Adoptées. Il infpira cet amour des Devifes à plufieurs perfonnes de qualité, qui effayerent d'en faire, & les Dames les plus fpirituelles en remplirent leurs cabinets.

Si les Devifes doivent à Monfieur de Montmor leur rétabliffement en France, elles doivent leur progrez & leur éclat à

Monfieur Clement Confeiller de la Cour
des Aides. Jamais homme n'a eu tant de
commerce avec les graces & avec les belles Lettres. Il les avoit civilifées, & il leur
donnoit un air fi agreable & fi doux, que
la plûpart des perfonnes, que leurs difficultez rebutent, ne pouvoient s'empêcher
de les aimer quand ils avoient eu l'entretien de M. Clement. Il fçavoit parfaite-
ment l'Art & la Nature des Spectacles;
les Ballets qui font de fa façon & de fon
invention font admirables. Il avoit une Bibliotheque choifie de toutes les Feftes & de
tous les divertiffemens qui fe font dans les
Cours les plus fpirituelles & les plus gálan-
tes de l'Europe. Les Princes & les Dames
aimoient à l'entendre parler de ces fortes
de chofes, & luy en confioient la conduite.
Il avoit fur tout un talent merveilleux pour
les Devifes. Elles ne luy couftoient rien à
trouver; il leur donnoit un tour aifé, &
des expreffions fi fines qu'il en eft peu de
plus ingenieufes que les fiennes. Il en avoit
plus de deux cent fort proprement peintes & accompagnées de petits vers, qu'il
a laiffées à Monfieur fon fils comme l'heri-
tage de fon efprit. Ce fils eft digne du pere
en ce genre d'écrire. Les emplois qu'il à
fur la Mer & à la Cour ne l'empêchent
point de donner aux belles lettres, & particulierement aux Devifes des applications

ferieufes. J'ay de luy une veillée de la
Cour où l'on joüa aux Devifes, qui eft une
peinture agreable d'une vingtaine de perfonnes du premier ordre, reprefentées par
autant de Devifes & de petits vers qui les
expliquent. Monfieur Clement fon pere
avoit compofé un petit traité de la Devife
pour une Dame de la Cour. Cet Ouvrage eft
court, aifé, & précis fur la matiere des Devifes, que tant d'autres ont étenduë en de
grands volumes. Les Devifes de la Galerie
de faint Cloud font de luy ; je les ay publiées dans le traité de la Devife du Roy
juftifiée, parce qu'il eut la bonté de m'en
faire le depofitaire deux jours avant fa
mort, afin que je fiffe achever de peindre
ce qui n'étoit encore que commencé.

Monfieur le Cardinal Mazarin fe plaifoit
aux Devifes, il avoit apporté ce gouft &
cette inclination de fon païs. Ce fut luy
qui fit faire la Devife du Roy : il en char-
gea Monfieur d'Ouvrier, qui avoit de l'efprit & du genie pour les infcriptions & pour
les belles-lettres. Il s'excufa d'abord auprés
de ce Miniftre, luy remontrant qu'il n'a-
voit jamais fait de Devifes, & qu'il n'en
fçavoit pas même les regles. Monfieur le
Cardinal luy en donna les premieres idées,
& luy fit concevoir en quoy confiftoit la
beauté de ces expreffions heureufes des
penfées & des deffeins des Grands. Sur la

O ij

peinture que luy en fit Monfieur le Cardinal il fit celle du Soleil avec le mot *Nec
pluribus impar.* Le fuccez de cette Devife
luy attira des envieux & des critiques, qui
tâcherent de la décrier : C'eft cette Devife
que j'ay juftifiée par un traité exprés contre fes accufateurs , par le feul motif de
défendre la verité , & de faire juftice au
merite d'un Autheur injuftement calomnié.
Il fit encore la belle Devife du jardin des
Hefperides gardé par un ferpent avec ces
mots, *Servat & abftinet* , qui eft la peinture de la fidelité d'un grand Miniftre Surin-
tendant des Finances, qu'on ne pouvoit
mieux reprefenter que par les pommes
d'or de ce jardin , ny ce Miniftre que par
le ferpent de fes armoiries.

   Ce fage Miniftre qui s'applique avec tant
de foin à tout ce qui peut contribuer à la
gloire du Roy,& au bonheur de fon Royaume , pour rectifier les Devifes & les revers
de Medailles qui fe font tous les ans pour
conferver la memoire des belles actions du
Roy, fit choix de Monfieur l'Abbé de
Bourzeys, de M. Chappelain, de M. Charpentier & de Monfieur Perraut de l'Academie Françoife , pour les Devifes des jettons des Baftimens, de la Marine, du Tre-
for Royal & des Parties Cafuelles. Ce font
eux qui ont fait les Devifes des tapifferies
des Gobelins, & depuis la mort de Mon-

fieur l'Abbé de Bourzeys & de Monfieur
Chappelain, on leur a fubftitué Monfieur
Quinaut, & Mr l'Abbé Taleman.

La reconnoiffance m'oblige de joindre à
ces illuftres le P. DE BUSSIERES Jefuite, à
qui je dois les premieres teintures des belles lettres. Il y avoit peu d'Autheurs anciens & modernes, Grecs, Latins, François, Italiens & Efpagnols, qu'il n'eût vûs,
& dont il ne profitât. Il aimoit le travail
quoy qu'il fuft d'un temperament delicat,
& d'une fanté affez foible. La peine qu'il
avoit à parler luy avoit fait prendre le party de la folitude, où la meditation, la lecture & la compofition faifoient fes occupations reglées. Il aimoit fingulierement la
Poëfie pour laquelle il avoit du genie. Il
commença à fe faire connoiftre par des defcriptions Poëtiques en noftre langue,
En même temps qu'il fe divertiffoit en
ce genre d'écrire il donna un abregé
de l'Hiftoire univerfelle fous le titre de
Flofculi Hiftoriarum d'un ftyle ferré &
elegant. On trouva à l'Ifle de la Confe-
rence, où fe traita la Paix & le Mariage du Roy, que la plûpart des Seigneurs
Efpagnols avoient ce livre, dont ils faifoient tant de cas, qu'ayant appris que ce
Pere vivoit encore & demeuroit à Lion,
Ils s'addrefferent à Monfieur le Maréchal
de Villeroy Gouverneur de la Province

pour en apprendre des nouvelles, & pour sçavoir s'il y avoit de luy d'autres Ouvrages. Cela le fit considerer de Mr l'Archevêque de Lion frere de Mr le Maréchal, & il passoit peu de Scavans par Lion, à qui ce Prelat ne procurast la connoissance & l'amitié de ce Pere; le leur faisant voir comme un homme rare & d'un merite singulier. Il s'estoit fait une Bibliotheque choisie de livres François, Italiens, Espagnols, & Latins. Et le R. Pere Oliva General de la Compagnie, qui aimoit ce Pere, & qui l'estimoit autant pour sa vertu que pour les talens de son esprit, contribuoit luy-même à luy fournir tous les secours necessaires pour cette Bibliotheque. Il avoit une inclination particuliere pour le Poëme Epique, & je luy ay souvent ouï dire qu'il avoit pris cette inclination en lisant Homere, Virgile, le Tasse, Camoëns, l'Arioste, le Bracciolini & le Chiabrera. Cette inclination luy fit rechercher l'amitié de Monsieur Chapelain qui travailloit au Poëme de la Pucelle. Il eut avec luy un grand commerce de lettres, & avec Monsieur de la Chambre. L'un & l'autre persuaderent à Monsieur le Chancelier Seguier, qui aimoit les gens de lettres, d'appeller ce Pere à Paris; mais l'amour de la retraite l'emporta sur l'occasion de paroistre sur ce grand Theâtre, où il auroit soûtenu digne-

ment sa reputation. Il publia un Poëme
Latin de trois livres sur la délivrance de
l'Isle de Rhé assiegée par les Anglois, il en
fit comme un essay du dessein qu'il avoit de
faire un Poëme Epique sur la prise de la
Rochelle ; mais ses amis luy ayant fait
connoistre que ce sujet estoit trop recent
pour luy laisser la liberté des fictions si necessaires à ces Poëmes, il s'attacha à Scan-
derberg, dont il fit huit livres avec une
dissertation des descriptions & des compa-
raisons qui entrent dans ces grands Poëmes. Il commença plusieurs autres Poëmes
en vers François & Latins, un du triomphe
de la Croix sous Heraclius, & un autre de
Clovis, dont il a publié un livre. La devotion qu'il avoit pour S. Jean, dont il portoit le nom, luy fit mettre en beaux vers
Latins l'Apocalypse. Il n'eut pas moins
d'inclination pour l'Histoire que pour la
Poësie. L'Histoire de France qu'il a écrite
en Latin est la meilleure Histoire que nous
ayons de ce Royaume. Il entreprit plusieurs autres Histoires quand il eut achevé
celle-là, mais son peu de santé ne luy per-
mit pas de poursuivre ces desseins. Il y a
celle du Japon qui n'est pas encore imprimée. Son petit abbregé de l'Histoire universelle le fit aimer de Monsieur le Cardinal Facchinetti, qui luy facilita l'impres-
sion de son Histoire de France. Il cultiva

l'amitié de ce Cardinal par diverses Poësies Latines qu'il luy addressa. Monsieur de
Paderborn aujourd'huy Evêque de Munster,
l'un des celebres Protecteurs des gens de
lettres, luy envoya son portrait, & luy demanda son amitié. Enfin plein de merite,
de reputation & de vertu, il mourut à Lion
le 26. Octobre 1678. aprés avoir fait pen-
dant plus de quarante ans l'hôneur de cette
Ville. Il aimoit les Devises. Il en avoit
fait plusieurs pour une maison de campagne de son frere, qui est Magistrat dans
une ville voisine de Lion, & la tendre amitié qu'il avoit pour ce frere luy fit mettre
en vers Latins des avis Chrétiens, qui ne
sont que les paraphrases de ces Devises. Il
parle en Pere de l'Eglise en ces vers, comme il parle en frere plein de tendresse &
d'amitié. Il traduisit en Latin les Sermons
du Pere Oliva, & dediant cette traduction
à M. l'Archevêque de Lion, il mit trois
Devises à la teste de l'Epître dedicatoire.
La premiere est des Etoiles avec ces mots:
Suprà infráque juvant. Elles font du bien au
Ciel & à la terre: marquant par cette Devise les deux Emplois de Mr l'Archevêque
de Lion, qui est en même temps & Archevêque & Lieutenant de Roy dans la
Province. La seconde est une grenade ou-
verte avec ces mots: *Ne munera nam plu-
ra latent*: Ne contez pas ces grains, il y

en

en a plus de cachez, qu'il n'y en a qui nous paroiffent. La troifiéme eft l'Arc-en-Ciel. avec ces mots : *Non ferit* : c'eft un arc innocent, qui ne fait point de mal. Enfin il fe fit pour foy-même une Devife double, dont le corps eftoit un Aigle qui regardoit le Soleil avec ces mots de Virgile :

HIC AMOR.

Et un Aigle fur un rocher dans un defert.

HIC PATRIA EST.

Pour exprimer l'amour de la folitude, & de la contemplation.

Mademoifelle de la Vigne connuë de tout ce qu'il y avoit de perfonnes d'efprit dans Paris, & qui n'avoit pas moins de modeftie que de facilité à s'exprimer en quatre ou cinq Langues, aimoit les Devifes, & les faifoit aimer à toutes les perfonnes qui la voyoient, parce qu'elle en faifoit de fort juftes & de fort fpirituelles. C'eft d'elle que l'Autheur des Entretiens d'Eugene & d'Arifte a parlé en divers endroits de l'entretien des Devifes. C'eft cette malade tres-fpirituelle & tres-vertueufe qu'il dit qu'un de fes amis a reprefentée par un Soleil éclipfé avec ce mot Italien, *E pur le ofcura tutte.* Monfieur l'Abbé Regnier & Monfieur l'Abbé Taleman firent des Devifes pour elle, & c'eft du premier qu'il eft dit dans ce même entretien, qu'un honnefte homme des amis de l'Autheur,

P

& qui remplit dignement la place qu'il tient dans l'Academie Françoise, & dans celle de Florence, pour loüer cette malade a marqué l'abbatement de son corps & l'élevation de son esprit par une balance, dont un bassin s'abbaisse & l'autre s'éleve, avec ces mots :

HINC DEPRIMOR, ERIGOR ILLINC.

Il ajoûte qu'elle avoit fait elle-même au fort de son mal une Devise, qui montroit sa foy & sa resignation aux ordres de Dieu. C'estoit le bassin d'une fontaine où une pierre fait des cercles en tombant avec ces mots Italiens :

FERISCA PUR CHE CORONI.

Qu'elle me frappe pourvû qu'elle me couronne. Cette Devise luy convenoit d'autant mieux que c'estoit une pierre dans le rein, qui estoit la cause de ses douleurs, & qui fut enfin celle de sa mort.

Elle en fit une autre, où elle exprimoit heureusement & son nom & le caractere de ses mœurs. C'estoit une vigne avec ces mots Italiens :

ARDOR TEMO, E GIELO M'OF-
FENDE.

Monsieur Clement en fit plusieurs pour elle, pour montrer que dans l'extremité où le mal l'avoit reduite, elle n'estoit soûtenuë que de son esprit ou plûtost de celuy de Dieu, il fit peindre un vaisseau tout

brisé de la tempête, que le vent seul faisoit aller avec ces mots :

SOLUSQUE REGIT ME SPIRITUS.

C'est elle qui aprés la mort de Monsieur
l'Abbé Verjus fit connoître que l'étude l'a-
voit consumé en la fleur de son âge, quand
elle fit mettre sous son portrait un gros
Flambeau allumé avec ces mots Espagnols :

MAS VIDA SI MENOS LUZ.

Il auroit eu plus de vie, s'il avoit eu moins
de lumiere.

Elle n'entendoit pas moins le Latin & le
Grec, que l'Italien & l'Espagnol ; & ce fut
elle qui ayant appris que Mademoiselle de
Scuderi avoit eu le premier prix de l'Eloquence au jugement de l'Academie Françoise, la premiere fois qu'on les distribua
pour suivre les intentions de Monsieur de
Balzac, qui a laissé à l'Academie un fonds
pour en donner de deux ans en deux ans à
ceux qui feroient le plus beau discours & la
plus belle Poësie sur les sujets qu'il a marquez ; ce fut elle, dis-je, qui envoya à
Mademoiselle de Scuderi une Couronne de
laurier d'or avec de beaux vers François,
pour la remercier au nom de son sexe de
l'honneur qu'elle luy avoit fait en rem-
portant ce prix de l'Eloquence sur tant
d'illustres pretendans. On eust esté long-
temps en peine de sçavoir qui estoit l'Au-

theur de ces vers & de cette galanterie,
si le present estant pour Mademoiselle de
Scuderi, & fait par une fille, on n'eut reconnu qu'il ne pouvoit venir que de Mademoiselle de la Vigne. Elle eut beau s'en
défendre & se cacher, on y vid tout le caractere & tout le brillant de son esprit.

Toutes ces personnes sont mortes, je ne
parle pas des vivantes. Je connois des Magistrats dans Paris & dans les Provinces,
qui font d'excellentes Devises. Elles pa-
roîtront dans le Recueil que je donne aprés
ce Jugement des Autheurs qui en ont écrit,
& le public en profitera comme la terre
profite des influences du Ciel, sans qu'on
puisse voir de quelles sources elles vien-
nent.

L'an 1679. Monsieur le Prince de Tu-
renne fils aîné de Monsieur le Duc de
Boüillon, & neveu de M. le Cardinal, soûtint
au College de Clermont des Theses dediées
au Roy, où les deux dernieres campagnes de
sa Majesté estoient representées en Emblêmes & en Devises, avec des inscriptions
sur les principales Conquestes. Je donnay
la pensée de ce dessein, & j'en fis vingt-
trois Devises. Le P. DE LA RUE en fit l'E-
pistre dedicatoire, les Emblêmes, les Inscriptions & six ou sept Devises, deux ou
trois autres personnes firent les autres, &
le sieur Sevin Peintre de Monsieur le Car-

dinal de Boüillon en inventa les ornemens
& la difpofition. Comme j'efpere donner
un jour mille Devifes de ma façon, je fuis
obligé d'avertir que j'ay eu part aux Devifes de cette Thefe, qui entreront dans le
Recueil que je donneray de toutes celles
que j'ay faites, parce que quelques unes de
celles que j'ay faites pour ce fujet ont efté
mêlées aux Ouvrages de quelques autres
perfonnes.

Outre ces Autheurs il y a une infinité
de relations, & de defcriptions de Feftes,
de réjouïffances, de funerailles, de receptions des Princes, & d'autres pareilles chofes où l'on trouve des Devifes. Je donne
icy une lifte de celles que j'ay veües afin
qu'on puiffe y recourir quand on voudra,
& qu'il ne manque rien à ce Jugement des
Autheurs qui ont écrit des Devifes. Je
ne garde aucun ordre dans cette lifte, &
je donne ce memoire de la maniere dont
les livres fe trouvent fous ma main.

*Breve defcrittione dell' apparato funebre fatto
per le fontuofe effequie della fereniffima Reina
Ifabella nel duomo di Milano.* Il y a feize Devifes en cet appareil de l'invention des
Peres Roch Marie Ferrari, Jean Baptiste
Vifconti, & Salvator Scarducci alors Pro-
feffeurs de la Rethorique dans le College
de Brera.

Funerale fatto nel Duomo di Torino alla

gloriosa memoria dell' invitissimo e potentissimo Principe Vittorio Amedeo Duca di Savoia, &c. Il y a cinquante six Devises en cet appareil dressé par le Pere Loüis Giuglaris.

Pompa dell' essequie celebrate al Serenissimo Edoardo Duca di Piacenza di Parma, &c. l'anno 1648. descritta dal P. Francesco Raulino della compagnia di Giesu Il y a jusqu'à cent & vingt neuf Devises en cette relation.

Racconto dell' essequie fatte in Cremona all' eminentissimo Signor Cardinale Pietro Campori vescovo dessa citta. Il y a onze Devises gravées avec quelques Emblêmes.

Il Trionfo delle virtù contra i mostri corsa delle Dame nelle leze nella piazza del castello di Torino alli 24. Genaro 1669. Il y a vingt quatre Devises.

Relatione della festa fatta in Milano per la Canonizatione di san Carlo Cardinale di S. Prassede, e Arcivescovo di detta citta nel anno. 1610. Il y a jusqu'à quarante quatre Devises en la description de cette feste.

Il y a huict Devises dans la relation de l'*Academico innominato* sur le transport d'une image de la sainte Vierge à Modene l'an 1649.

Il y en a un assez bon nombre dans la description des funerailles faites pour la Comtesse Goveana Cravetta dans l'Eglise Collegiale de saint Pierre & saint Paul à Carmagnole l'an 1657. mais il y en a peu de justes, & quelques unes sont empruntées d'ailleurs.

Il parut neuf Devises Italiennes en la ceremonie du Baptême du jeune Prince de Parme Edoard Farnese l'an 1668. dans une description imprimée sous ce titre *Cielo e Terra Academici creati nel portarsi su l'onde sacre del Batesimo il serenissimo Principe Edoardo Farnese.*

L'an 1664. la ville de Palerme delivrée de la peste celebra la feste de l'invention du corps de sainte Rosalie sa protectrice, il parut plusieurs Devises aux decorations de cette feste, qui fut décrite sous le nom *de i grati ossequii della conca d'oro à sancta Rosalia vergine panormitana.*

L'an 1602. les hommes d'armes de Sienne firent un combat à la Barriere pour recevoir le jeune Prince de Toscane, & porterent en ce combat vingt deux Devises que l'on peut voir dans la relation de ce tournoy, qui a pour titre *Relatione della giostra à campo aperto fatta in Sienna da Signori huomini d'arme Sanesi alla Real presenza de serenissimi Principi di Toscana.*

Aux funerailles de Philippes second faites à Naples l'an 1599. parurent cinquante six Devises. Le titre de l'ouvrage est la *Pompa funerale fatta in Napoli nell' essequie del Catholico Rè Philippo 2. de Austria scritta da*

Oattvio Caputi di Cosenza.

L'an 1647. les Jésuites du Collège de Clermirent à Paris firent de magnifiques obseques à Monsieur le Prince de Condé, & toute la cour du Collège fut remplie de Devises, qui sont rapportées dans une relation du Bureau d'Addresse du vingtiéme de Juillet de cette mesme année.

Les mesmes Peres presenterent onze Devises avec des vers latins à Monseigneur l'Archevêque de Paris, l'an 1672. sous ce titre. *Illustrissimo Ecclesiæ Principi Francisco Harlæo, Archiepiscopo Parisiensi Symbola Heroïca.*

ALPHONSE MANCINI neveu de Monsieur le Cardinal Mazarin presenta à ce Cardinal son oncle sept Devises composées par le Pere Rapin directeur de ses études. Ce Pere en a fait paroître quelques autres accompagnées de Vers Latins. Le Pere la Ruë, & le Pere de la Bretonniere ont fait le mesme sur divers sujets.

Le Pere JOUBERT l'an 1672. à l'occasion de la solemnité de la Canonization de de saint François de Borgia que l'on faisoit à Avignon publia quatre-vingt & dix Devises sur la vie, & les belles actions de ce Saint, & les accompagna d'Epigrammes Latines & Françoises. Ces Devises sont fort spirituelles.

Le Pere CHARONNIER à l'occasion du Jubilé

bité de la Saint Jean Baptiste, qui se fit à
Lion l'an 1666. fit plusieurs Devises pour
le feu de joye de cette Feste. Il en presenta l'année apres à Monsieur l'Inten-
dant du Gué, & à Monsieur l'Abbé le
Tellier maintenant Archevêque de Rheims
qu'il fit imprimer avec des Vers & de
petits discours.

*Imprese moti e versi fatti in lode del Duca di
Ossuna vicerè di Napoli nella festività del
santissimo Sacramento nell' anno 1583.*

*Imprese del Officioso Academico intronato
raccolte da lo Sconosciuto Academico Vnito in
Siena con figure.*

On fit paroître dix Devises aux fune-rail-
les faites à Vigeve dans le Milanois pour
la Reine d'Espagne Marguerie d'Austriche
épouse de Philippe troisiéme.

Les Peres Barnabites du Collège de S.
Alexandre de Milan exposerent douze De-
vises aux funerailles de Philippe quatrié-
me Roy d'Espagne, sous le titre de *Pietosi
Tributi Resi alla grand' anima del Monarca
Filippo IV.*

Les Peres du Collège des Jesuites de Turin en exposerent trente-cinq dans la grande Eglise de la même Ville aux funerailles
des deux Duchesses de Savoye Madame
Chrétienne de France, & Madame Françoise d'Orleans, & les firent imprimer dans

Q

une Relation qui portoit pour titre : *Il Tea-
tro del dolore apparato funebre fatto nel duomo
di Torino alle Altezze Reali di Chriſtiana di
Francia, e Franceſca di Borbone 1664.*

BOLDONIUS a fait pluſieurs Deviſes pour
le Cardinal Monti Archevêque de Milan
dans un Ouvrage intitulé *Theatrum tempo-
raneum æternitati Cæſaris Montÿ S. R. E.
Cardinalis & Archiepiſcopi Mediolanenſis ſa-
crum, Octavio Boldonio Authore Mediolani in
templo ſancti Alexandri excitatum menſe Au-
guſto 1635.*

Il y a deux cens Deviſes dans l'appareil
funebre que le P. DOMINIQUE GAMBERTI
fit à Modene pour le Duc de Modene
François premier du nom l'an 1659. &
qu'il fit imprimer in folio ſous ce titre,
*L'Idea de un Principe e Heroë Chriſtiano in
Franceſco I. d'Eſte, di Modena, e Reggio Du-
ca VIII. Generaliſſimo dell'arme Reali di
Francia in Italia rappreſentata alla publica
luce col funerale apparato ſpoſte nelle ſolenni
Eſſequie l'anno 1659. alli II. di Aprile, in
Modena celebrate.*

Il y a quelques Deviſes de nos Rois &
des hommes illuſtres de ce Royaume dans
les deux volumes de la France Metallique,
dont le premier contient les actions tant
publiques que privées des Rois & Reines
marquées en leurs medailles d'or, d'argent

& de bronze. Le second contient les medailles de plusieurs hommes illustres en
naissance & en dignité.

Il y a aussi quelques Devises dans le Recueil des Medailles que Luckius a ramassées sous ce titre : *Joannis Jacobi Luckii Syl-
loge Numismatum elegantiorum , quæ diversi
Imperatores , Reges , Principes , Comites, Rei-
publicæ diversas ob causas ab anno 1500. ad annum usque 1600. cudi fecerunt.*

*Dialogo della giostra fatta in Trevigi l'anno
1597. descritta per Giouanni della Torre, ove se
hanno diversi ingeniosi , e pia cevoli discorsi intorno alla dichiaratione, e interpretatione delle
livrée, Imprese e motti di ciascuno di Cavalieri,
con un Sommario d'un altra nobilissima giostra
fatta l'anno 1481.*

Jacques le Vasseur Recteur de l'Uni-
versité de Paris imprima l'an 1609. les Devises des Rois de France Latines & Françoises tirées de divers Autheurs anciennes &
modernes , avec une briève exposition d'icelles
en vers François , & la paraphrase en vers
Latins par Michel Grenet de Chartres. Ces
Devises ne sont autre chose que des bouts
de vers appliquez à nos Rois, comme ceux
qui sont sous leurs images sur le Pont Nôtre-
Dame, & qui furent renouvellez pour l'entrée de la Reine : Voicy celle qu'il attribue à Pharamond.

ARBITRIJ MIHI JURA MEI.

Le Droit ce qui me plaist.

Plus ne veut le François gemir deſſous ta
main,
Il s'établit des loix, garde ton droit, Romain.

VERSION.

Arbitrij nunc jura ſui vult Gallus habere,
Tu tua fac ſerves Romule, jura tibi.

Parmy les Centuries des Emblemes de
Camerarius il y a une centaine de Deviſes. Comme celle d'un lyon qui mange un
ſinge pour ſe guerir avec le mot AD
MEDELAM, pour un Prince qui ſe dé-
fait d'un flateur qui l'empéchoit de prendre ſoin du bien public.

Le Roman des Chevaliers de la Gloire
compoſé par FRANÇOIS ROSSEL pour le Car-
rouſel de la Place Royale fait aux noces du
feu Roy, contient toutes les Deviſes qu'y
porterent les tenans & les aſſaillans au
nombre de trente-trois.

Le P. PIERRE L'ABBE' qui a imprimé un
gros volume d'Eloges d'un ſtyle de pointes
& d'Antitheſes a donné dans ce même volume quarante-ſix Deviſes fort ſpirituelles
ſur les myſteres de la vie de la ſainte Vierge, & ſur divers autres ſujets.

Il parut vingt-cinq belles Deviſes dans
le ſuperbe Tournoy que le Cardinal Antoine Barberin donna à Rome le 25. Fevrier

1634. Le titre de cette Feste estoit *Festa fat-ta in Romi alli 25. Febraio 1634. e data in lu-ce da vitale Mascardi.*

Il parut aussi une vingtaine de Devises aux Festes qui se firent pour les noces de Cosme de Medicis & Marie Magdelaine Archidu-chesse d'Austriche l'an 1608.

Le College Romain en la reception du Cardinal Borghese neveu du Pape Paul V. exposa vingt-quatre Devises. Le P. PAUL BOMBINO. a décrit cette decoration sous ce titre : *Vestigium Gymnasii quod in Romano So-cietatis Iesu Collegio amplissimo Principi Sci-pioni Cardinali Burghesio Romanæ olim Musæ dedicarunt. Rudem ejus delineationem eidem Principi offert Paulus Bombinus ejusdem socie-tatis Sacerdos.*

On a fait de semblables receptions aux Cardinaux Barberin, Chigi, Rospigliosi, & Altieri avec un plus grand nombre de Devi-ses. Il y a des Relations de toutes ces festes.

En la reception que l'on fit à la Reine de Suede il en parut aussi un tres-grand nom-bre dans la Cour, dans les allées & dans les sales par où elle passa.

J'ay vû aussi plusieurs Recueils de celles qu'on a faites à Bruxelles durant plus de 30. ans pour la feste du S. Sacrement.

Dans le grand Dictionnaire de l'Acade-mie de la Crusca toutes les premieres lettres de l'ordre alphabetique sont autant de Devifes des Academiciens qui ont contribué de leurs foins à drefer ce vocabulaire.

C'eft de tous ces Ouvrages, & de divers autres endroits que j'ay recueilli les Devifes, dont je donne icy un ample ramas diftingué par l'ordre des corps. Il y en aura plus de deux mille, qui ne font point dans le Monde Symbolique de l'Abbé Pifcinelli : il n'a pas vû la plûpart de celles qu'on a faites en France, qui ne font pas les moins ingenieufes. J'en ay deux cens de M. Clement Confeiller en la Cour des Aides, qui en a fait de fi belles & de fi fpirituelles. Quantité d'autres perfonnes en font encore tous les jours de fort juftes & de fort belles. Je crois que le public agréera le foin que j'ay pris de ramafer ce qui eftoit épars en mille endroits, & que ceux qui fe plaifent à porter des Devifes en cachets, à les peindre dans leurs cabinets, à en mettre autour des poftraits, à les cifeler fur l'or & fur l'argent, pour les meubles les plus precieux, feront bien aifes de trouver en ce Recueil de quoy fe fatisfaire, en ayant à choifir fur quatre ou cinq mille Devifes, ou dequoy imiter ou inventer quelque chofe de nouveau fur un fi grand nombre de modeles.

LE CIEL
ET LES ASTRES
EN DEVISES.

I. Le Ciel avec ces mots de Virgile.

MENS AGITAT MOLEM.

C'est une Intelligence qui en regle
les mouvemens.

ON fit cette Devise sur le revers d'une Medaille du Cardinal de Richelieu, pour dire
qu'il estoit l'Intelligence de l'Estat en qualité de
premier Ministre. Elle peut s'appliquer à tous
ces grands Genies qui gouvernent les Estats,
comme Virgile l'applique à la Providence de
Dieu, qui regle toutes choses, ce qui fit croire
aux Payens qu'elle estoit l'ame du monde.

A

II. Le Ciel.

NIHIL QVÆSIVERIS EXTRÀ.

Ne cherchez rien au de là.

Comme au de là du Ciel il n'y a qu'un grand vuide & des espaces imaginaires, c'est se trom-per que de chercher d'autres biens que les biens du Ciel, parce qu'ils font les seuls veritables biens.

III. Le Ciel qui enveloppe toute la terre.

TEGIT OMNIA.

Il couvre tout.

Cette Devise est toute entiere de Lucain, qui dit du Ciel. Et quod tegit omnia cœlum. Elle represente les soins d'un Prince qui protege ses sujets, ou la Providence de Dieu qui a soin de toutes choses.

IV. Le Ciel avec ces mots Latins.

IMMOTVM IN MOTV.

Il ne change point d'assiette, dans tous les mouvements qui l'agitent.

Ou ce Vers Italien, qui signifie la mesme chose

NE PER MILLE RIVOLTE
ANCOR SON MOSSO

Le premier de ces mots fut appliqué au Cardi-nal de

nal de *Richelieu*, qui avoit eu de grandes tra-
verfes durant fon *Miniftere*, & peut reprefenter un homme qui demeure ferme au milieu
des agitations de la fortune. Ce fut originai-
rement la Devife de *Loüis Cardinal d'Efte*
petit Fils du *Roy Loüis XII.*

V. Le Ciel ferein.

NON SEMPER IMBRES.

Le mauvais temps ne dure pas toûjours.

La profperité fuccede à l'adverfité, comme le
beau-temps fuccede aux pluyes & aux tempêtes,
le mot eft d'Horace.

VI. Le Ciel qui envoye de tous les côtez fes influences.

IN OMNEM TERRAM.

Sur toute la terre.

Pour la Providence de Dieu. C'eft auffi le
Symbole d'un Apôtre, & d'un homme zelé pour
la converfion des peuples qui étend fes foins à
tous les endroits du Monde. On peut auffi l'appli-
quer à l'authorité du Pape, & de l'Eglife Ro-
maine qui s'étend par toute la terre.

VII. Le Ciel femé d'Etoiles.

OJOS MVCHOS, LINGVA NINGVNA.

Beaucoup d'yeux, point de langue.

Pour un courtisan discret qui estant le témoin des actions de son Prince n'en parle jamais.
On attribuë l'invention de cette Devise à l'Abbé de Montigny mort Evesque de Leon dont il
avoit receu les Bulles, & on dit qu'il l'avoit
faite pour Monsieur le Duc de S. Aignan premier Gentil-homme de la Chambre.

VIII. Le Ciel couvert de nuages, & tran-
ché d'éclairs.

MENTRE E' PIV FOSCO SPLENDE.

Il brille lors qu'il est plus sombre.

Pour une personne qui dans ses disgraces fait
paroître beaucoup d'esprit.

IX. Le Ciel couvert de nuages.

NON SEMPER CLARVM.

Il n'est pas toûjours serain.

La fortune n'est pas toûjours riante, elle a
souvent de fâcheuses heures, & de mauvais
jours.

X. Le Ciel.

ASSIDVO IN MOTV. ou bien,

IN MOTV SEMPER.

Toûjours dans le mouvement.

Pour representer un homme infatigable qui

A

agit tousiours. C'estoit la Devise d'un Academicien d'Italie qui selon les usages des Academies de ce pays l'à se faisoit nommer L'Assidu. Il Continuo.

XI. Vn autre prit le nom d'Emporté Il rapito, & le même corps pour Devise avec ce mot.

IN CONTRARIVM.

Par des mouvemens opposées.

Parceque le Ciel & les Astres ont deux mouvemens contraires. Les Astres par leur propre mouvemens vont du levant au couchant, & le Ciel par un mouvement contraire les emporte du couchant au levant, ce qui sert à renouveler leurs courses de tous les jours. Cet Academicien vouloit dire qu'il estoit souvent emporté par des mouvemens contraires à ceux de la raison, & que c'estoit ou l'habitude, ou l'inclination, ou la disposition où il se trouvoit qui causoit dans luy ces mouvemens.

XII. Le Globe du Monde avec toutes ses beautez.

INDICAT AVTHOREM.

Il fait voir qui l'a fait.

Il ne faut que voir le Monde pour connoître qu'il est l'ouvrage de la sagesse de Dieu aussi bien que de sa puissance. Le P. Charles Bovio s'est servy de cette Devise pour les regles des Iesuites que le Pape Paul III. trouva si sages quand il les eut examinées, qu'il dit en les approuvant que c'estoit le doit de Dieu qui les avoit écrites. Digitus Dei est hic. ou du moins qu'il falloit que sa sagesse les eut inspirées à celuy qui les avoit écrites.

XIII. Les Spheres Celestes, ou les Cercles des Planettes.

RAPIMVR MAJORE.

Nous sommes emportez par les mouvemens du premier Mobile.

C'est le premier Mobile qui donne le mouvement à tous les autres Cieux, & c'est Dieu qui doit estre le principe de tous nos mouvemens. Cette devise est du même Autheur que la precedente, il s'en est servi pour exprimer les intentions de S. Ignace, qui dans tous ses desseins, & toutes ses entreprises ne cherchoit que la plus grande gloire de Dieu; ce qui luy faisoit dire si souvent Ad majorem Dei gloriam.

XIV. Le Globe Celeste.

INDEFESSVS AGENDO.

Il agit sans cesse & sans se lasser.

Le Ciel est dans un mouvement continuel, & ce mouvement fait son repos. Il est l'Image de Dieu, qui est dans une action continuelle, sans qu'il perde rien de ce doux repos, & de cette paix eternelle qu'il trouve dans luy même. On peut aussi l'appliquer à un homme qui ne cesse d'agir ou dans un employ d'une grande Charge, ou dans l'estude.

XV. Les cercles des Spheres Celestes.

VNVS OMNES.

Vn seul fait mouvoir tous les autres.

Ce fut aux funerailles d'Isabelle de France Reine d'Espagne que parut cette Devise pour faire entendre que l'esprit de cette Princesse étoit l'ame de tous les Conseils & de toutes les entreprises.

XVI. Le Monde entier composé comme par degrés des Elemens & des Spheres Celestes.

D'VNA IN ALTRA SEMBIANZA.

D'une chose à une autre.

Christofle Guiddicioni entrant dans l'Academie des Confus, prit cette Devise, avec le Nom d'Elevato, selon la Coustume des Academies d'Italie ou chaque Academicien se fait un nom & prend une devise conforme au dessein de l'Academie dans laquelle il est receu. Cette Devise estoit tirée & pour le corps & pour l'ame d'une chanson de Petrarque, ou parlant du Monde, il dit que la rareté des choses qui le composent & leur sage disposition font monter l'esprit de celuy qui les considere jusqu'à la connoissance de Dieu qui a fait cette varieté, & qui l'a si bien disposée.

XVII. Le Globe du Monde.
VNO OMNIA.
Toutes choses dans un.

Pour un homme si parfait qu'il semble avoir tous les avantages de la fortune, tous les dons de la nature, toutes les vertus, & toutes les bonnes qualités. Cette Devise parut l'an 1607. aux funerailles de Picolomini celebre Philosophe.

XVIII. Le Globe du Monde sur une fourmy.
D'ALTRI OMERI SOMA CHE DA TVOI.
Il faut bien d'autres épaules que les tiennes pour cette charge.

Iules-Cesar Capaccio dit que cette Devise fut faite contre un homme nouvellement anobly qui demandoit un Gouvernement & une Charge dont il estoit tout à fait indigne.

XIX. Le Ciel semé d'Estoilles avec ces paroles du Livre de Iob.
QVIS DORMIRE FACIET.

C'est à dire qui en fera jamais cesser l'harmonie, & les mouvemens ; car il est dit dans Iob, Coeli concentum dormire quis faciet ?

Lo

Le P. *Leonard Velli* fit servir cette Devise aux funerailles du Cardinal *Campori* pour marquer la vigilance & le soin que ce Prelat avoit de son Diocese.

XX. Les Spheres celestes.

NEC MORA, NEC REQVIES.

Ny trêve ny repos.

Pour vne personne qui agit toûjours.

XXI. Le premier mobile qui emporte les autres Cieux.

SEMOTOS VASTOSQVE CIET.

Il les meût tout vastes & tout éloignez qu'ils sont.

Pour un Prince qui fait agir par ses ordres divers corps d'armées separez les uns des autres. Cette Devise fut faite pour Philippe IV. Roy d'Espagne, & des Indes, qui avoit plusieurs Royaumes éloignez les uns des autres.

XXII. L'Academie des *spiritosi* établie à Plaisance a pour Devise un Ciel semé d'Etoiles avec ces mots.

ALIENO SPLENDORE NITESCIT.

D'un éclat étranger il tire son éclat.

Pour une personne a qui ses ancestres & ses parens donnent de l'éclat.

B

XXIII. Les deux globes du Ciel & de la terre.

VNVS NON SVFFICIT.

Vn seul ne suffit pas.

Quelques uns attribuënt cette Devise au Roy François II. & d'autres à François I. & les uns & les autres la regardent comme une Devise ambitieuse. Paradin la donne à François II. & dit que le mot qui est pris de ce vers de Iuvenal, Vnus Pellæo juveni non sufficit orbis est suivi de ces mots Sarcophago contentus erit. Ce qui ne fut que trop vray en la personne de François II. mort à Orleans à l'âage de XVII. ans. Elle se trouve dans une medaille de François I. & bien loin d'estre un sentiment d'ambition elle est un sentiment de pieté , dans un Prince qui cherche le Ciel apres avoir regné sur la terre.

XXIV. Les Spheres celestes.

ENARRANT GLORIAM DEI.

Elles annoncent la gloire de Dieu.

Cette Devise est empruntée du Pseaume 18. elle parût dans l'appareil que le College Romain fit apres la promotion au Pontificat de Iules Rospigliosi, qui fut Clement IX. & peut s'appliquer aux Predicateurs & aux hommes Apostoliques quels

Saints Peres ont si souvent comparez aux cieux
en expliquant ce verset du Pseaume 18.

XXV. Vne Academie d'Italie qui prenoit le nom d'Academie des Apprentifs.
Academia Tyronum, portoit pour Devise
les sept Spheres celestes distinguées en autant de cercles avec les images des Planetes, & ce mot.

GRADATIM.

Par degrez.

Pour marquer comme je pense les sept arts li-
beraux qu'elle faisoit profession d'enseigner élevant comme par degrez à ces diverses connoissances les personnes qu'elle formoit.

XXVI. Le Ciel dans les tenebres
de la nuit.

VERTITVR INTEREA.

Il ne laisse pas de rouler.

C'est la Devise de l'Academie de la Nuit établie dans la Ville de Bologne. Le dessein de
cette Academie quand elle prit cette Devise fût
d'exprimer, que quoy qu'elle n'eut pas encore
toutes les lumieres des autres elle ne laisseroit pas
de faire ses exercices pour se perfectioner.

XXVII. Le globe entier du Monde.

NIHIL SVPRA NIHIL INFRA

Rien au dessus rien au dessous.

Cette Devise parût aux funerailles que le College de Clermont fit pour Monsieur le Prince de Condé. l'an 1647. Et c'estoit pour exprimer que sa vertu n'avoit jamais été ny dans les excez qui sont vicieux, ny dans aucun deffaut.

XXVIII. Le globe du Monde.

CAPIT OMNIA.

Il contient tout.

Pour la grandeur de Dieu.

XXIX. Deux globes l'un du chaos, & l'autre du monde distingué par divers étages des élemens.

EX HOC HVNC FACIT ORDO.

De l'un l'ordre a fait l'autre.

L'ordre & la methode rangent les choses, & c'est cét ordre qui en fait toute la beauté.

LE SOLEIL.

XXX. Le Soleil qui éclaire les Montagnes.

MIHI SVMMA PATENT.
Les choses les plus hautes me sont découvertes.

Pour un homme d'un excellent genie qui penetre dans les choses les plus sublimes.

XXXI. Le Soleil.
SIBI ALIISQVE.
Il a des lumieres pour soy & pour les autres,

Pour une personne sçavante qui s'instruit & instruit les autres.

XXXII. Le Soleil qui peint de ses rayons des vapeurs qu'il a élevées y faisant un Arc-en-ciel.

QVÆ SVSTVLIT ORNAT.
Il donne de l'éclat à ceux qu'il a élevez.

Pour un Prince qui donne des charges & des employs considerables aux personnes dont il a deja fait la fortune.

XXXIII. Le Soleil dans le Zodiaque.

NIHIL OBSTAT EVNTI.

Rien ne l'empéche d'aller.

Pour les conquêtes du Roy, faites avec une rapidité incroyable.

XXXIV. Le Soleil levant.

QVANTVS MERIDIE?

Quel sera-t-il en son midy?

Pour un jeune Prince qui promet de grandes choses. Cette Devise a esté faite pour Monf. le Dauphin, & fut accompagnée de vers Latins, par une personne qui fait paroître aujourd'huy la mesme élevation d'esprit & la mesme force de genie qu'elle a fait paroître dans les belles lettres & en France & de là les monts, voicy les vers.

Nasceris, & totum radiis complecteris orbem,
Sentit & ora tuas quæque remota faces,
Luminibus tantis qui splendeat ignis in ortu,
Ille Die mediâ, coniice quantus erit.

Le mesme a fait trois autres Devises pour le Roy, se servant du mesme corps du Soleil dont il s'estoit déja servi dans les deux precedentes. La premiere des trois qui sera icy la

XXXV. Est le Soleil avec ces beaux mots.

VTRIVSQVE ARBITER ORBIS.

Arbitre souverain de l'un & l'autre pole.

Les deux autres font une Devise double ou reciproque

XXXVI. Le Soleil éclairant la terre, sur laquelle les animaux & plusieurs personnes agissent.

QVIDQVID AGANT VIDEO.

Je vois tout ce qu'il font.

XXXVII. Le mesme corps.

QVIDQVID AGATVR AGO.

J'agis en tout ce qui se fait.

Parce que le Soleil que les anciens ont nommé l'ame du monde, est une cause universelle qui agit dans toute la nature.

Le Roy est non seulement devenu l'arbitre du monde à qui il donne la Paix ou la guerre comme il veut, mais il en est l'admiration & l'étonnement. Il voit tout, il dispose tout : rien ne se fait que par ses ordres, & comme le Soleil il se fait sentir par tout par ses biens faits, comme il sçait se faire craindre quand il veut. l'Autheur de ces cinq belles Devises les explique ainsi.

Ce n'est pas d'aujourd'huy que le Soleil sert de
Symbole aux Maistres du Monde, les revers de
beaucoup de Medailles qui nous restent, nous
apprennent que plusieurs Empereurs n'ont point
voulu d'autres images de leur grandeur que celle
de ce Roy des Astres. Mais avoüons la verité,
c'est la flaterie qui a inventé ces Medailles, &
c'est la vanité qui le plus souvent a frappé ces
revers. Les Princes de l'antiquité qui ont voulu
par là se faire croire les premieres causes de toules
biens n'avoient rien de commun avec le Soleil,
que leur élevation au dessus du reste des hommes:
Mais ils n'en avoient ny les lumieres, ny la regularité, ny les douces influences. Il n'appartient qu'au Roy de porter avec justice un si
beau corps pour simbole, il est unique comme luy
il agit toûjours sans jamais se devoyer. Il voit
tout par luy mesme dans l'un & l'autre hemisphere. Nos autres Monarques se sont contenté
d'estre les arbitres de l'ancien Monde, Le Roy
adjoûte à cette glorieuse qualité celle d'arbitre
du nouveau. Le grand ouvrage du commerce
si heureusement commencé, les établissemens
faits dans les Isles, les Barbares & les Sauva-
ges domptez. La Mer purgée de Corsaires, &
tant de Ports ouverts en divers lieux de l'Amerique font voir qu'il n'y eut jamais de comparaison
plus juste que celle du Soleil & de ce Prince,
avec les mots que nous leur avons appliquez.

Les

Les deux autres Devises du mesme Autheur,
& sur le mesme corps aussi bien que sur le
mesme sujet, ne cedent point aux precedentes.

XXXVIII. Le Soleil entre des étoiles qui
sont sur sa route, les unes devant, &
& les autres apres.

PRÆEVNT VENIENTQVE MINORES.

Et les Astres qui le devancent, & ceux qu
viendront apres sont plus petits que luy.

*L'application en est aisée, & il y a déjà
long-temps que l'on a dit du Roy qu'estant plus
grand que ses Ancestres, il serviroit un jour
d'exemple à ceux qui viendront apres luy, &
qu'il sera l'objet de leur admiration, s'il ne peut
l'estre de leur imitation.*

Præteritis Major, Venientibus Author.

*Il faut neanmoins avertir que cette Devise
est de celles ou l'on prend une espece de licence
Poëtique, faisāt paroistre avec le Soleil des Astres
qui ne paroißent jamais avec luy, & suppofant
que les étoiles que nous voyons plus petites que
luy le sont effectivement, quoy que la raison
apprenne le contraire de ce qu'en jugent les yeux.
Ie parleray de ces licences au traité de l'art des
Devises, & je feray voir non seulement qu'elles*

9

font permises, mais qu'elles ont mesme assez souvent une grace singuliere.

XXXIX. Le Soleil.

VT PRÆSIT ET PROSIT.

Pour gouverner & pour profiter.

La fin de la Royauté est d'estre utile aux personnes que l'on regit, comme le Soleil n'agit sur toute la nature que pour luy faire du bien.

XL. Le Soleil dans l'Ecliptique.

NVSQVAM DEVIVS.

Sans s'écarter jamais.

C'est le caractere d'une ame juste qui suit en tout son devoir.

XLI. Le Soleil entre le vent du Midy, & le vent du Septentrion.

NON ARDOR NON ALGOR INEST.

Ny froid, ny chaud.

Pour la moderation d'un Prince qui n'est ny lent ny emporté.

XLII. Le Soleil.

MENTE FEROR QVOCVMQVE FEROR.

C'est mon intelligence qui regle tout mes pas.

Pour une personne qui ne suit que la raison pour guide en tous ses mouvemens.

XLIII. Le Soleil sur un Cadran.

CVIQVE SVVM METITVR,

A chacun le sien.

C'est le simbole de la justice, exprimé par le Soleil qui parcourt en son temps toutes les heures, & les fait d'egale mesure.

XLIV. Le Soleil en son midy.

LVCET AGITQVE VNVS.

Luy seul agit & luy seul nous éclaire.

Pour un Prince qui agit par luy mesme sans laisser à ses Ministres la conduite de ses peuples se reservant toute l'autorité.

XLV. Le Soleil.

NEC FALSVS NEC FALLENS,

Ny il ne trompe, ny il n'est trompé.

C'est à dire qu'il est tel au dedans qu'on le voit au dehors. Ce caractere est grand & digne des personnes qui commandent, de garder aux autres la fidelité qu'elles veulent qu'on leur garde.

XLVI. Le Soleil sur les nuages.

NEC OFFENDITVR NEC OFFENDIT.

Il n'en est ny offensé ny obscurci.

Pour la clemence Royale.

XLVII. Le Soleil sur une campagne fertile.

TRANSIT BENE FACIENDO.

Il fait du bien en tous les endroits par où il passe.

Pour la bonté d'un Prince qui répand ses graces & ses bienfaits.

XLVIII. Le Soleil sur une plaine couverte de fruits, avec ces mots de S. Paul.

DIVES IN OMNES.

Liberal envers tous.

pour le mesme sujet que la precedente.

XLIX. Le Soleil.

REGITVRQVE REGITQVE.

Ces Vers expliquent cette Devise, & font parler le Soleil, & le Prince qu'il represente.

Le tumulte ny le hazard
Ou je regne n'ont point de part,
Tout s'y fait, tout s'y meut avec intelligence;
Et par la loy qui fait la jufte liaifon,
Du pouvoir & de la prudence
Tout le monde me fuit, & je fuy la raifon.

L. Le Soleil qui éleve des vapeurs.

COLLIGIT VT SPARGAT,

Il n'amaffe que pour répandre.

Pour le bon ufage qu'un Prince fait des aides
& des fubfides qu'il tire de fes fujets.

LI. Le Soleil Levant qui diffipe des
brouillars.

VINCIT AB ORTV.

Dés fon lever il eft victorieux.

Pour les premieres victoires du Roy en fon
enfance.

LII. Le Soleil qui fe couche.

SVPRA IDEM INFRAQVE,

Le mefme en haut & en bas.

Pour une perfonne qui eft la mefme en l'une
& l'autre fortune.

LIII. Le Soleil contre qui des vents soufflent.

NON RADIVM EXCVTIENT.

Ils ne luy feront pas perdre un seul de ses rayons.

Pour une personne qui est au dessus de l'envie.

LIV. Le Soleil eclipsé.

LANGVET ET VRIT.

Il languit & il brûle.

Pour une personne qui au milieu de ses infirmitez conserve un zele encore ardent.

LV. Le Soleil qui dissipe des broüillars.

NITENTES VT SPARGAT RADIOS.

Pour en jetter des rayons plus brillans.

Il y a des personnes qui semblent n'estre sujetes à l'envie & à la calomnie que pour se rendre plus illustres.

LVI. Le Soleil levant.

ABIIT ET REDIIT.

Il s'en étoit allé, & il est retourné.

Pour une personne qui revient après une longue absence.

LVII. Se Soleil qui a diſſipé les broüillars.

PVLSA TEMPESTATE SERENAT.
Il nous rend la ſerenité.

Pour la Paix que le Roy a ſi genereuſement donnée à toute l'Europe.

LVIII. Le Soleil.

SE TOTVM SPARGIT IN ORBEM,
Il ſe répand par tout le Monde.

Pour une perſonne dont les bien-faits & la reputation ſont ſans meſure.

LIX. Le Soleil.

VIDET OMNIA PRIMVS.
C'eſt luy qui le premier apperçoit toutes choſes.

C'eſt pour marquer l'activité, la penetration, & la prevoyance d'un genie extraordinaire. Cette Deviſe fut preſentée au Roy dans une Medaille dont elle faiſoit le revers.

LX. Vn Soleil qui malgré le mouvement contraire du premier mobile, ſe leve au plus haut de l'horiſon, avec ce mot du ſecond des Metamorphoſes.

CONTRARIVS EVEHOR ORBI.
Ie m'éleve où je veux malgré tous vos efforts.

Pour faire voir que la reſiſtance de toute l'Europe n'a pû arreſter le Roy dans ſes conqueſtes.

LXI. Le Soleil, qui se couche dans l'Ocean.

ME SVBJECTIS EXCIPIT VNDIS.

L'Ocean me reçoit & me soûmet ses eaux.

Le mot est du mesme Livre des Metamorphoses, & rien n'exprime plus heureusement le grand pouvoir que le Roy a presentement sur la mer.

LXII. Vn Soleil qui répand ses rayons sur des arbres de differentes especes, chargez chacun de leurs fruits.

SINGVLIS VARIVS, VTILIS OMNIBVS.

Different pour chacun avantageux à tous.

Pour un Prince qui a un juste discernement de la capacité de ceux qu'il employe.

LXIII. Vn Soleil qui change en pluye une nuëe brillante d'éclairs

FVLGVRA IN PLVVIAM FECIT.

Il change les foudres en pluye.

Pour la paix que le Roy a donnée à toute l'Europe.

LXIV. Vn Soleil qui fond les glaces.

SOLVIT VERE NOVO.

C'est au printemps qu'il les fait fondre.

Pour le Roy qui dés sa jeunesse fit cesser les troubles des guerres civiles.

LXV. Le Soleil qui est couché & les
étoiles qui commencent à paroître.

LVX MORIENTE VENIT.

Sa mort nous fait revivre.

Cette Devise faite pour la mort d'un Prin-
ce, qui laissoit apres luy des Enfans capables
de soûtenir sa reputation & de s'en faire une
nouvelle, pourroit s'appliquer à la mort du Fils
de Dieu qui est la source de nostre salut.

LXVI. Le Soleil qui se couche, & qui
laisse sur les nuës de grandes traces
rouges de lumiere.

RVBET CVM DESERIT ORBEM.

Il a cette couleur quand il quitte le monde.

Pour le Prince Casimir qui fut fait Cardinal,
aussitost qu'il quitta le monde pour se faire Re-
ligieux.

LXVII. Vn Soleil levant qui dissipe
des nuages.

ME CRESCENTE CADENT.

Ils s'abaisseront quand je m'eleveray.

Pour les troubles des Guerres Civiles dissipez
par le Roy en sa Majorité.

D

LXVIII. Le mesme corps avec ces mots

SPES INDE SERENI.

C'est ainsi qu'il fait esperer le retour du beau-temps.

LXIX. Le Soleil qui peint son image sur une nuë.

AN DVO? AN VNVS?

Y en-a-t'il deux, ou un seul?

Pour un Fils qui a toutes les vertus de son Pere à l'employ duquel il succede.

LXX. Le Soleil qui en se couchant fait voir le Ciel semé d'étoiles.

PVLCRA IN PROLE SVPERSTES.

Il vit en sa posterité.

LXXI. Le Soleil qui se couche, & qui en se couchant jette ses rayons vers l'Orient.

OCCIDIT VT SVRGAT.

Il se couche pour se lever.

Pour l'esperance de la Resurrection.

LXXII. Le Soleil qui perce des broüillars.

SVBTILIS OPACA PERMEAT.

Il penetre par sa subtilité ce qu'il y a de plus obscur.

LXXIII. Vn Soleil environné de brouillars qu'il dissipe.

IN TERRAM DEIICIT HOSTES.

Il terrasse ses ennemis.

Pour un Victorieux.

LXXIV Le Soleil dans le Zodiaque.

MONSTRA MIHI CESSERE DOMOS.

Les monstres m'ont cedé leurs places, & les ont abandonnées.

LXXV. Le Soleil qui se couche dans un nuage qui le fait paroître plus grand.

MAJOR IN OCCASV.

Plus grand en son couchant.

Pour une mort illustre.

Il parût au Carrousel du feu Roy plusieurs Devises dont le Soleil faisoit le corps.

LXXVI. Le Prince de Conti y porta cet
Astre, avec ces mots.

COELOQVE SOLOQVE.

Egalemement puissant au Ciel &
sur la Terre.

Pour un Saint qui obtient du Ciel ce qu'il
veut & fait des miracles sur la terre.

LXXVII. Le Comte de S. Agnan, le
Soleil sur une plante qui est toûjours couverte d'eau quand le Soleil ne l'éclaire pas.

O RAYOS, O LAGRIMAS.

Ou sa lumiere ou des larmes.

Pour la douleur d'une absence.

LXXVIII. Le Baron de Tussay, un
Soleil en son Midy.

MAS LEVANTADO.

Plus élevé.

LXXIX Le Vidame de Chartres, un
Aigle qui regarde le Soleil.

Y NO MAS.

Et rien plus.

Le Saint Vieillard Simeon étoit content de
mourir quand il eut vû son Sauveur, quia vi-
derunt oculi mei salutare tuum.

LXXX. Le Comte de Croisy, un Cadran sous le Soleil.

SI ME MIRAS ME MIRAN.

On me regarde si vous me regardez.

Vn favori n'est consideré qu'autant que le Prince le considere.

LXXXI. Le Baron du Pescher, le Soleil qui attire des vapeurs.

ET LEVAT QVOS DEPRIMIT,

Il éleve ceux quil abbat.

C'est le caractere de Dieu, dont le Prophete dit Humiliat & exaltat.

LXXXII. Le Soleil.

SE MIRADO, QVERIDO.

On ne peut me voir sans m'aimer.

LXXXIII. Le Baron de Fontaine Challendray, le Soleil.

SPLENDET ET ARDET.

Il brille & il brûle.

LXXXIV. Monsieur de Marillac, le Soleil.

SOLO PARA MIRARME,

Tout le monde n'est fait que pour me regarder.

LXXXV. Le Marquis de Roüillac, le Soleil & des broüillars.

NO PARAN.

Ils ne tiennent pas devant moy.

Pour un brave a qui rien ne peut resister.

LXXXVI. Monsieur Deffiat. Le Soleil auquel s'opposoit une nuë qui luy faisoit un cercle luisant à l'entour.

QVIEN SE ME OPPONE. ME CORONA.

Qui s'oppose à moy me couronne.

Pour une personne à qui les difficultez ne servent que d'occasion de faire de belles actions.

LXXXVII. Le Marquis de Narmontier. Le Soleil.

A TODOS YO, A MI NINGVNO.

Je donne à tout de l'éclat, & je n'en reçois de personne.

Le Carrousel de l'an 1605. sous le titre des Chevaliers de Thrace, fit aussi paroître des Soleils en Devises.

LXXXVIII. Le Duc de Nevers. Le Soleil dans le Zodiaque.

NI ME BVELVO ATRAS NI ME DESVIO.

Qu'on a traduit en Latin.

NEC RETROGRADIOR. NEC DEVIO.

Ny je ne recule ny je ne m'égare.

Pour une Personne droite & constante.

A Tolose l'an 1679. à l'occasion de la Publication de la Paix, parurent huit Devises dont le Soleil faisoit le corps.

LXXXIX. Le Soleil dans un Ciel serein.

EN APAZIBLE TODO SE VEE.

On le void tout quand il est bien serein.

C'est dans la tranquillité de l'Ame & de l'Esprit que l'on connoist le genie des personnes, parce que cét état est naturel, au lieu que celuy de l'agitation est violent.

XC. Le Soleil en son Midy.

PIV VALIDO E PIV SERENO.

Plus il a de force plus il a de serenité.

Le Roy a donné la Paix, lors que rien ne pouvoit plus resister au bon-heur de ses armes.

XCI. Le Soleil dans fon Midy.

BOREÆ QVOQVE NVBILA, CEDENT.

Les Vents du Nort luy cederont auffi.

Les Danois & les autres Peuples Septentrio-
naux ont été obligez de recevoir la paix comme
les autres nations de l'Europe.

XCII. Vn Soleil couchant , & des ani-
maux qui fe retirent dans les bois.

DAT REQVIEM FESSIS.

Il procure du repos à ceux qui font laffez

Pour la Paix.

XCIII. Des nuages épais & tranchez
d'éclairs qui fe diffipent devant le Soleil.

TERRORI SVCCEDIT AMOR.

A la terreur fuccede l'amour.

XCIV. Vn Soleil qui dore de fes rayons
des nuages obfcurs.

SERENAT ET ORNAT.

Il les diffipe & il les fait briller.

XCV.

XCV. Vn Soleil qu'un Aigle un Lion &
un Leopard regardent avec attention,
& ces mots de Claudien.

COMMVNE FACIT REVERENTIA
FOEDVS.

Le respect qu'ils ont pour luy, fait cesser
leurs querelles.

*Pour la Paix de l'Empire, de l'Espagne,
& de l'Angleterre.*

XCVI. Le Soleil qui éclaire une grande
campagne.

VIGET QVODCVMQVE VIDET!

Il donne de la vigueur à tout ce qu'il
regarde.

*La presence d'un Prince anime tous ses sujets
à bien faire.*

CXVII. Le Soleil qui se couche.

NIGRESCVNT OMNIA CIRCVM!

Tout est noir dés qu'il ne paroist plus.

*Cette Devise parût à Milan pour les fune-
railles de Philippe IV. Roy d'Espagne l'an 1666.*

E

XCVIII. Vn Soleil éclipsé qui envoye des rayons languiſſans ſur un jardin plein de fleurs qui baiſſent la teſte.

A LANGVORE LANGVOR.

De ſa langueur vient là noſtre?

Pour la maladie d'un Prince qui cauſe la douleur de ſes ſujets.

XCIX. Le Soleil qui imprime ſon image en deux miroirs oppoſez l'un à l'autre.

ALTERVM AB ALTERO.

L'éclat de l'un ſert à l'éclat de l'autre.

pour deux perſonnes dont l'alliance eſt égale-ment glorieuſe à l'un & à l'autre.

C. Le Soleil au ſigne du Taureau.

QVOD ASPICIT ORNAT.

Il pare tout ce qu'il regarde.

Les regards du Soleil au mois d'Avril, font du bien à toute la nature & parent la terre de fleurs.

CI. Le Soleil dont les rayons tombent
mollement sur des fleurs.

SVAVITER ATTINGVNT.

Il ne les touchent que doucement.

Pour representer les adresses avec lesquelles on
s'insinuë dans les cœurs.

CII. Le Soleil avec un nuage, sur lequel est
un cercle de lumiere, qui semble faire
une couronne à cét Astre.

HONORANDO M'INGOMBRA.

Elle m'obscurcit en voulant m'honorer.

Pour la couronne qu'on mit sur la tête du
Cardinal de Bourbon, à qui les Ligueurs donne-
rent le nom de Charles X.

CIII. Monsieur de Montmaur Doyen des
Maistres des Requestes, & l'un des premiers Academiciens de l'Academie Françoise, a employé le Soleil en plusieurs
Devises, dont les principales sont, le Soleil Levant.

INGENS VISVS AB AVRORA.

Dés sa naissance il étoit déja grand.

Tous les mots des Devises de cét illustre sont,
tirez d'Ovide qui étoit son Poëte favori.

E ij

CIV. Le Soleil en plein midy dans toute
la beauté de son éclat.

DIGNA DEO FACIES.

Ce visage est digne d'un Dieu.

Pour une personne dont l'air, la taille, & la
mine sont avantageuses.

CV. Le Soleil élevant des vapeurs , qui
se repandent en pluye.

MVTVAT VT DITET.

Il emprunte pour enrichir.

Il fit cette Devise pour les emprunts que le Roy
fit sur ses sujets, leur donnant des interests
considerables.

CVI. Le Soleil sur une terre couverte
d'épines.

VTINAM MELIORA VIDERET.

Plût à Dieu qu'il vit d'autres choses.

Dieu ne void que des crimes sur la terre, où
il répand tant de biens.

CVII. Le Soleil.

LVCIS ALIENÆ NON INDIGVS.

Il n'a pas besoin d'un éclat étranger.

CVIII. Le Soleil dans son écliptique.

ME QVOQVE FATA REGVNT.

I'ay mes destinées comme les autres.

Les plus grands sont sujets comme les autres à de fascheux évenemens.

CIX. Le Soleil au milieu d'un nuage épais, d'où sortent des éclairs.

HABET ET SVA FVLMINA.

Il a ses foudres.

Dieu n'a pas seulement des biens-faits, il a des peines & des chastimens ; & c'est pour cela qu'on le nomme un Dieu de justice, ou Soleil de justice.

CX. Le Soleil sur un Cadran.

LEGES ET FACIT ET SERVAT

Il fait les lois, & il les garde.

Pour un Prince qui observe luy mesme les lois qu'il fait observer aux autres.

CXI. Quand on receut dans l'Academie Françoise Monseigneur Potier de Novion, Premier President du Parlement, Monsieur de Mezeray Secretaire de l'Academie, apres avoir parlé au nom de la

Compagnie, & répondu au compliment
de Monseigneur le Premier President,
proposa une Devise à la loüange du Roy,
dont le corps ètoit le Soleil dans son
écliptique, avec ces mots de Lucain.

SE QVOQVE LEGE TENENS.

Il observe les Loix qu'il fait garder aux
autres.

Voicy quatre Devises doubles & opposées
ou réciproques de Monsieur de Montmaur
le Soleil fait tous les corps.

CXII. CXIII. Le Soleil.

QVANTA PATENT.

Que de choses on y découvre.

SED PLVRA LATENT.

Il y en a plus de cachées.

CXIV. CXV. Le Soleil.

VIDET OMNIA PRIMVS.

Il est le premier qui découvre tout.

VIDETQVE FOVETQVE.

Et il ne void rien qu'il n'entretienne.

Pour la vigilance & les soins d'un Prelat
sur son Diocese.

CXVI. CXVII. Le Soleil élevant des
vapeurs qui l'obscurcissent.

COLLECTIS DEFICIT.

Il ne les amasse que pour s'obscurcir.

Le mesme les faisant tomber en pluye.

SPLENDET AB EFFVSIS.

Il réprand son éclat en les répandant.

*Si les impositions & les charges que les
Princes mettent sur leurs peuples nuisent à leur
reputation, leur liberalité les rend illustres &
recommandables.*

CXVIII. CXIX. Le Soleil.

VNI CVNCTA PATENT.

PATET OMNIBVS VNVS.

A luy seul rien n'est caché.

Luy seul se manifeste à tous.

*Pour la presence de Dieu, qui void tout, &
se fait sentir par tout.*

CXX. Le Soleil naissant.

LVX PRÆIT ARDORI.

Il fait voir sa lumiere avant qu'il fasse sentir
sa chaleur.

*Pour la grace qui éclaire l'entendement avant
que d'echauffer la volonté.*

CXXI. Le Soleil éclipsé.

DEFICIT ET SVFFICIT.

Tout languissant qu'il est, il ne laisse pas d'agir.

Pour un General d'Armée malade, qui se faisant porter dans son lit, ne laisse pas de donner ses ordres.

CXXII. Le Soleil levant couvert de nuages.

CONDOR VT EXORIOR.

Je suis caché en commençant à parostre.

Pour un jeune Prince que l'on éleve dans une vie privée, ou pour la vie cachée de Jesus-Christ qui venoit au monde pour le bien des hommes.

CXXIII. Le Soleil.

NVSQVAM ALIVS.

Toûjours le mesme.

Pour une personne constante.

CXXIV. Le Soleil éclipsé.

VEL SIC VRIT.

Tout obscurcy, qu'il est il ne laisse pas de brûler.

Cette Devise fut faite pour une belle Veuve qui portoit le grand dueil.

CXXV.

CXXV. Le Soleil environné de broüillars, qui le font paroître plus grand.

MAJOR AB ADVERSIS.

Il en paroît plus grand.

Pour une personne dont les afflictions, & la mauvaise fortune font connoître le merite.

CXXVI. Le Soleil dans le Zodiaque.

NVSQVAM META MIHI.

Point de bornes à mon travail.

Pour une personne dont l'employ, demande une application continuelle.

CXXVII. Le Soleil couvert de nuages & la terre au dessous.

MIHI TOLLVNT NVBILA.

Les broüillars m'empeschent de le voir.

C'est la Devise qui fut faite pour Anne d'Austriche l'an 1615. lorsque Loüis le Juste faisoit la guerre aux rebelles. Elle exprime une absence.

CXXVIII. Le Soleil.

OMNIA SOLVS.

Il peut seul toutes choses.

CXXIX. Le Soleil.

TOTO EMICAT ORBE.

Il remplit tout le monde.

CXXX. Le Soleil.

ORBIS FATA REGIT.

Il regle les destinées du monde.

Ces trois Devises sont de Monsieur de Sainte Marthe, qui les a faites pour le Roy comme j'ay dit ailleurs.

CXXXI. Le Soleil.

ΟΥΔΕ ΜΟΙ ΑΛΛΑ ΚΟΣΜΩ.

NON MIHI SED MVNDO.

Je ne suis pas pour moy, mais pour le monde.

Cette Devise parût la premiere fois avec les mots Grecs, aux nopces de Marie Magdeleine d'Austriche, Fille de l'Archiduc de Grats avec Cosme de Medicis, au nom duquel le mot Grec, qui signifie le monde faisoit allusion. Elle parût depuis en Latin avec ces mots.

NON SIBI SED MVNDO.

Et des vers François qui l'appliquoient à un Prince qui n'a de grandeur que pour l'employer pour le bien de ses sujets.

CXXXII. l'Autheur des entretiens d'Eugene & d'Ariste, n'a pas oublié le Soleil parmy les belles Devises qu'il a faites. Il luy a donné pour mot.

SVFFICIT ORBI.

Il suffit seul au monde.

Le Roy est un Prince qui a assez de sagesse pour gouverner le monde luy seul.

CXXXIII. Le Soleil qui marque l'heure sur un Cadran.

MEQVE REGIT DVM DIRIGIT ORBEM.

Il me regle en reglant le monde.

Pour un grand Ministre qui nonobstant toutes les affaires de l'Etat prenoit un soin singulier de l'education de son Fils.

CXXXIV. Le Soleil éclipsé, qui tout éclipsé qu'il est, efface toutes les étoiles.

E PVR LE OSCVRA TVTTE.

Et neantmoins il les efface toutes.

Il expliqua cette Devise faite pour une Dame malade par ce huitain.

Vous qui brillez un peu
Et qu'on regarde en mon absence
Vous perdez devant moy vôtre éclat, vôtre feu;
Vous n'estes rien en ma presence.
Je langus à la verité ;
La pâleur me couvre la face ;
Mais j'ay pourtant encore en mon obscurité
Je ne sçay quoy qui vous efface.

CXXXV. Le Soleil dans un nuage.

E QVANTI NE CELO.

J'en cache beaucoup plus que je n'en
fais paroître.

Pour une personne qui affecte de cacher les
belles qualitez qu'elle a, & qui pourroient la
distinguer dans le monde.

CXXXVI. Le Soleil entre des broüillards assez épais, pour le faire paroître pâle, mais non pas assez obscurs pour le cacher.

PALLESCO NON EXTINGVOR.

Je pâlis mais je ne suis pas éteint.

Pour dire qu'une personne fort malade ne
mourroit pas.

CXXXVII. Vn Soleil dans sa course.

RAPIDO SI, MA RAPIDO CON LEGGE.

Rien n'est plus ardent, ny plus reglé que moy.

Pour une personne d'un esprit vif, mais fort reglé dans sa conduite.

CXXXVIII. Le Soleil qui passe à un autre Hemisphere.

MVDA LVGAR Y NO ESTADO.

Il change de lieu sans changer d'état.

l'Autheur des entretiens fit cette Devise pour Monsieur de la Feuillade, quand il passa de l'Archevesché d'Ambrun à l'Evesché de Mets, conservant son rang d'Archevêque par l'ordre du Pape & du Roy. Il expliqua sa pensée par ces vers.

Vne suprême Loy me porte en d'autres lieux,
  Pour y dispenser ma lumiere.
Mortels si je parois m'abaisser à vos yeux,
  Sçachez que par l'ordre des Cieux
Je conserve toûjours ma grande ur toute
  entiere.

CXXXIX. Quelques Academies de de-
là les Monts ont pris le Soleil pour corps
de leurs Devises, côme les Renouvellez
de Tortone. Le Soleil au signe du Taureau qui est le milieu du Printemps.

AVREA CONDET SÆCVLA.

Il ramenera le siecle d'or.

CXL. l'Academie de *Gli illustrati* à Casal
de Montferrat. Le Soleil qui se couche
d'un côté & la Lune qui se leve de l'autre

LVX INDEFICIENS.

Ainsi la lumiere ne nous manque jamais.

Nous avons pour nous éclairer, & les lumieres
de la grace & la raison.

CXLI. Dominique Chiariti d'une naissance illustre se voyant persecuté, &
maltraité de la fortune, prit pour Devise
un Soleil enveloppé de brouillards.

ATTAMEN MIHI CLARVS.

Je n'en ay pas moins d'éclat dãs moy même.

Pour exprimer qu'il sentoit bien ce qu'il étoit.

CXLII. Jean Baptiste Gorgo, Gentil-homme de Vicence, entrant dans l'Academie des *Olimpici* prit pour Devise le Soleil, qui imprimoit son image dans un tournant d'eau, qui se dit en Italien *Gorgo*, pour faire allusion à son nom, & il l'accompagna de ces mots.

FIRMIVS IN PLACIDO.

Sur un fond plus tranquille il s'exprimeroit mieux.

Pour signifier qu'il se seroit rendu plus capable des exercices Academiques de cette assemblée, s'il avoit eu une fortune moins agitée.

CXLIII. Lucille Philalthée, pour representer que Dieu est toûjours dans les lumieres, & que les blasphêmes des méchans ne nuisent point à sa grandeur, fit peindre le Soleil avec ces mots.

APPREHENDVNT NVNQVAM TENEBRÆ.

Les tenebres ne vont jamais jusqu'à luy.

Pour une personne qui est au dessus de la calomnie.

CXLIV. Vn Gentil-homme ayant épousé
une femme qui n'étoit pas de sa qualité,
ce qui luy faisoit perdre dans le monde
l'estime qu'il s'y étoit acquise par l'éclat
de sa naissance, Capaccio luy donna pour
Devise le Soleil éclipsé par l'interposi-
tion de la Lune , avec ces mots.

EFFVGERE NEQVIT.

Il ne peut l'éviter.

Comme c'est l'ordre des choses , & leur cours
naturel qui fait l'éclipse du Soleil, l'état des af-
faires de ce Gentil-homme a voit necessairement
demandé qu'il fit cette alliance si inégale. Cette
Devise peut s'appliquer à la vertu calomniée,
qui ne sçauroit éviter d'estre persecutée dans le
monde , parce que ses maximes sont contraires
à celles du monde.

CXLV. Pierre François Moneglia Gentil-
homme Genois, prit pour Devise le Soleil
qu'un Aigle regardoit avec ces mots
François.

C'est à moy seul.

C'est Dieu qui parle en cette Devise sous l'em-
blême du Soleil, pour dire que c'étoit à luy seul
que ce Gentil-homme tournoit ses pensées &
ses regards.

CXLVI.

CXLVI. Alcibiade Lucarini , qui prit
dans l'Academie des Intronati de Sienne
le nom *d'Officioso* a fait quelques Devises
où il a employé le Soleil. Pour la mort
de Camille Borghese Archevêque de
Sienne cousin du Pape Paul V. Il fit la
Devise du Soleil couchant avec ces mots.

RECEDO NON DECEDO.

Je m'éloigne je ne meurs pas.

Il expliqua cette Devise par ces vers.

Non muor, s'apparta alquanto
Qual Sol dà noi, cha'l fin del dì si scosta
Alma pura, al ben far sempre disposta,
Se ben di quà si parte &c.

CXLVII. Pour la mort de Madame
Chrêtiéne de Lorraine grande Duchesse
de Toscane, il peignit un Soleil couchant
qui éclairoit le monde avec ces mots
François.

ET SE COVCHANT PROFITE.

CXLVIII. Le Soleil qui se couche &
un Cadran.

ABIT ET VMBRA.

L'ombre se perd avec luy.

Pour une personne qui perd la protection d'une
autre qui meurt.

G

CXLIX. Le Soleil couchant.

CRASTINA SVRGET.

Sous entendant Lux.

Demain il renaistra.

Pour l'esperance de la Resurrection.

Il l'explique ainsi.

E pure al nuovo giorno
Di più bei raggi fia, che sorga adorno.

CL. Le Soleil au milieu des broüillards.

INSTANT NON OBSTANT.

Ils l'enveloppent ils ne l'empêchent pas.

Pour une personne que les grandes affaires
n'accablent pas.

CLI. Le Soleil levant.

JAM ILLVSTRAT VNIVERSVM.

Dé-ja il remplit l'Vnivers.

Pour la Naissance de Nôtre - Seigneur.

CLII. Le Soleil representant son image dans un petit miroir.

IMMENSVS IN PARVO.

l'Immense se resserre en si petit espace.

Pour l'Enfance de Iesus - Christ ou pour
l'Eucharistie.

CLIII. Le Soleil levant.

ET ORIENS CVNCTA LÆTIFICAT.

Il porte par tout la joye en commençant
à paroître.

Pour la Naissance de Saint Iean Baptiste.

CLIV. Le Soleil.

VNICVS ET CVNCTORVM AVTHOR.

Vnique & Autheur de tous les biens.

Pour la Providence de Dieu.

CLV. Le Soleil a moitié éclipsé.

SOL RESTA IN PARTE ASCOSO.

Il n'y en a qu'une partie de cachée.

Pour la Sepulture de Iesus-Christ, dont le seul
Corps fut mis au Sepulcre. Toutes ces Devises
font de Lucarini.

CLVI. Le Soleil au plus-haut du Ciel.

LONGINQVIOR VRIT.

Plus il est éloigné plus il brûle.

Pour une absence qui redouble les ardeurs de
l'amitié.

Cette Devise & les suivantes, furent
exposées aux funerailles du Duc Odoard
l'an 1657.

CLVII. Le Soleil.

NVSQVAM SINE LVCE.

Il n'est jamais sans lumiere.

Cette Devise parût aux funerailles d'Edoüard Duc de Parme l'an 1647. & servoit a exprimer la Magnificence de ce Prince. Il y à comme luy des personnes illustres, qui ne sont jamais sans éclat.

CLVIII. On se servit de ce mesme Astre, pour exprimer la valeur toûjours agissante de ce Prince, & l'on ajoûta pour mot.

LABORAREM SI QVIESCEREM.

Je serois en défaillance, si je cessois d'agir.

Symbole d'une grande ame, qui ne demande pour paroître que de belles occasions, & qui languit si elle ne trouve ces occasions.

CLIX. Le Soleil.

NOCTEM ÆQVO COMPEN SAT DIE.

Il fait autant de jour, qu'il y a eu de nuit.

Pour une personne qui ayant été cachée quelque temps dans une vie obscure & privée, en paroît apres avec plus d'éclat. Cette Devise parût en la mesme ceremonie.

CLX. Le Soleil dans son écliptique.

SINE ERRORE CELERRIMVS.

Sa vitesse ne le fait point égarer.

Les choses qui se font avec precipitation, ne reüssissent pas. Il y a neantmoins de grands Genies, qui font bien & promptement tout ce qu'ils font, & ce n'est pas pour eux qu'à êté faite la Devise d'Auguste festina lentè.

Le P. François Raulin fit cette Devise du Soleil pour exprimer la diligence & la sage conduite du Duc Farnese.

CLXI. Le Soleil.

SE NON POSCENTIBVS OFFERT.

Il s'offre de luy mesme, a ceux qui ne l'attendent pas.

Iean Baptiste Campeggi Evêque de Majorica, porta cette Devise, pour marquer l'inclination qu'il auoit de bien faire a tout le monde sans attendre qu'on le luy demandat. Il n'y à point aussi de bienfacteur plus universel, ny plus desinteressè, & plus promt a bien faire que le Soleil.

CLXII. Le Soleil dans son écliptique.

TRAMITE EODEM.

Toûjours la mesme voye.

Cette Devise parût dans la decoration qui se fit à Nouare, pour la reception de l'Evêque

Iofeph Marie Maraviglia, pour marquer qu'il avoit toûjours été le mefme dans tous les emplois qu'il avoit eûs. C'eft l'Image du Iufte qui eft toûjours le mefme en fa conduite.

CLXIII. La Guerre de Hollande qui fut fi prompte, & fuivie de tant de fuccés l'an 1672. donna occafion à la Devife d'un Soleil qui diffipoit des vapeurs qu'il avoit élevées.

EVEXI PERDAM.

J'ay pû les élever, je fçauray les détruire.

C'étoit pour marquer les juftes reffentimens du Roy, contre des peuples qu'il avoit faits ce qu'ils étoient, & qui abufoient des graces qu'il leur avoit faites.

'Cette Devife fut expliquée par des vers en diverfes Langues, & le mot retourné de plufieurs manieres.

VOS EXTVLI, VOS DEPRIMAM.

Solo io gli alzai, deftruggerolli io folo.

Subir los hize, y derretir los puedo.

CLXIV. Le Soleil qui fe couche.

NIGRESCVNT OMNIA CIRCVM.

Tout devient noir, quand il ne paroît plus.

Cette Devife fervit à la pompe funebre de Philippe IV. Roy d'Efpagne qui fe fit l'an 1666. aux Barnabites de Milan.

CLXV. Le Soleil sur un parterre
qu'il éclaire.

QVOD ASPICIT ORNAT.

Il pare ce qu'il daigne regarder.

Les regards de Dieu sont des regards bien-
faisans, qui remplissent les ames Iustes de grace
& de vertus. Cette Devise fut faite aux fune-
railles de Madame Royale de Savoye, pour ex-
primer sa liberalité, n'y ayant jamais eu de
Princesse qui eut plus d'inclination à faire du
bien.

CLXVI. Vn Soleil dont les rayons se repandent sur des fleurs avec ces
mots de Lucrece.

SVAVITER ATTINGIT.

Il les touche doucement.

Pour marquer la douceur du Gouvernement
d'un Prince, qui gagne tous les cœurs de ses
sujets. Cette Devise fut employée en la reception
du Cardinal Flavio Chigi dans Avignon, dont
il étoit Legat.

CLXVII. Le Soleil entre les deux
Tropiques.

NEC VLTRA NEC CITRA.

Ny au de là, ny au deçà.

Pour une personne dont la conduite est si reglée

qu'elle n'omet rien de son devoir, & ne va jamais au de-là.

CLXVIII. Au Carrousel de Rome de l'an 1634. Le Marquis Cornelio Bentiuogli qui êtoit le Tenant porta pour Devise le Soleil avec ces mots

NON LATET QVOD LVCET.

Tout ce qui a de la lumiere ne sçauroit se cacher.

Ces paroles sont conformes à cét oracle de S. Paul aux Ephesiens, que tout ce qui se manifeste est lumiere. Omne quod manifestatur lumen est.

CLXIX. Le Seigneur Vergilio Cenci qui êtoit un des Assaillans porta cette belle Devise. D'un Soleil caché dans des nuës avec ce vers.

MENTRE MI CELO ALTRVI SPLENDO A ME STESSO.

Je luis pour moy quand je me cache aux autres.

Pour une personne qui apres avoir parû en public, & servi aux grandes affaires, se retire dans le cabinet, pour s'instruire ou pour prier.

CLXX.

CLXX. Aux funerailles de Victor Ame-
dée Duc de Savoye, dreſsées par le P.
Giuglaris, parût le Soleil qui diſſipe
des broüillars.

SOLVIT DVM VIDIT.

Il n'a fait que les voir pour les vaincre.

Pour un Conquerant.

CLXXI. Le Soleil au ſigne du Belier,
où il fait le Printemps.

AMICO SIDERE.

Sous un doux aſpect.

*Quand un Prince daigne regarder ſes ſujets,
avec des yeux pleins de bonté il leur fait beaucoup de bien.*

CLXXII. Le Soleil dans ſon écliptique.

CONTENTVS MEDIO.

Content d'eſtre au milieu.

*Pour la moderation d'un Prince, qui ne veut
que les choſes juſtes, & pour une perſonne qui
ſe contente d'une honneſte mediocrité.*

CLXXIII. Le Soleil qui ſe couche, &
les étoilles qui commençent à paroſtre.

DIGNVM NEC SIDERA FVNVS.

Les Aſtres meſmes, ne luy font pas d'aſſez
dignes funerailles.

H

58   *Recueil de plusieurs Devises.*

Ces trois Devises furent faites pour les funé-
railles de Philippe III. Roy d'Espagne. Et la
suivante pour celles de son Epouse.

CLXXIV. Le Soleil qui se couche.

INCIPIT VBI DESINIT.

Il commence une autre course, ou il semble achever celle-cy.

*Pour l'autre vie qui commence quand on
acheve celle-cy.*

CLXXV. Loüis Cardinal d'Eft, porta
pour Devise le Soleil levant,
avec ces mots.

NON EXORATVS EXORIOR.

Je ne me fais pas prier pour me lever.

*Vne personne genereuse n'attend pas qu'on luy
demande les graces qu'elle peut faire, elle previent les prieres.*

CLXXVI. Charles-Quint Empereur,
avoit le Soleil qui montoit dans son
écliptique, avec ces mots.

NONDVM IN AVGE.

Il n'est pas encore dans son Apogée.

*C'est le caractere d'une personne dont l'am-
bition n'est pas satisfaite, & qui aspire à quelque chose de plus grand.* Aresi dit que c'étoit

la Devise de Charles Spinelli Duc de Semi-
nara, cependant le Pere Petrasancta l'attribuë à Charles-Quint.

CLXXVII. Ferdinand de Gonzague Duc de Mantouë. Le Soleil.

NON MVTVATA LVCE.

Sans emprunter d'ailleurs ma lumiere.

Pour une personne qui est illustre par son propre merite.

CLXXVIII. Frideric troisième, Marquis de Mantouë. Le Soleil.

SOLVS INDEFICIENS.

Le seul qui ne manque jamais.

Pour marquer la constance d'un amy fidele qui ne change jamais.

CLXXIX. Le Grand Maître de Rhodes, de Villiers l'Isle Adam, portoit le Soleil avec ces mots.

VBIQVE SIMILIS.

Toûjours à soy mesme semblable.

CLXXX. Le Soleil au milieu des broüillars.

OBSTANTIA SOLVET.

Il les dissipera.

C'étoit la Devise de *Cesar, Duc de Modene,* qui ayant trouvé beaucoup d'oppositions à ses desseins, ne manqua jamais de courage pour les surmonter.

CLXXXI. Le Soleil au milieu des broüillars, avec ces mots Grecs.

ΜΟΓΙΣ ΑΛΛΑ ΠΟΤΕ.

A peine, mais quand?

Le premier de ces mots Grecs, étoit le nom de la personne, qui portoit cette Devise, & qui demandoit quand elle sortiroit des traverses, dans lesquelles elle se trouvoit envelopée.

CLXXXII. Le Soleil.

ABORRECE MI LVZ QVIEN DELLA SE OFFENDE.

Qui s'offense de ma lumiere, ne la sçauroit souffrir.

C'est la Devise, que *Rodrigo Mendez Silva* a mise à la teste de son ouvrage de la Poblacion de España. Elle convient à un homme qui offense quelqu'un, parce qu'il dit la verité.

CLXXXIII. Le Soleil couchant.

NOCTEM ALIIS RELINQVIT.

Il laisse la nuit aux autres.

Le Soleil ne meurt jamais, & ne perd rien

de sa lumiere, quoy qu'il laisse la nuit à ceux qu'il quitte. Il en est de mesme des Saints, nous nous affligeons de leur mort, & ils sont dans la gloire, tandis que nous sommes dans les tenebres.

CLXXXIV. Le Soleil éclipsé ou dans des broüillars.

EMERGET.
Il en sortira.

Pour une personne, qui espere de sortir bien-tôt des maux qui l'affligent.

CLXXXV. Le Soleil dans le signe du Lion.

VALIDIOR SI TARDIOR.
Plus lent, mais plus fort.

Le Soleil quand il est au plus haut du Ciel, semble aller plus lentement que quand il se leve, ou quand il se couche, mais il n'en va pas moins viste, & il en a plus de force. C'étoit la Devise du Cardinal Jean Baptiste Detti, qui pour être arrivé tard à la pourpre n'en étoit pas moins agissant.

CLXXXVI. Le Soleil au milieu des broüillars qui commencent à se dissiper.

AVNQVE OS PESE.
Malgré vous.

C'étoit la Devise de Pagano Doria, qui prit

dans l'Academie des Affidati de Pavie, le nom
d'Assuré El seguro avec cette Devise qui exprime la resolution d'un homme, qui espere de
faire connoître sa vertu, malgré les oppositions
& les traverses de ses ennemis.

CLXXXVII. Le Soleil sous le Zodiaque.

SEMPER IDEM SVB EODEM.

Toûjours le mesme sous le mesme.

François de Gattinara, ayant pris le nom
d'Vranin dans la mesme Academie, & s'étant
engagé dans l'état Ecclesiastique, voulut té-
moigner par cette Devise, qu'il seroit toûjours
le mesme, & que l'Etat qu'il avoit embrassé,
ne l'empêcheroit pas d'assister aux exercices de
cette Academie.

CLXXXVIII. Le Soleil qui jette ses rayons sur des miroirs opposez l'un à l'autre, & qui en paroissent tout en feu.

MVTVVS ISTE ARDOR MEVS EST.

C'est moy qui fait leur ardeur mutuelle.

Pour une personne qui lie l'amitié de deux
autres.

CLXXXIX. Le Soleil Levant.
MOX VRET.
Il brûlera bientôt.

CXC. Le Soleil au Signe de la Balance.
TVNC NVLLI INVISVS.
Alors il est vû, & aimé de tout le monde.

Vn Magistrat qui exerce la Iustice, fait les delices du monde.

CXCI. Le Soleil qui envoye ses rayons au travers d'un nüage.
DVM TRANSMITTIT TEMPERAT.
Il les tempere en les couvrant ainsi.

Pour une personne, à qui la modestie fait cacher ses belles qualitez.

CXCII. Le Soleil.
TANTO SI VEDE MEN QVANTO PIV SPLENDE.
On le void moins plus il a d'éclat.

Ce mot dit la mesme chose que ce Vers.
NEL TROPPO LVME SVO VIENE A CELARSI.

CXCIII. Le Soleil.
OCCVLTVM NIHIL ESSE SINIT.
Il ne laisse rien de caché.

L'œil de Dieu penetre tout, & rien ne luy peut être caché.

CXCIV. Le Soleil.

NON EST MORA LIBERA.

Il ne luy est pas permis de s'arrester.

CXCV. Vn Soleil paroissant à demy, au milieu d'un nüage tranché d'éclairs.

LAMPI D'AMORE E FVLGVRI DI SDEGNO.

Brillans d'amour & éclairs d'indignation.

Castel-Bayal, porta cette Devise aux Courses de Bague, que le Duc de Vantadour fit à Tolose l'an 1624. Elle marque deux passions bien differentes, l'amour & la colere, ou l'indignation.

CXCVI. L'an 1672. comme on celebroit dans toute l'Eglise la Canonization de S. François de Borgia Duc de Gandie, & depuis troisiême General de la Compagnie de Jesus, un devot de ce Saint, fit à son honneur quatre-vingt & dix Devises, sur les principales actions de sa vie, & les accompagna d'autant d'Epigrames Latines ou Françoises. Il est peu de plus belles Devises. Il y en a dix dont le Soleil fait le corps. La premiere est le Soleil Levant avec ces mots d'Horace Epist. 1. l. 2. & ces Vers.

IN PVBLICA COMMODA.

Pour le bien public.

CXCVII.

Nascitur & latè quanta est in publica spargit
Commoda Sol toto, quà patet orbe diem.
Et tu Dive diem facturus nasceris orbi
Nec qui solus erat, Sol modò solus erit.

CXCVIII. Vn Soleil Levant, & des Chauvesouris qui fuyent.

VT VIDETVR NON VIDENTVR.

Dés qu'on le voit ils disparoissent.

Ce Saint, dés l'entrée de son Gouvernement de Catalogne, où il fut Viceroy, en chassa les vices, & nettoya le Pays des voleurs qui l'infectoient.

CXCIX. Le Soleil.

SVPERIS GRATVS ET IMIS.

Agreable aux grands & aux petits.

Le mot est d'Horace l. 1. Ode 10. & exprimé ce caractere d'esprit, qui prend plaisir de faire du bien à tout le Monde.

CC. Le Soleil derriere un nüage, avec ces mots de Virgile l. 1.

AT NON INVISVS CÆLESTIBVS.

Mais du Ciel on le void.

Pour une Ame Sainte qui se cachant aux yeux des hommes, ne cherche que les yeux de Dieu.

CCI. Le Soleil dans le Zodiaque.

DOMOS LVSTRANDO IELVSTRAT.

Il éclaire les maisons où il entre.

Pour les visites que faisoit ce Saint, des maisons de son Ordre étant Provincial.

CCII. Le Soleil qui suit dans sa course, l'Etoile du matin.

SVPERIOR, TANTVSQVE MINOREM.

Tout Superieur & tout grand qu'il est, il suit le plus petit.

Ce Saint tout General qu'il êtoit, obeissoit pour sa santé & pour sa conduite exterieure à un Frere, qui regloit ses prieres & ses austeritez par l'Ordre des Medecins. Cette Etoile est l'Etoile de Venus, qui est au dessous du Soleil, & qui est beaucoup plus petite. Infra solem sidus veneris. *Plin. l. 2. c. 8.*

CCIII. Le Soleil.

TVTTI VEDENDO, DA TVTTI VEDVTO.

Voyant tout & vû de tous.

Pour la vigilance de ce Saint, & le soin qu'il avoit des siens, à qui il servoit d'exemple.

CCIV. Le Soleil qui va par tout, ou le conduit l'intelligence qui le gouverne, & qui est utile par tout.

QVO MENS CVMQVE JVBET FEROR VTILIS.

Vtile par tout, ou mon intelligence me menne.

Ce Saint alla en divers Pays par Ordre du Pape, & fit du bien par tout.

CCV. Le Soleil qui envoye ses rayons où il ne va pas luy mesme.

MITTIT QVO NON PERMIT-TITVR IRE.

Il envoye ou il ne peut aller.

Pour les Missions des Indes, où il envoya des ouvriers Apostoliques, ayant souhaité luy mesme d'y aller sans l'avoir pû obtenir.

CCVI. Le Soleil.

DAL NVME RICEVE LVME.

C'est de Dieu seul qu'il reçoit sa lumiere.

Pour les lumieres extraordinaires, que Dieu communiqua à ce Saint.

I ij

CCVII. Alcibiade Lucarini dont j'ay déja rapporté quelques Devises, en a fait cinq ou six autres, dont le Soleil fait le corps.

Le Soleil couvert d'un nüage.

S'ASCONDE E PVR ASCENDE.

Il se cache, & il monte.

Pour l'Ascension du Fils de Dieu, qu'une nüée deroba aux yeux de ses Disciples comme il montoit au Ciel.

CCVIII. Le Soleil entre les broüillars.

FRVSTRA OPPOSITÆ.

En vain ils s'opposent à son éclat.

Il y a des personnes, à qui l'envie & la calomnie ne sçauroit nuire, ny leur rien faire perdre de leur éclat.

CCIX. Le Soleil sortant des broüillars.

HINC CLARIOR.

Il en est plus brillant.

Il y en a, à qui la calomnie ne sert qu'à donner plus d'éclat, en faisant connoître leur merite. C'étoit la Devise du Comte Pompilio Collalto.

CCX. Le Soleil couchant, & les Etoilles qui reçoivent sa lumiere.

PRÆBET TANTVMDEM. SINGVLIS.

Il en donne également à tous.

Pour un Pere mourant, qui partage également ses biens à ses enfans.

CCXI. Le Soleil éclipsé.

INFLVIT TAMEN.

Il ne laisse pas d'envoyer ses influences.

Il applique cette Devise au Fils de Dieu, qui étant sur la Croix au milieu des douleurs de la mort, pensa à sa Mere, à son Disciple bien-aimé, au bon Larron, & à son Eglise, & disposa de ses biens en faveur des fideles, remettant son Esprit entre les mains de son Pere.

CCXII. Plusieurs pieces d'un miroir rompu, & le Soleil au dessus qui imprime son image toute entiere en chaque piece.

INTEGER IN FRAGMENTIS.

Tout entier en chaque partie.

Pour l'Eucharistie, ou l'Hostie divisée en plusieurs parties, a en chacune le Corps de Jesus-Christ. C'est ce que S. Thomas, a expliqué en sa Prose de cette sorte.

A sumente non concisus.
Non confractus non divisus
Integer accipitur.
Nulla rei fit scissura
Signi tantùm fit fractura ;
Quà nec status nec statura
Signati minuitur.

CCXIII. Le Soleil Levant.

IN ORTV TOTVS LVCIDVS.

Tout éclatant dés sa naissance.

Pour la Naissance de Saint Jean Baptiste.

CCXIV. Le Soleil qui éclaire les fleurs d'un parterre.

DIVERSIMODE' IN DIVERSIS.

Il agit diversement selon les dispositions
diverses des sujets sur lesquels il agit.

Pour les divers effets de la grace.

CCXV. Le Soleil imprimant son image dans l'eau qu'une personne regarde.

REFLEXVM FACILIVS.

Il se fait voir ainsi plus aisément.

*Dieu se connoît mieux par ses effets que dans
luy mesme , parce que dans luy mesme il est
incomprehensible.*

CCXVI. Le Soleil envoyant sa lumiere
sur une mer agitée.

FLVCTVANTE NON DIS-
PICITVR.

On ne l'y void point, quand elle est agitée.

*Vne ame qui est dans le trouble, ne reçoit guere
les impressions de la Grace.*

CCXVII. Paul Aresi Evêque de Tortone, à fait des Devises sacrées sur la plûpart de nos Mysteres, & sur les principales fêtes de l'Eglise, sous le titre d'*Imprese sacre.* Il y en a quelques unes du
Soleil.

Le Soleil avec ces mots.

MALE OPERANTIBVS PAVOR.

Il se fait craindre à ceux qui font mal.

*Il ny a rien que les méchans craignent, tant
ue la lumiere qui fait voir ce qu'ils font.*

CCXVIII. Le Soleil dans le Zodiaque.

FICTVS LABOR.

Vn travail feint.

*Ie ne sçay si Monseigneur Aresi qui a mis
ette Devise à le teste d'un de ses ouvrages, a
oulu faire entendre que ce n'étoit pas un travail
ur luy, de passer d'un ouvrage à un autre, comme*

le Soleil ne se fatigue pas de passer d'un signe à un autre, ou s'il a eu quelque autre pensée que je ne découvre pas.

CCXIX. Le Soleil dans le signe du Bellier, avec ces mots de l'Ecriture.

JAM HYEMS TRANSIIT.

L'Hiver est passé.

Pour predire une fortune meilleure à ceux qui ont été persecutez.

CCXX. Le Soleil dans un nüage, qu'il pare de ses rayons.

ORNAT NON ONERAT.

Il l'orne sans la charger.

Pour la grosseße de la Sainte Vierge, quand elle portoit l'Enfant JESUS dans son sein.

CCXXI. Le Soleil sur le Globe de la Terre.

NON GRAVAT ET GRAVIDAT.

Pour la maternité de la sainte, Vierge qui se fit par l'operation du saint Esprit.

CCXXII. l'Abbé Ferro, qui eut de grands démêlez en fait de Devises avec Paul Aresi, en a fait plusieurs du Soleil.

Le Soleil

Le Soleil Levant qui fait disparoître les Etoilles.

OFFVSCO TVTTE.

Je les efface toutes.

Pour la Sainte Vierge, dont les perfections effacent, tout ce qu'il y a jamais eu de plus saint dans le monde.

CCXXIII. Le Soleil Levant.

DIEM PRÆSIGNAT AB ORTV

ou bien ORTV DIEM.

Il fait le jour dés qu'il paroft.

Pour le Pape Vrbain VIII. qui dés son enfance fit voir ce qu'il seroit un jour.

CCXXIV. Le Soleil Levant.

REDIT NEC DEFICIT.

Il retourne & ne manque point.

Pour le retour d'un Grand, dont l'absence faisoit craindre qu'on ne le revit plus.

CCXXV. Le Soleil entouré d'Etoilles.

SIMILI AB ORTV.

D'une mesme naissance.

Il fit cette Devise pour les Barberins.

K

CCXXVI. Le Soleil Levant.

REDITVQVE SVO SINGVLA GAVDENT.

Tout se réjoüit de son retour.

Pour le retour d'un Grand.

CCXXVII. Le Soleil Levant.

CELERES EXPLICAT ORTVS.

Il s'avance d'abord.

Pour le Cardinal Antoine Barberin.

CCXXVIII. Cét Abbé s'attacha à prendre le Soleil, pour le corps le plus ordinaire des Devises, qu'il fit pour les Barberins ; parce que c'étoit la Devise de ceux de cette Famille. D. Thadée Barberin, Oncle du Pape Vrbain VIII. avoit pris pour Devise, un Soleil environné de six Etoilles avec ces mots.

ET POST OCCASVM,

Et apres son couchant.

Pour marquer qu'il laisseroit en mourant ses six Néveux heritiers de son nom & de ses biens.

CCXXIX. François Barberin Protonotaire participant, celebre par des Ambassades au temps du Boccace, qui a par

lé de luy portoit pour Devise, le Soleil
avec ces mots.

PVRO LVMINE CLARVS.

Toûjours brillant d'une pure lumiere.

CCXXX. Le Pape Vrbain VIII. prit
pour la sienne un Soleil Levant,
avec ces mots d'Horace.

ALIVSQVE ET IDEM.

Il est autre qu'il n'étoit, & toûjours
le mesme.

Pour montrer que dans tous les changemens
d'Etats, que luy faisoit faire la fortune en l'é-
levant à diverses dignitez, il étoit toûjours
le mesme.

CCXXXI. Le Soleil.
NIHIL LVCIDIVS.

Rien de si lumineux.

Cette Devise, est à la tête d'un ouvrage de
Theologie, sur des matieres difficiles, & l'on a
voulu dire par cette Devise, qu'il n'étoit rien
de si clair & de si methodique.

CCXXXII. Le Soleil avec ces mots
de l'Ecriture.

NON EST QVI SE ABSCONDAT
A CALORE EJVS.

Rien ne peut échaper à sa chaleur.

Pour un zele ardent & universel.

K ij

CCXXXIII. Le Soleil qui se couche.

CVRA EST ANTIPODVM.

Il prend soin de nos Antipodes.

Pour la Mission des Indes, ou l'on envoye des Ouvriers Apostoliques.

CCXXXIV. Voicy quinze Devises, dont tout les mots sont enchaisnez, de l'un à l'autre, elles sont peintes dans l'antichambre de la Reine au Louvre. Le Soleil.

OGN'ALTRO LVME OFFVSCA.

Il offusque les autres lumieres.

Pour un grand Homme, dont la reputation & le sçavoir effacent tout l'éclat des plus Illustres.

CCXXXV. Le Soleil avec des Etoilles.

OFFVSCANDO INFIAMMA.

Il enflamme en offusquant.

Pour une personne, qui effaçant le lustre des autres, s'attire l'estime & l'amitié de tout le monde.

CCXXXVI. Le Soleil qui fait éclorre des œufs d'Autruche.

INFIAMMANDO PRODVCE.

En enflammant il produit.

Pour un Predicateur, qui par ses ferventes
Predications, fait naître de bons sentimens
dans les esprits de ses Auditeurs.

CCXXXVII. Le Soleil éclairant des
montagnes chargées d'arbres.

PRODVCENDO ACCRESCE.

Il augmente en produisant.

Pour un Prince, qui multipliant les Magistrats, augmente l'éclat de sa grandeur.

CCXXXVIII Le Soleil avec des fleurs.

ACCRESCENDO ILLVSTRA.

Il rend illustre ce qu'il fait croître.

Pour un Prince, qui rend illustres ceux qu'il
éleve aux Dignitez.

CCXXXIX. Le Soleil avec des
fleurs sechées.

ILLVSTRANDO PERDE.

Il détruit en illustrant.

Pour un Prince, qui sous pretexte de quelque
Ambassade, ou de quelque grand employ, ruine
quelques-uns des Seigneurs de sa Cour.

CCXL. Le Soleil allumant le bucher
d'un Phenix.

PERDENDO SALVA.

Il le sauve en le perdant.

Cette Devise se pourroit appliquer à Dieu, qui permettant pour de bonnes fins les chûtes des grands hommes, s'en sert pour leur bien.

CCXLI. Le Soleil éclairant un Phenix, qui quitte quelques'unes de ses plumes à ses rayons.

SALVANDO ADORNA.

En le sauvant il l'embellit.

CCXLII Le Soleil éclairant une plante de Coral.

ADORNANDO MANTIENE.

Il le maintient en l'embellissant.

Pour la temperance, qui servant à embellir, maintient aussi la santé.

CCXLIII. Le Soleil éclipsé par la Lune.

MANTENENDO SOFFRE.

Il souffre en la maintenant.

Pour une personne persecutée à cause d'une autre, dont elle prend la protection.

CCXLIV. Le Soleil au milieu des nuës.

SOFFRENDO SPREZZA.

Il méprise ce qui le fait souffrir.

Pour la constance des Martyrs, qui se moquoient des menaces des Tyrans.

CCXLV. Le Soleil qui éblouït des Oyseaux, qui volent contre luy.

SPREZZANDO SCACCIA.

Il les chasse en les méprisant.

Pour un Saint, qui se rit des tentations du Demon, comme Saint Antoine, qui les mettoit en fuite en se moquant d'eux.

CCXLVI. Le Soleil qui dissipe des broüillars; & fait un Arc-en-Ciel.

SCACCIANDO VINCE.

Il est victorieux en les chassant.

Pour un Prince, qui remporte la victoire mettant ses ennemis en fuite.

CCXLVII. Le Soleil qui offusque la lumiere d'un flambeau sans le fondre.

VINCENDO PERDONA.

Il pardonne étant vainqueur.

Pour un Prince victorieux, & clement.

CCXLVIII Le Soleil qui regarde la Lune.

PERDONANDO REGNA.

Il regne en pardonnant.

Cét Astre pardonnant à la Lune l'Eclypse, qu'elle luy a causé, fait voir qu'il est au dessus d'elle. De mesme un Prince qui sçait pardonner, montre qu'il merite de regner.

CCXLIX. Le Soleil éclairant tout l'Vnivers.

REGNANDO CONSERVA.

En regnant il conserve.

Pour un Souverain, qui a soin de ses sujets.

CCL. Depuis que le Roy, a pris le Soleil pour sa Devise, on en a fait pour luy un tres grand nombre, qui ont le mesme corps. Sa Devise fixe, est cét Astre éclairant le Globe de la terre avec ces mots.

NEC PLVRIBVS IMPAR.

Il pourroit en éclairer plusieurs autres.

I'ay fait un traité exprez, pour justifier cette Devise, & pour l'expliquer.

CCLI. Aux fêtes de Versailles, pour la course de Bague & des Têtes il porta le Soleil avec ces mots.

NEC CESSO NEC ERRO.

Je ne cesse jamais, & ne m'égare point.

Le Président de Perigny Autheur de cette Devise, l'expliqua par ces quatre Vers.

Ce

Cen'est pas sans raison, que la terre & les Cieux
Ont tant d'étonnement, pour un objet si rare,
Qui dans son cours penible, autant que glorieux,
Jamais ne se repose, & jamais ne s'egare.

CCLII. Au grand Carrousel, il porta
le Soleil qui dissipoit des broüillars,
avec ces mots.

VT VIDI VICI.

Je n'ay qu'à les voir pour les vaincre.

CCLIII. Quand il rentra dans Paris,
apres les troubles des Guerres Civiles,
on peignit un Soleil qui envoyoit ses
rayons, sur une campagne fertile.

QVOS ASPICIT BEAT.

Il rend heureux ceux qu'il regarde.

L'application de ces deux Devises, est aisée.

CCLIV. A L'entrée solemnelle, que le
Roy & la Reine firent dans Paris, on
exposa ces deux Devises, l'une du Soleil
avec ces mots.

DEDIT ILLE DIEM.

Il nous a donné le jour.

CCLV. L'autre de la Lune pour la Reine,
avec ces mots.

DABIT ILLA QVIETEM.

Elle apportera le repos.

L

Pour la Paix qui fut le fruit de son Mariage,
avec le Roy.

CCLVI. Monſieur Quinaut qui eſt chargé
de faire des Deviſes pour les Baſtimens,
pour la Marine, pour le Treſor Royal,
& pour les Parties caſuelles, fit pour le
Treſor Royal celle d'un Soleil avec
ces mots.

DITAT INEXHAVSTVS.

Il enrichit ſans s'épuiſer.

Appliquant ces paroles au Soleil, qui concourt
à toutes les productions de la nature, ſans épui-
ſer ſa vertu ; au fonds du Treſor Royal, & aux
liberalitez du Roy.

CCLVII. Le Soleil.

NEC POTIOR, NEC PAR.

Nul ne l'égale, & nul plus grand que luy.

CCLVIII. Le Soleil qui monte ſur l'Horiſon.

VSQVE AD PERFECTAM DIEM.

Juſqu'à faire un grand jour.

CCLIX. Le Soleil diſſipant des brouillars.

VINCIT DVM RESPICIT.

Il n'a qu'à les voir, pour les vaincre.

CCLX. Le Soleil.

DECOR OMNIS AB ILLO.

Tout l'éclat vient de luy.

Cette Devise a été faite, pour les Bastimens du Roy.

CCLXI. Le Soleil dans le Zodiaque.

AVDAX IRE VIAS.

Il va son chemin sans rien craindre.

Pour l'intrepidité d'un Prince, que rien ne peut arrester dans ses desseins.

CCLXII Monsieur Clement qui a fait de si belles Devises, & qui les a accompagnées de si beaux Vers, en a donné quelques-unes ou le Soleil fait le corps.

Le Soleil qui attire des vapeurs.

IN ROREM ET FVLMINA.

Pour la rosée & pour les foudres.

Ie veille incessamment au bien de l'univers,
Ie pourvois aux besoins de cent climats divers,
C'est la loy qu'en naissant les Cieux m'ont imposée
  Mais au plus fort de mes ardeurs,
  Si j'attire quelques vapeurs.
I'en forme également la foudre & la rosée.

Pour un Prince qui sçait recompenser & punir.

CCLXIII. Le Soleil.

QVIETO SIMILIS.

Toûjours en mouvement, sans quitter
son repos.

Ie fais le tour du Ciel, cent monstres furieux,
Ne peuvent retarder mes soins laborieux.
Ie regle toute chose ;
Ie rends le calme à l'air, aux vents je fais la loy.
Quiconque cependant leve les yeux sur moy
S'imagine que je repose.

CCLXIV. Le Soleil.

MAS VIRTVD QVE LVZ.

Plus de vertu que de lumiere.

Du plus beau feu des Cieux divinement formé
On ne m'a jamais vû que l'on ne m'ait aimé.
Mes bienfaits m'ôt acquis, un souverain Empire ;
Mais cét éclat brillant, dont je suis revêtu,
Quoy que les yeux en puissent dire,
N'est rien au prix de ma vertu.

CCLXV. Le Soleil qui dissipe des
brouillars.

QVOS EXTVLIT ORTV.

Il les avoit élevez en naissant.

Ce grand Astre joüit de toute sa clarté
Il rend à l'univers cette serenité,

Si long-temps desirée ;
Et de son trône lumineux
Il chaße la vapeur qu'il avoit attirée,
Quand il montra ses premiers feux.

CCLXVI. Le Soleil Levant.

QVALIS APEX ORTVS TANTI.

Quel sera le Midy d'un si bel Orient.

Ce grand Astre au sortir de l'Onde
Eclaire déja tout le monde.
Déja l'air serein & riant
A la faveur d'une clarté si pure
Rejoüit toute la nature.
Quel sera le midy d'un si bel Orient ?

CCLXVII. Le Soleil Levant.

NEC DVM OMNIS SESE EXERIT ARDOR.

Toute son ardeur ne paroît pas encore.

Parmy tous les Astres divers
Qui servent d'ornement a ce vaste univers,
Il n'en est point qui ne me cede
La terre admire mon pouvoir
Mais je n'ay pas encor fait voir
Toute l'ardeur qui me possede.

Monsieur Clement fit cette Devise pour
Monsieur le Comte de Saint Paul, quand il
alla en Candie contre les Turcs.

CCLXVIII. Le Soleil qui éclaire le Monde.

IMA REPLET NEC DESERIT ALTA.

Et sans quitter le Ciel il éclaire la terre.

Pour une personne, qui servant le prochain, & s'abaissant aux actions les plus ravalées, ne quitte rien de son élevation, ny de la contemplation des choses Celestes.

CCLXIX. Le Soleil qui se couche.

NO SE PERDE AVNQVE S'ASCONDE.

Il n'est pas perdu pour se cacher.

Pour le Fils de Dieu, qui demeura trois jours dans le Temple, tandis que sa Sainte Mere le cherchoit.

CCLXX. Les suivantes sont de Monsieur Chaumels, Conseiller en la Cour des Aydes de Guienne.

Le Soleil qui se leve, sur les peuples les plus voisins du Pole.

GRATIOR EX MORA.

Plus agreable parce quil est plus attendu.

Habitans des climats que ma lumiere fuit
Tristes victimes de la nuit.

Vous vous trouvez enfin au bout de ma carriere,
Sur vos têtes enfin mon jour est répandu,
Le bien en est plus grand, la joye est plus entiere
De ce que vous m'avez plus long-temps attendu.

C'est pour la naissance du Roy que cette
Devise fut faite.

CCLXXI. Le Soleil.

LVCET QVE, ET CARET VMBRA.

Il éclaire sans faire d'ombre.

L'ombre n'offusque point les corps que j'envirõne
Tous mes rayons sont droits, mes regards innocẽs
Ie porte le bonheur par tout ou je descends.
Ie fais du bien à tous, & ne nuis à personne.

Pour une personne dont la conduite est
irreprochable.

CCLXXII. Le Soleil qui se couche.

MIHI NON OCCIDO.

Je ne meurs pas pour moy.

Ie repans le jour en tous lieux
Habitant de la terre aussi bien que des Cieux,
Ie fais sentir par tout ma lumiere feconde,
Ie'esclaire également & l'esclave & le Roy,
Et je meurs chaque jour pour la moitié du monde
Mais jamais je ne meurs pour moy.

Ce fut pour la mort de la feu Reine,que
cette Devise fut faite.

CCLXXIII. Philippe second Roy d'Espagne, prenant possession de ses états, prit pour Devise, le Soleil Levant avec ces mots.

JAM ILLVSTRABIT OMNIA.
Bientôt il éclairera tout.

Il representoit le plus souvent ce Soleil, sous une figure humaine, monté sur son char dont il tenoit les rênes.

CCLXXIV. Vn Soleil Levant de derriere une montagne.

VIRES ACQVIRIT EVNDO.
Plus il va, plus il a de force.

Monsieur Chorier, en son Armorial de Dauphiné, attribuë cette Devise au Connetable de Lesdiguieres, & la suivante à la Maison des Alrics de Dauphiné, & de Provence.

CCLXXV. Vn Soleil.

TANT QV'IL LVIRA.
Pour une personne qui ne cherche à paroître que pour faire du bien aux autres.

CCLXXVI. Le Soleil dans des brouillars.

ETIAM MIHI LVCES.
Vous n'en luisez pas moins à mes yeux dans ces ombres.

Cette

Cette Devise est attribuée au Mareschal de Baffompierre, dans l'Ouvrage de Loüis le Iuste combattant, gravé par Valdor. Chaque Prince & chaque Mareschal de France, a trois Devifes dans cet Ouvrage & à peine y en a t'il dans un fi grand nombre trois ou quatre de raifonnables. Celle-cy eft appliquée à la difgrace du Marefchal de Baffompierre, qui ne perdit rien pour cette difgrace, de l'attachement qu'il avoit pour le Roy.

CCLXXVII Le Soleil.

NEC FALSO NEC ALIENO.

Mon éclat n'eft ny faux ny emprunté.

C'eft la Devife de la Reine Chriftine de Suede, & c'eft le caractere d'une ame grande, qui a dans foy, dequoy foûtenir une haute & veritable reputation.

CCLXXVIII. Le Soleil qui fe fait jour au travers des broüillars.

INVENIT VIAM, AVT FECIT.

Il s'eft fait luy mefme, ce paffage ou il l'à trouvé fait.

C'eft la Devife de l'illuftre Monfieur de la Chambre, qui a fait de fi belles decouvertes dans la Philofophie, & qui l'a fait parler fi purement en noftre Langue.

M

CCLXXIX. Le Soleil.
SVPER BONOS ET MALOS.
Sur les bons & sur les méchans.

Cette Devise est tout entiere dans l'Evangile: c'est le. Fils de Dieu luy mesme qui l'a faite, lorsque proposant à ses Disciples l'exemple de la bonté de son Pere, pour les porter à aimer leurs ennemis mesmes. Il leur dit que ce Pere fait lever le Soleil sur les bons & sur les méchans, distribuant également sa lumiere aux uns & aux autres. C'est Dom. Vincent Gilbert Predicateur Italien, qui a recueilli cette Devise, & qui l'a mise à la tête d'un de ses Sermons.

CCLXXX. Scipion Bargagli qui est un grand faiseur de Devises, dont il a aussi donné les regles, en a fait quelques unes ou il emploÿe le Soleil.

Le Soleil qui répãd ses rayons sur un jardin.
DONAE NON ISCHIEMA.
IMMITTIT NON IMMINVIT.
Il donne sans gaster ses bienfaits.

Il fit cette Devise pour reprocher à une Dame, la maniere desobligeante dont elle luy avoit fait un present, luy voulant apprendre que comme le Soleil, elle devoit donner de bonne grace.

CCLXXXI. Le Soleil perçant de ses rayons un nüage épais.

ET PER DENSAS TRANSPARENS.

Malgré leur ombre épaisse, il sçait se faire voir.

La vertu malgré la calomnie, fait connoître ce qu'elle est.

CCLXXXII. Le Soleil.

PER SE FVLGET.

Il brille par luy mesme.

CCLXXXIII. Le Soleil éclairant un marais bourbeux.

IMPOLLVTVS.

Il n'en est point soüillé.

Il faut une vertu bien pure, pour se conserver sans reproche au milieu de la corruption du siecle.

CCLXXXIV. Le Soleil Levant, avec quelques broüillars.

NON MEN LVCIDO RISORGE.

Il ne se releve pas avec moins d'éclat.

Pour une personne, qui ayant été maltraité par la calomnie, en sçait tirer avantage, pour faire connoître sa vertu, & se rétablir dans le monde.

M ij

CCLXXXV. Le Soleil Levant.

OMNES DEPELLIT VMBRAS.

Il fait cesser toutes les ombres.

Pour la Naissance de Iesus-Christ, qui fit cesser les ombres & les figures de l'ancienne Loy, venant établir la nouvelle. Cette Devise est peinte au Dôme de Pise.

CCLXXXVI. Alexandre Perretti Cardinal Montalte, neveu du Pape Sixte V, pour marquer sa moderation, dans l'elevation de son Oncle, & au milieu du pouvoir que luy donnoit cette élévation, prit pour Devise le Soleil dans l'ecliptique, entre les deux Tropiques, & ces mots.

NON TRANSGREDITVR.

Il ne passe jamais au de là de ces bornes.

CCLXXXVII. Le Cardinal Charles d'Arragon. Le Soleil dans le Zodiaque.

IDEM PER DIVERSA.

Toûjours le mesme en diverses demeures.

C'est le symbole de la constance, & de l'egalité d'esprit.

CCLXXXVIII. Aux funerailles de la feu Reine, faites à Rome à S. Jean de La-

tran, pour representer la modestie de cette
Princesse, on avoit peint le Soleil, qui paroissoit au travers d'un nüage.

ETIAM TECTVS MICAT.

Il a beau se cacher, il n'en brille pas moins.

CCLXXXIX. En celles qui luy furent
faites dans l'Eglise de S. Loüis des François, pour marquer l'esperance de la
Resurrection, on avoit peint un Soleil
couchant, avec ces mots.

ORIETVR.

Il se relevera.

CCXC. Le Cardinal Zacharie Delfino,
Le Soleil caché dans des nüages.

PREMITVR NON OPPRIMITVR.

Il est caché, mais il n'en souffre pas.

La calomnie peut noircir les plus gens de bien,
mais elle ne les accable pas toûjours.

CCXCI. Le Soleil entre des broüillars.

HIS QVOQVE SVBJECTA.

La lumiere est sujette à toutes ces atteintes.

C'étoit la Devise de Jean 3. Duc de Cleves.

CCXCII. Rotier Comte d'Aspurgh, le Soleil qui chasse des broüillars.

VIM VIRIBVS.

Il faut opposer la violence, à la violence.

CCXCIII. Bolgarino Bolgarini, le Soleil éntre les broüillars & ces mots.

IMMITTIT ARDENTIORES.

Il en a des rayons, plus forts & plus ardents.

Cette Devise est plus Chrêtienne que la precedente. C'est une maxime de politique, de répousser la force par la force, & c'est une vertu de l'Evangile, de faire paroître plus de zele dans les plus grandes oppositions.

CCXCIV. L'Academie des *Sicuri* établie à Venise, prit pour Devise le Soleil dans l'écliptique.

INDECLINABILI GRESSV.

Sans jamais s'égarer.

On marche avec seureté quand on ne s'écarte jamais ny de la raison qui est la Loy naturelle, ny de l'Evangile qui est la Loy de grace. C'est reposer en seureté entre les deux heritages de l'homme suivant cet oracle d'un Prophete. Si dormiatis inter medios cleros.

CCXCV. Le Soleil Levant.

SVRGIT IN ALTVM.

Il ne se leve que pour s'élever.

C'est un François qui a fait cette Devise pour le Roy, qui n'a travaillé durant les quarante années de son regne qu'à s'acquerir le nom de Grand.

CCXCVI. Le Soleil.

SOLVS.

Seul.

Comme il n'y a qu'un Soleil au monde, il ne faut qu'un Souverain dans un Etat. C'est pour cela qu'on leur donne le nom de Monarques.

CCXCVII. Le Sage a fait en sept mots la peinture du Soleil, & de ces sept mots du Sage, on a fait autant de Devises, dont le Soleil fait le corps.

La premiere avec ces mots.

ORITVR ET OCCIDIT.

Il se leve & se couche.

Le Soleil est l'image de la brieveté de la vie, puisque le mesme jour qui le voit lever, est celuy qui le voit coucher, ny ayant que quelques heures de l'un à l'autre.

CCXCVIII. Le Soleil couchant.

AD LOCVM SVVM REVERTITVR.

Il retourne à son origine.

Pour la mort d'un homme dont le corps étant formé d'un peu de terre, n'est à la fin qu'un peu de cendre, & dont l'ame étant immortelle & venuë du Ciel retourne au Ciel.

CCXCIX. Le Soleil au Signe du Lion.

GYRAT PER MERIDIEM.

Il tourne sur le Midy.

Pour les courses Apostoliques de Saint François Xavier, dans le pays ardent du Mozambique & du Comorin.

CCC. Le Soleil au Signe des Gemeaux.

FLECTITVR AD AQVILONEM.

Il tourne vers le Nort.

Pour la Predication de l'Evangile, faite au Païs des Noriques par Saint Rupert sorti de la Maison de France.

CCCI. Le Soleil sur l'Horison.

LVSTRANS VNIVERSA.

Il visite tous.

Pour la vigilance d'un Prelat soigneux à faire la visite de son Diocese.

CCCII

CCCII. Le Soleil dans le Zodiaque.

IN CIRCVITV PERGIT.

Il va tout à l'entour.

Pour la mesme application d'un Prelat, à vi-
siter son Diocese.

CCCIII. Le Soleil dans l'écliptique.

IN CIRCVLOS SVOS REVERTITVR.

Il retourne dans ses Cercles.

Vn Academicien de plusieurs Academies,
dont il s'étoit absenté durant quelques années,
rentrant dans ces assemblées pour en reprendre
les exercices se fit cette Devise.

CCCIV. Le Soleil.

SVA SE LVCE CORONAT.

De ses propres rayons il se fait sa couronne.

Qui a du merite pour se faire distinguer dans
le monde, n'a pas besoin de chercher des ornemens
étrangers: Comme le Soleil qui jette ses rayons
en rond, se couronne de ses propres lumieres.

CCCV. Le Soleil sortant des broüillars.

GRATIOR EMERGIT POST NVBILA.

Il est plus lumineux en sortant des broüillars.

N

C'est une des quatre Devises, dont on accompagna le portrait de Messire Nicolas de Bailleul, Chevalier Conseiller du Roy en son Conseil d'Etat, Président à Mortier au Parlement de Paris, Sur-Intendant des Finances, & Chancellier de la Reine, qui fit paroître sa sagesse & sa fidelité en des temps tres difficiles.

CCCVI. Le Duc d'Alençon avoit pour sa Devise le mesme corps, avec ces mots.

DISCVTIT ET FOVET.

Il les dissipe & les entretient.

Pour apprendre, qu'il entretenoit les troubles, & les dissipoit quand il vouloit.

CCCVII. Le Soleil couchant.

STADIVM CVM LVCE CVCVRRIT.

Avec beaucoup d'éclat il a fait sa carriere.

Pour une personne, dont la vie a été glorieuse.

CCCVIII. lLe Soleil sortant d'une nuë.

EMERGIT TANDEM.

Il en sort à la fin.

Pour un homme qui sort glorieusement d'une mauvaise affaire.

CCCIX. Le Soleil dans le Zodiaque.

MEDIVM NON DESERIT VNQVAM.

Il ne fort jamais du milieu.

Pour un homme juste & vertueux, qui ne quitte jamais le milieu de la Vertu.

CCCX. L'éclipfe du Soleil, caufé par la Lune.

QVO INGRATA REFVLGET,

Et l'ingrate qu'elle eft, me doit tout fon éclat.

Contre les Ingrats, qui noirciffent la reputa-tion de ceux qui leur ont fait du bien. Ce fut la Devife particuliere du Cardinal Afcanio, qui fe plaignoit de ce que s'êtant declaré pour faire Pape Rodrigue Borgia, qui fut Alexandre VI. & l'ayant fervi dans le Conclave, il en êtoit fi peu reconnoiffant, qu'il avoit fait perdre à fon frere Loüis Sforce la Duché de Milan, & s'êtoit declaré fon capital ennemy.

CCCXI. CCCXII. Le Soleil entre des broüillars.

OBSTANTIA NVBILA SOLVET,

ou bien **DISSIPABIT.**

Il en fçaura fortir. Il les diffipera.

Devise de Loüis de Luxembourg, & d'un de nos Rois, qui voulurent signifier, qu'ils sortiroient enfin des mauvaises affaires, dans lesquelles ils étoient enveloppez.

CCCXIII. Le Soleil qui éclaire également, les montagnes & les vallées, les bois & les jardins.

RESPICIT ÆQVE.

Sur tous également il répand ses lumieres.

Pour un homme qui fait également du bien à tous.

CCCXIV. Le Soleil qui éclaire le Monde.

IMA REPLET NEC DESERIT ALTA.

Sans décendre du Ciel il éclaire la Terre.

Pour une Personne, qui servant le prochain, & s'abaißant aux actions les plus ravalées, ne quitte rien de son élevation, ny de la contemplation des choses Celestes.

CCCXV. Le Soleil qui se couche.

NO SE PERDE AVNQVE S'ASCONDE.

Il n'est pas perdu pour se cacher.

Pour le Fils de Dieu, qui demeura trois jours dans le Temple, tandis que sa Sainte Mere le cherchoit.

CCCXVI Le Soleil, avec ces mots
de Theocrite.

ΟΥΠΩ ΕΚΑΜΕ.
Jusqu'icy il n'a cessé d'agir.

Pour l'application continuelle des soins de la
Providence de Dieu.

CCCXVII. Vn Soleil qui jette ses rayons
au travers d'un nüage.

OBSTAT NON IMPEDIT.
Elle s'oppose à luy mais ne l'arreste pas.

Toutes les traverses n'empêchent pas le succez
d'une entreprise, quand la personne qui l'a faite
a assez de courage pour surmonter ces traverses.

CCCXVIII. Le Soleil.

NEC EST, NEC ERIT, NEC
FVIT ALTER.
Il n'a jamais eu, il n'a à present, & n'aura
jamais de semblable.

On ne sçauroit faire un éloge plus grand d'un
homme d'une vertu, ou d'un caractere singulier.

CCCXIX. Le Soleil qui se leve, & des
étoilles qui disparoissent, ou des oiseaux
de nuit qui se cachent.

VT PATET ISTA LATENT.
Dés qu'il ouvre la carriere.

On ne void plus d'autre lumiere.

Quand il paroît tous les monstres se cachét.

Il y a des personnes dont la presence efface tout l'éclat des autres, & devant qui les vices n'oseroient paroître.

CCCXX. A la Naissance du Prince Electoral de Baviere Maximilien Emanuel, Frere de Madame la Dauphine, le College de Munich fit plusieurs Devises avec une Allegorie sur cette naissance, sous le titre de *Fama Prognostica.* Entre ces Devises est un Soleil Levant avec ces mots.

JAM SPLENDET IN ORTV.

Il commence a briller d'abord qu'il se fait voir.

Il y a des esprits qui ont tant de feu, & tant de brillant, que l'on ne peut les voir sans découvrir ce feu & ces lumieres.

CCCXXI. Vn Soleil dont l'image se void dans un ruisseau.

MAJESTAS LAVDATVR IN IMIS.

Quand la grandeur s'abbaisse elle est plus agreable.

Cette Devise a pour titre dans cet Ouvrage *Majestas & Humanitas,* elle est ainsi

expliquée. *Hæc duo virtutis lineamenta fron-*
tem mei Principis mirâ concordiâ diviserunt :
ut adeò in hac unâ sede benè conveniant Maje-
stas & Amor.

CCCXXIII. Le Soleil que des Aigles
regardent, & des oiseaux de nuit fuyent.

DIGNVS AMARI, DIGNVS ET TIMERI.

Il sçait se faire aimer, il sçait se faire
craindre.

Ce sont deux belles qualitez dans un Souverain.

CCCXXIII. Le Soleil luisant sur
des fleurs.

SVMMA TAMETSI OCCVPENT.

Quoy qu'occupé d'ailleurs à de plus
grandes choses.

Il y a de petits soins que les grandes ames ne
refusent pas, quoy que d'ailleurs elles âyent de
grandes affaires qui les occupent.

CCCXXIV. Le Soleil formant un
Arc-en-ciel sur une nuë.

ILLVSTRAT DVM RESPICIT.

Vn seul de ses regards fait toute ma beauté.

L'an 1673. entre les pieces qui parurent pour
les prix de l'Academie Françoise, fondez par

Monsieur de Balsac. Une personne qui avoit fait de beaux Vers François sur l'honneur que le Roy avoit faite à cette Academie, en acceptant la qualité de son Protecteur, & la logeant au Louvre, fit cette Devise, qu'il expliqua par ces Vers.

Si je sors de l'obscurité
Pour m'exposer aux yeux du monde,
Je tire mon éclat d'une source feconde
    De splendeur & de Majesté.
Je ne veux pas m'en faire accroire,
Je ne dois qu'au Soleil tout ce que j'ay de
    gloire,
    Je n'ay que ce qu'il m'a prêté:
    Fournissant sa vaste carriere,
Il a jetté sur moy ses yeux pleins de lumiere,
Vn seul de ses regards fait toute ma beauté.

CCCXXV. Vn Soleil Levant avec des broüillars.

SI SE ADELANTA SE ABAXARAN.

S'il s'avance ils s'abaisseront.

Pour un Conquerant qui fait trembler ses ennemis, & qui les chasse d'abord qu'il paroît.

CCCXXVI.

CCCXXVI. Le Soleil qui se couche.

NON VNI DEBEOR ORBI.

Je suis pour plus d'un monde.

C'est la Devise d'un Missionnaire Apostolique, qui passe les mers pour porter aux Indes & aux Païs les plus reculez les lumieres de l'Evangile.

CCCXXVII. Le Soleil au Signe de la Balance.

DIE NOCTIS QVE PARES.

Il rend égaux, & la nuit & le jour

Cette Devise empruntée du premier des Georgiques, ou Virgile dit.

LIBRA DIE NOCTISQVE PARES VBI FECERIT HORAS.

Parût aux funerailles du Cardinal Pierre Campori à Cremone, & l'Autheur de ces funerailles, l'applique à la justice de ce Prelat, qui donnoit ses soins sans distinction aux pauvres & aux riches. Vn animo giusto dit-il, qual fù quello del morto Prelato, dispensa ugualmente il suo dritto, e al giorno dè ricchi e alla notte de poverelli.

O

CCCXXIX. Le Soleil qui se couche.

HAVD IN TENEBRAS MIGRAT.

Il ne va pas dans le sein des tenebres.

La mort des Heros n'efface pas le souvenir de leurs belles actions.

CCCXXX. Le Soleil Levant.

REMEAT CELER.

Il revient promptement.

Pour un prompt retour.

CCCXXXI. Le Soleil qui represente son image dans un miroir.

QVALIS INEST COELO.

Il nous fait voir icy ce qu'il est dans le Ciel.

Vn Saint se fait connoître sur la terre apres sa mort, par l'éclat qu'il y laisse de ses vertus, & par les miracles qu'il y fait, qui sont les preuves les plus seures de la sainteté, & les moyens dont l'Eglise se sert pour nous proposer le culte des Saints, se persuadant qu'ils sont grands & puissans dans le Ciel, quand ils donnent de semblables marques de sainteté.

CCCXXXII. Le Soleil.

MON FEV SE FAIT SENTIR.

Pour un homme de cœur,

CCCXXXIII. Le Soleil.

BELTA CH'OGNI ALTRA ECCEDE.

De toutes les beautez, c'eſt icy la plus belle.

CCCXXXIV. Le Soleil qui diſſipe des broüillars.

VIRTV CH'OGNI ALTRA AVANZA.

Il n'eſt point de puiſſance égale à celle-cy.

CCCXXXV. Le Soleil.

OGNI COSA MANTENGO.

Je maintiens toutes choſes.

Pour un Souverain qui donne ordre à tout.

CCCXXXVI. Le Soleil.

L'IMPERO DE LA TERRA A VOI SI DEVE.

C'eſt à vous que ſe doit l'empire de la terre.

CCCXXXVII. Le Soleil dans le Zodiaque.

L'ORDINE ASSEGNO AL VARIAR DE TEMPI.

Je fais l'ordre des temps, & je regle leurs cours.

Pour la Chronologie.

O ij

CCCXXXVIII. Le Soleil Levant au Signe du Bellier.

RENOVABIT FACIEM TERRÆ.
Il renouvellera la face de la terre.

C'est un Oracle sacré, prononcé en faveur de l'Eglise, à qui dés l'ancien Testament, il fut promis que le Saint Esprit qu'elle demandoit luy seroit donné, & qu'il renouvelleroit toutes choses, ce qui s'accomplit le jour de la Pentecoste.

CCCXXXIX. Le Soleil.

RERVM HINC NASCITVR ORDO.
Il fait l'ordre des temps, & regle toutes choses.

La sage conduite d'un Prince, est la regle de ses états, c'est à luy de donner les ordres & de les faire executer.

CCCXL. Le Soleil dans son écliptique.

NEC TVRBINE DEVIVS VSQVAM.
Il n'est nul tourbillon qui le fasse égarer.

Les Astronomes croyent que le Soleil est emporté par un tourbillon, qui le fait tourner au tour de son axe, sans que ce tourbillon tout rapide, & tout violent qu'il est le jette jamais hors de sa route; Il est en cela l'image d'une personne qui dans sa conduite suit toujours la raison sans se laisser emporter à la violence de ses passions.

CCCXLI. Le Soleil.

SOLIS INFENSVS TENEBRIS.

Il n'a point d'ennemis que les seules tenebres.

C'est le caractere de la verité qui aime à paroître, & qui est ennemie de tout ce qui peut l'envelopper.

CCCXLII. Vn Soleil qui chasse de faux Aiglons.

DEGENERES FVGAT OBTVTV.

Qui ne peut soûtenir de si vives lumieres est indigne de luy.

Cette Devise sur la défaite des Imperiaux, fut accompagnée de ces Vers.

Vous qui dans les champs de la gloire
Guidiez autrefois les Cesars
Et voyiez toûjours la victoire,
Voler apres vos étendarts.
Aigles des vieux Romains pourriez vous être Peres
De ces Aiglons faux & sans cœur,
Qui fuyant du Soleil les regards salutaires,
N'ont pû soûtenir son ardeur?
Non non leur chûte si soudaine
Est une marque trop certaine,

Qu'il ne vinrent jamais de vous
Tremblez , tremblez Lions & de Flandre
  & d'Espagne
Mesme sort vous menace tous,
Et vous suivrez de pres les Aigles d'Alle-
  magne.

CCCXLIII Le Soleil.

TOTVS ME INDIGET ORBIS.

Tout le monde a besoin de moy.

Pour les soins de la Providence , sans laquel-
le rien ne peut subsister.

CCCXLIV. Le Soleil.

NEC QVIESCO NEC LASSOR.

Je n'ay point de repos & ne suis jamais las.

Pour une personne infatigable dans de grands
employs.

CCCXLV. Le Soleil éclairant des ruches, une vigne & diverses plantes.

CVIQVE SVVM.

A chacun ce qui luy est propre.

C'est le caractere de la justice, & cette De-
vise avec la precedente, sont à la tête d'une
Edition des Instituts de l'Empereur Justinien.

CCCXLVI. Le Soleil.

BONVS CVM BONIS.

Bon avec les bons.

Le Soleil qui est une cause universelle, produit de bons effets, dans les sujets qui d'eux mesmes sont bons.

CCCXLVII. Le Soleil Levant, & les Etoiles qui disparoissent.

MAJOR MINORES OBRVIT.

Le plus grand opprime les petits.

C'est une espece de violence, qui n'est que trop ordinaire parmy les hommes.

CCCXLVIII. Le Soleil éclipsé par la Lune.

OFFICIVNT LVMINA LVMINIBVS.

Paroles empruntées de ce Vers.

Sic sæpè officiunt lumina luminibus.

Il y a des lumieres, qui nuisent à d'autres lumieres.

Quelque fois trop de connoissances nuisent, & les grands raisonnemens sont toûjours contraires à la simplicité de la Foy.

CCCXLIX. Le Soleil éclipsé en son Midy.

SVMMVS DEFICIT.

Il manque au milieu de sa gloire.

Pour la mort d'un grand, qui faisoit de belles actions.

CCCL. Le Soleil éclipsé.

QVISQVE SVOS PATIMVR MANES.

Nous avons tous quelque défaut.

CCCLI CCCLII. Devise double du Soleil.

ORITVR VT OCCIDAT.

Il se leve pour se coucher.

OCCIDIT VT ORIATVR.

Il se couche pour se lever.

C'est l'image de la vie & de la mort de l'homme, il ne naît que pour mourir, il ne meurt que pour revivre.

CCCLIII. L'an 1683. le Roy allant à Tournay, on exposa plusieurs Devises sur la porte par laquelle il devoit entrer.

L'une

L'une étoit un Soleil dont les rayons penetroient dans une Tour par ses ouvertures.

INGREDITVR PLACIDVS.
Il y entre doucement.

Pour marquer que S. M. apres de grandes Guerres, entroit en Roy pacifique dans cette ville dont la Tour est l'Armoirie.

CCCLIV. Le Soleil.

AB ILLO DIES.
Le jour est de luy.

Pour exprimer que tout l'éclat que la France possede aujourd'huy, vient de sa Majesté.

CCCLV. Le Soleil qui à son lever fait chanter les oiseaux.

EXHILARAT.
Il apporte la joye.

C'étoit pour figurer celle que le Roy faisoit naître par son arrivée, dans les cœurs de tous ses sujets de cette Ville.

CCCLVI. Le Soleil dans le Zodiaque.

LVSTRAT ET ILLVSTRAT.
Il les visite, & il les éclaire.

Marquoit la diligence du Roy, dans la Visite de ses places, & l'honneur que les peuples en recevoient.

P

CCCLVII. Le Soleil éclairant des jardins.

MA MARCHE EST BIEN FAISANTE.

Pour la magnificence que le Roy fait éclater dans ses voyages.

CCCLVIII. Le Soleil au Signe du Lion, & un ample moisson au dessous.

ALTIOR VTILIOR.

Plus il est élevé, plus il nous fait de bien.

La grandeur du Roy est avantageuse à ses états.

CCCLIX. Le Soleil.

RIEN N'ECHAPE A MA VEVE.

Pour l'application du Roy dans la connoissance de ses affaires.

CCCLX. Le Soleil qui avance toûjours.

GRADV NON SISTIT IN VLLO.

Il ne s'arrête point.

Pour la rapidité des conquêtes du Roy.

CCCLXI. Le Soleil qui à son coucher fait cesser le travail.

ME SINE CESSAT OPVS.

Rien ne se fait sans moy.

La presence du Souverain est necessaire pour le succez des grandes entreprises.

CCCLXII. Le Soleil.

IL ECLAIRE, IL ECHAVFFE.

Pour l'eclat que le Roy donne aux beaux Arts, & pour l'ardeur qu'il inspire à tous ses sujets de le servir dans ses grands desseins.

CCCLXIII. En la Ceremonie du transport d'une image miraculeuse de la Sainte Vierge, faite à Modene l'an 1649, parurent plusieurs Devises à l'honneur de la Reine du Ciel, sur les mysteres de sa vie. Pour sa Naissance c'étoit le Soleil Levant.

SIC NASCITVR ORBI.

Ainsi naît-elle au monde.

La Naissance de cette Vierge apporta au monde, la lumiere, les esperances, & la joye, comme la naissance du Soleil les y apporte tous les jours.

Cette Devise étoit expliquée par ces trois Vers.

Chi di tal gioia è apportator novello ?

Qual trionfo s'onora ? ah veggio un raggio

Del novo Sol che rende un dì sì bello.

CCCLXIV. Le Soleil naissant avec ces mots du Prophete.

IN SPLENDORIBVS EX VTERO.

Le sein qui le produit est rempli de lumieres.

Pour la maternité Divine de la Sainte Vierge, qui fut un effet des lumieres du S. Esprit.

CCCLXV. Le Soleil.

REGNI EJVS NON ERIT FINIS.

Son Regne est eternel.

La Sainte Vierge sera toûjours la Reine du Ciel.

CCCLXVI. L'an 1645. le Duc de Savoye Charles Emanüel retournant à Turin apres les Guerres du Piedmont, entre les Devises qui parurent pour sa Reception, êtoit le Soleil au Signe du Taureau.

RADIIS MELIORIBVS VSVS.

C'est icy qu'il répand ses rayons les plus doux.

C'est en ce signe que le Soleil commence à faire les douceurs du Printemps, & à ouvrir le sein de la terre, pour faire germer les fleurs, ce qui a fait donner le nom d'Avril au mois auquel ce signe se leve. Ce fut en ce mesme mois que le Duc de Savoye entra dans Turin, dont le nom & les armes sont tirez de ce signe.

L'Abbé Castiglione fit la description de cette Entrée, sous le titre de *Pompe Torinese*, & entre les inscriptions, dont les Arcs triomphaux étoient decorez, on voyoit celle-cy sur la machine du feu d'artifice qui êtoit ce mesme signe élevé sur une tour.

PALLAS ALPINA.

Subalpinum Solem introducit in Taurum
Superbiens itaque Taurus, & sidereum Arietem
 eludens
  Stellis sese innumeris coronat,
  Ignitusque consurgens in Turrim
Lucidas & umbratiles infert Cœlo minas,
  Ac ut Palladem
Æquè Pacis ac Belli Divam esse testetur,
Mugit tonantes exardescens in flammas,
  Sed insontes.

CCCLXVII. A l'Entrée que fit dans Angers la Reine Mere Marie de Medicis le 16. Octobre 1619. entre plusieurs Devises dont on decora les Arcs triomphaux, on peignit le Soleil avec ces mots.

DAME LVZ O ESCONDETE.

Eclairez moy ou cachez vous.

Pour exprimer qu'un Souverain ne merite pas de paroître, s'il n'est la lumiere de ses peuples, & s'il ne leur sert d'exemple.

Ce fut en cette occasion que l'on fit cette belle inscription à cette Reine, selon le stile ancien des Romains.

MARIÆ AVG. MAGNI DVCIS E.
CÆS. N. HENRICI MAGNI COM-
PARI LODOICI IVSTI MATRI.

Quæ post Henricum Magnum nefando sublatum
Parricidio, summâ rarâque constantiâ
Imperij clavum Regisque adolescentis mores
Delatâ ex S. C. tutelâ communi bonorum plausu
Fortissimè, prudentissimè que direxit
Tumultibus compositis, fide fœderatis servatâ,
Christianæ Religionis antecessoribus
Ad Barbaros Missis.
Regni communibus conciliatis conjugi:
Sacrosanctis fœderibus opportunè firmatis
Toto ferè Regno lustrato.
Rebus sanctissimè gestis:
Quod hanc etiam Civitatē Civium Amore, Fide,
Obsequio in Regem cognitis sedē Majestatis sua
Heic statuere,
Provincialiumque omniū Patrocinium suscipere
Non est dedignata:
Ad æternam tanti beneficii memoriam
Hanc votivam tabulam
Ejusdem Aug. opt. max. Majestati
Devotiss. Pop. Iuliom.
P.

CCCLXVIII. Le Soleil éclipsé.

SPECTANTES·PATITVR.

Il souffre qu'on le regarde en cet état.

Les grands ne veulent naturellement paroître que dans un grand éclat, mais Philippe second Roy d'Espagne, ayant voulu dans sa derniere maladie, que tous ses Courtisans entraſſent dans sa chambre, pour voir en un Roy agonisant la vanité des grandeur humaines, qui n'empêchent pas les Souverains d'être sujets aux foibleſſes des autres hommes, on luy fit cette Devise en l'appareil funebre que la Ville de Naples luy dreſſa.

CCCLXIX. Ils peignirent encore le Soleil couché dont les rayons en formoient un autre fur une nuë avec ces mots.

NON DEFICIT ALTER.

Vn autre luy succedera.

Les Roys ne meurent point non plus que le Soleil, parce qu'ils ont d'abord des succeſſeurs.

CCCLXX. Madame de Saliés veuve de Monsieur le Viguier d'Alby, dont l'esprit, la vertu, & le merite, le diſputent à tout ce que l'antiquité a eu de Dames illuſtres, pour honorer l'entrée de

Monseigneur de Serroni, Premier Archevêque d'Alby, fit peindre un Ciel tout couvert de nüages avec deux Soleils, & ce vers Italien.

NON BASTA VNICO SOL PER CIEL SI FOSCO.

Il faut plus d'un Soleil pour un Ciel si broüillé.

L'hiver avoit été long & rude, dans une Province peu accoûtumée aux rigueurs de cette saison, le jour que ce Prelat fit son Entrée dans Alby, le Soleil qu'on n'avoit vû de longtemps recommença à paroître, & fut l'occasion de cette Devise.

Il n'est rien de si agreablement écrit, que la lettre, ou cette Dame fait une relation fidele de cette entrée. Voicy un endroit ou elle compare ce Prelat au Soleil. *Le 22. de Fevrier de cette Année 1679. Monseigneur de Serroni premier Archevêque d'Alby, partit de Castres pour arriver le mesme jour à Alby, ou depuis plus de deux ans il étoit attendu avec une impatience extraordinaire. Le Ciel pour seconder ses desseins, fit naître un jour admirable & bien different de ceux qui l'avoyent precedé durant trois mois. Ce jour étoit si beau qu'il sembloit en verité que toute la nature se rejoüissoit avec nous. Ne vous imaginez pas*

d'avo.r

d'avoir vû briller toute la lumiere de ce beau
jour, il ne fut en aucun lieu du monde si beau,
si clair, ny si serein qu'en *Albigeois.* Le Soleil
& Mr. l'Archevêque d'*Alby* se le verent fort
matin ce jour-là, & la beauté de la soirée aug-
mentoit celle de tous les objets. Cela se passoit
durant ces agreables momens qui precedent le
coucher du Soleil apres un beau jour, & lorsque cèt *Astre* nous voulant quitter

Pour porter sa clarté feconde
Aux habitans d'un autre monde,
Son char qui fait rougir les Cieux
Estant presqu'à demy dans l'Onde
Peut être regardé sans offencer les yeux.

CCCLXXI. A l'Entrée de la Reine
d'Espagne dans Madrid le 13. Janvier
1680. on peignit sur la porte qu'on nomme du Soleil, un Soleil à demy sur l'Ho-
rizon, avec ces mots Espagnols.

DOS MVNDOS AGORA GOZA.

Son Empire s'étend sur l'un & l'autre
Monde.

CCCLXXII. Le Soleil sur un parterre
de fleurs.

SIC IMPENDIT OPES.

C'est ainsi qu'il employe ses richesses.

Q

Cette Devise a esté faite pour le Thresor Royal, & pour les Pensions que le Roy donnoit aux Gens de Lettres.

CCCLXXIII. Le Soleil au Signe du Bellier éclairant la terre.

PVRGAT CVM RENOVAT.

Il purge la Terre en la renouvellant.

Pour la reformation des Loix, des Finances, & des trouppes faites par sa Majesté.

CCCLXXIV. Le Soleil éclairant une ruche.

SOSPITAT INTVITV.

De l'un de ses regards il leur donne la vie.

Les regards du Fils de Dieu ne guerissoient pas seulement les malades, ils luy attiroient des Disciples, ils convertissoient les pecheurs.

CCCLXXV. Le Soleil au milieu du Zodiaque marqué des Signes.

IN MIRACVLA DIVIDIT ANNVM.

Il partage l'année en autant de miracles.

Pour les conquêtes du Roy faites en tous les mois de l'année.

CCCLXXVI. Le mesme corps.

NEC MONSTRA MORANTVR.

Les monstres ne l'arrêtent point.

Les difficultez n'arrêtent jamais un grand cœur.

CCCLXXVII. Le Soleil.

NVLLA EST NESCIA TERRA.

Il est connu par tout.

Le mot est d'Ovide.

Nullaque de facie nescia terra tua est.

Cette Devise fut faite pour la Reine de Suede, quand elle passa de son païs en Allemagne, d'Allemagne aux Païs-bas, des Païs-bas en France, & de France en Italie.

CCCLXXVIII. Vn Soleil qui se couche.

NON SIBI MORITVR.

Il ne meurt pas pour luy.

Vn Prince vertueux ne perd pas son éclat en mourant, mais sa mort est sensible à ceux qui le perdent.

CCCLXXIX. Le Soleil avec ses macules.

EGREGIO IN CORPORE.

Des tâches dans un si beau corps.

Il n'est nulle compagnie dans le monde quelque sainte qu'elle soit, ou l'on ne puisse trouver des imperfections & des défauts.

CCCLXXX. Le Soleil.

NI ASPICIAT NON ASPICITVR.

S'il ne regarde on ne le regarde pas.

La grandeur est souvent méprisée par ceux qu'elle méprise.

CCCLXXXI. Le Soleil couchant.

CRESCENTES DVPLICAT VMBRAS.

Il fait les ombres plus grandes.

Cette Devise est de Virgile, & s'est appliquée à un homme qui pretendant éclaircir des matieres douteuses, n'avoit fait que les rendre plus obscures.

CCCLXXXII. Le Soleil au Signe de la Balance.

SVB JVSTO TEMPERAT ORBEM.

Sous un juste moteur il gouverne le monde.

Cette Devise fut faite pour Mr. le Chancellier Seguier, sous le regne de Loüis le Juste.

CCCLXXXIII. Le Soleil éclairant le Monde.

HILARATVR AB VNO.

Il fait toute sa joye.

Dieu seul fait la satisfaction d'une ame
juste, comme le Soleil réjoüit toute la nature.

CCCLXXXIV. Le Soleil.

SIBI SOLI NON LVCET.

Ce n'est pas pour luy seul qu'il a de la
lumiere.

Vn Prince ne se doit pas seulement à soy-mesme, il se doit à ses sujets. Vivre autrement entre les hommes, c'est vivre comme les arbres,
qui tirent chacun la substance qui leur est necessaire pour leur entretien ; ne laissant à leurs
voisins que ce qui leur est superflu, sans avoir
égard s'il est utile ou pernicieux,

CCCLXXXV. Le Soleil.

VNICVS ORBI.

Vnique dans le monde.

Il ne faut reconnoître qu'un seul Dieu dans le
monde, comme il n'y a qu'un Soleil pour l'éclairer, & pour servir à ses productions.

CCCLXXXVI. Le Soleil.

VNDARVM TERRÆQVE POTENS.

Egalement puissant sur la terre & sur l'Onde.

Pour un Prince également puissant sur terre & sur mer. Comme cet Astre agit également sur l'un & sur l'autre élement, C'est ce que les Egyptiens representoient par le vaisseau du Soleil qui est un animal Amphibie.

CCCLXXXVII. Il a paru sur plusieurs jettons des Devises pour le Roy, dont le Soleil fait le corps. Le Soleil au Signe du Prin-temps.

FÆCVNDIS IGNIBVS ARDET.

De feux feconds il paroît enflamé.

Cette Devise fut faite pour le mariage du Roy & mise sur un jetton de 1660.

CCCLXXXVIII. Le Soleil.

SIBI SEMPER IDEM ET ORBI.

Toûjours le mesme à soy mesme & au monde.

Pour la constance du Roy.

CCCLXXXIX. Le Soleil qui allume le bûcher d'un Phenix.

VRIT ADORANTEM.

Il brûle celuy qui l'adore.

Pour une passion violente & respectueuse en mesme temps.

CCCXC. Le Soleil en son midy.

LVCET SVPERIS ET TEMPERAT IMAT.

Il brille au Ciel & gouverne la terre.

Pour la grandeur de Dieu qui fait la felicité des bien-heureux dans le Ciel, tandis que sa providence prend soin de toutes choses sur la terre.

CCCXCI. Le Soleil.

FACTIS MIRACVLA FIRMAT.

Il affermit par ces faits les prodiges qu'il a déja fait.

CCCXCII. Le Soleil formant un Arc-en-Ciel.

TERRAS JVBET ESSE QVIETAS.

Il donne la paix à la terre.

Pour la Paix.

CCCXCIII. Le Soleil sortant d'une éclipse.

SPLENDOREM ET GAVDIA REDDET.

Il nous rendra son éclat, & la joye.

Pour le recouvrement de la santé du Roy apres une dangereuse maladie.

CCCXC. Le Soleil qui a dissipé des broüillars.

INVENIT VIRTVTE VIAM.

Il s'est fait au travers un illustre passage.

CCCXCV. Le Soleil au Signe du Bellier avec des arbres au dessous.

JVBET REVIRESCERE LAVROS.

Il fait reverdir les Lauriers.

Pour une campagne glorieuse commencée au printemps.

CCCXCVI. Le Soleil attirant des vapeurs.

POTIORA REPENDIT.

Il rend plus qu'il ne tire.

Si le Roy exige des aides & des subsides, il s'en sert utilement pour le bien de ses peuples.

CCCXCVII.

CCCXCVII. Le Soleil faisant fondre la neige.

SATIS EST VIDISSE.

C'est assez d'un de ses regards.

Il ne faut que la presence du Roy, pour défaire ses ennemis.

CCCXCVIII. Le Soleil Levant au Signe du Capricorne, ou il fait les jours les plus courts de l'année, ne se levant qu'à huit heures.

QVID GAVDIA NOSTRA MORARIS?

Pourquoy differez vous le plaisir de vous voir ?

Pour une personne absente qui se fait attendre longtemps.

CCCXCIX. Le Soleil qui se leve.

CRESCET ADHVC.

Il croîtra encore.

Pour une personne dont la reputation & le merite croissent chaque jour.

CD. Le mesme.

PROCEDIT ET CRESCIT.

Il croît à tous momens & s'avance toûjours.

R

C'eſt la meſme. Deviſe que la precedente, l'une
eſt du P. Henry Engelgrave qui l'a faite pour
le Fils de Dieu, ſur ces paroles de l'Evangile.
Puer autem creſcebat. L'autre eſt des Proverbes, ou le Sage dit. Juſtorum ſemita quaſi lux
ſplendens procedit & creſcit uſque ad per-
fectam diem.

CDI. Vn Aigle qui regarde le Soleil, &
qui brûle ſes plumes à ſes ardeurs.

DELECTAT ET VRIT.

Il a beau le charmer il le brûle à la fin.

Otho Vœnius en a fait un emblême de l'a-
mour profane.

CDII. Le Soleil éclairant la terre.

SENZA LASCIAR IL CIEL
TOCCO LA TERRA.

Et ſans quitter le Ciel, je deſcends ſur la
terre.

C'eſt la merveille du Sacrement de l'Eucha-
riſtie, ou le Corps du Fils de Dieu, ſans quitter le Ciel ſe trouve ſur nos Autels.

CDIII. Le Soleil ſur un parterre de fleurs.

NON IDEM IN OMNES.

Different ſelon divers ſujets.

C'eſt le caractere de la Grace.

CDIV. Le Soleil dans un nüage.

IL BELLO SI, MA LO SPLENDOR
NON CELA.

Il cache sa beauté & non pas son éclat.

Cette Devise fut faite pour une Dame masquée.

CDV. Le Soleil au milieu de la Lune &
des Etoiles.

IN TVTTI SPLENDO.

Ils brillent tous de mes lumieres.

Cette Devise fut mise autour d'une peinture de la Sainte Vierge, placée au milieu des chœurs des Anges, des Patriarches, des Prophetes, des Apôtres, des Martyrs, des Confesseurs, des Vierges, & des autres Saints, dont elle est la Reine.

CDVI. Le Soleil devant qui les Etoiles
disparoissent, avec ce Vers du Tasse.

V'ABBAGLIANO LA VISTA ANCO
I PIV DEGNI.

Il éblouit mesme les plus brillans.

Il n'y à point d'esprit si brillant que la grandeur de Dieu n'éblouïsse.

CDVII. Le Soleil sur le Globe de la terre.

TOTVM CIRCVMSPICIT ORBEM.

Et sur tout l'Vnivers il étend ses regards.

Pour la Providence de Dieu.

R ij

CDVIII. Le Soleil en son Midy.

ALTIOR ARDENTIOR.

Plus il est élevé, plus il a de force.

Pour le zele d'un grand Prelat.

CDIX Le Soleil en son Midy.

ÆQVE SPECTATVR A CVNCTIS.

De tous également il peut être apperceu.

Pour un Prince qui donne un libre accez au-pres de sa personne.

CDX. Le Soleil sur une campagne.

EX TE CVNCTA NITOREM.

Tout reçoit son éclat & son lustre de vous.

Cette Devise fut faite pour le Cardinal Lu-dovisio, Neveu du Pape Gregoire XV.

CDXI. Le Soleil.

NO CANSADO, Y POR TODO,

Par tout sans se lasser.

Cette Devise fut faite pour Philippe second, & fait le caractere d'un Prince infatigable, qui agit toûjours.

CDXII. Dom Laurent Ramire Prado,
Autheur Espagnol dediant un de ses Ou-vrages au Roy d'Espagne Philippe 3. mit

à la tête de son Ouvrage le Soleil avec ces mots.

FOVET ET ORNAT.

Il fait tout mon éclat , il est seul mon soûtien.

CDXIII. Le Soleil dans des broüillars.

NON DIV.

Ce n'est pas pour longtemps.

Les afflictions , & les contrarietez passent.

CDXIV. Le Soleil.

TOGLIE IL LVME COL LVME.

Sa lumiere ébloüit.

CDXV. A la mort d'un grand on peignit le Soleil couchant avec ces mots.

VADAM ET REVERTAR.

Je ne vas que pour retourner.

CDXVI. Le P. Gamberti Jesuite, faisant l'appareil funebre de deux Ducs de Modene, François & Alphonse, fit servir le Soleil à plusieurs Devises.

Le Soleil.

FRVSTRA TERREBERE NIMBIS.

Tous les broüillars ne me font point de peur.

CDXVII. Le Soleil couchant.

REDIT IN ORTVS.

C'est pour renaistre qu'il se couche.

CDXVIII. Le Soleil au dessus des nuës.

SERENVS DESPICIT.

D'un visage serein il sçait les mépriser.

Le mot est de Stace & l'application en est aisée.

CDXIX. Le Soleil.

FACILIS QVÆRENTIBVS.

On le trouve aisément quand on veut le
chercher.

CDXX. Le Soleil entre les broüillars qui rendent ses rayons plus ardens.

PIV COCENTE DIVAMPA.

Il en est plus ardent.

Pour un amour caché & traversé.

CDXXI. Le Soleil au Signe de la Balance.

A TVTI GIVSTO.

Juste à tous.

CDXXII. A la mort de saint Charles Borromée, on peignit le Soleil couchant avec ces mots.

DELITESCIT VT RENASCATVR.

Il se cache pour reparoître.

CDXXIII. Le Soleil au Signe du Bellier.

TORPENTIA FRIGORA SOLVET.

Il vient pour dissiper les froideurs
languissantes.

CDXXIV. Le Soleil couchât dans l'Ocean.

POPVLIS SIC FVLGET IBERIS.

Aux costes de l'Ibere on voit tout son éclat.

Cette Devise fut faite pour la Reine d'Espagne.

CDXXV. Le Soleil en Orient & la Lune
en Occident.

DIVISVM IMPERIVM.

Qu'ils partagent entre eux tout l'Empire
du monde.

C'est un souhait pour la fortune de deux
grands Princes.

CDXXVI. Le Soleil entre les autres
Planetes.

SOLVS NON ERRAT.

Luy seul n'erre jamais quoyqu'il
aille toûjours.

Pour une personne dont la conduite est toû-
jours sage & sans reproche.

CDXXVII. Le Soleil.

REBVS ADEST.

Toûjours present à tout.

Cette Devise est de Saavedra.

CDXXVIII. Le Soleil opposé à un miroir.

MAGGIORMENTE RILVCE.

Il en a plus d'éclat.

Qui s'accoûtume à reflechir sur soy mesme en acquiert bien plus de lumiere, & se rend plus considerable.

CDXXIX. Le Soleil en plein midy, qui fait ouvrir une fleur, & secher une autre.

MORTIFICAT ET VIVIFICAT.

Il mortifie & vivifie.

L'affliction est utile aux uns & dangereuse pour les autres, selon le bon ou le mauvais usage qu'on en fait.

CDXXX. Le Soleil avec un cercle de lumiere au milieu des broüillats.

DANT NVBILA VICTA CORONAM.

Les broüillars dissipés me font cette couronne.

Il est glorieux à un Souverain de dissiper les factions & de venir à bout des divisions de son Etat.

CDXXXI.

CDXXXI. Le Soleil faisant un Arc-en-Ciel.

CON VN GVARDO LO FORMA.

D'un seul de ses regards il le fait ce qu'il est.

C'est assez à un Courtisan d'estre bien vû de son Prince pour établir sa fortune.

CDXXXII. Le Soleil entre des brouillars.

NON ANDRA MOLTO, E N'VSCIRA.

Dans peu de temps il en sera plus beau

CDXXXIII. Vn Academicien d'Italie, prenant dans l'Academie des *Philopones* de la Ville de Pistoye, le nom d'infatigable, prit en mesme temps pour Devise le Soleil Levant.

MOTVS ERIT REQVIES.

Le mouvement me tient lieu de repos.

CDXXXIV. Le Soleil Levant.

SENSIM NON OCCVLTE.

Il croît visiblement.

CDXXXV. Le Soleil Levant.

OMNIBVS SOLATIA FVNDIT.

Sa naissance pour nous est celle de la joye.

Pour la naissance d'un Prince.

CDXXXVI. Le Soleil.

VNVS VBIQVE POTENS.

Seul par tout tout-puissant.

C'est à Dieu seul que convient cette Devise,
faite pour un Roy d'Espagne.

CDXXXVII. Le Soleil caché sous un nüage.

SENTITVR ET LATENS.

Et tout caché qu'il est il se fait bien sentir.

CDXXXVIII. Le Soleil au Signe du Lion.

GEMINAT INCENDIA.

C'est là que ses ardeurs mettent le feu par tout.

Pour les campagnes du Roy faites en Flandre,
dont le Lion est la Devise.

CDXXXIX. CDXL. CDXLI. CDXLII Le Soleil éclipsé.

TEGMINE DEFICIT.

En se cachant il perd tout son éclat.

TEGITVR NON DEFICIT.

Il cache sa lumiere & n'en perd du tout rien.

NON FORMA RECESSIT

Il ne perd rien de ce qu'il est.

NVMQVAM TOTVS DEFICIT.

Lucarini au lieu de ce dernier mot a mis.

SOL RESTA IN PARTE ASCOSO.

Ces diverses expressions marquent les divers effets des afflictions, & des calomnies.

CDXLIII. Le Soleil derriere un nüage qu'il a formé luy mesme en élevant des vapeurs.

CONDITVS IN TENEBRIS QVAS CONDIDIT.

Il se cache dans l'obscurité qu'il s'est fait luy mesme.

Cette Devise fut faite pour la retraite de S. François de Borgia, dans un Hermitage d'O-gnate qu'il avoit fait bastir.

CDXLIV. Le Soleil qui regarde un jar-din de fleurs, & qui donne à chacune ce qui luy est necessaire pour sa perfection.

PARVIS ÆQVVS ALVMNIS.
Horat. l. 3. Od. 18.

Il fait du bien aux plus petits.

Pour le mesme Saint, Maître des Novices de la Compagnie de Jesus, où il étoit entré apres avoir renoncé à ses Etats. Ces Vers expli-quoient cette Devise.

De ces petites fleurs je suis le commun Pere
Pour elles on me voit toûjours en action,
J'ay soin de leur perfection,
Et de leur inspirer la vertu necessaire

CDXLV. Le Soleil.

VAS ADMIRABILE OPVS EXCELSI.

Cét Ouvrage admirable est l'Ouvrage de Dieu.

Pour la Conversion de Saint Paul.

CDXLVI. Le Soleil que l'on regarde par le petit trou d'une pinnule d'Astrolabe.

SIC TVTVS TOTVSQVE VIDETVR.

C'est ainsi qu'on le voit seurement tout entier.

Le P. Engelgravt a fait cette Devise pour l'Eucharistie.

CDXLVII. Le Soleil.

NIL AMABILIVS.

Rien de plus aimable.

Pour Elizabet Reine de France Femme de Charles IX.

CDXLVIII. Le Soleil qui chasse des Oiseaux de nuit.

EX CÆCAT CANDOR.

Mon éclat les aveugle.

L'innocence par elle mesme triomphe de la calomnie & de l'envie.

CDXLIX. Le Soleil couchant.

ILLVXERVNT CORVSCA
TIONES TVÆ

On a vû voftre éclat.

Pour un Saint dont la vie & les grands exemples font connus.

CDL. Le Soleil dans le Zodiaque qui coupe la Sphere en travers.

OBLIQVE VT VBIQVE.

En travers pour aller par tout.

Vn homme d'efprit qui s'occupoit à diverfes chofes ayant été averti par un de fes amis de s'appliquer plus ferieufement à une feule chofe fans prendre tant d'écarts, qui ne fervoient qu'à le détourner, fe fit cette Devife & la fuivante.

CDLI. Le Soleil dans l'écliptique.

OBLIQVVS NON DEVIVS.

Il fe detourne un peu, mais ne s'égare point.

CDLII. Nicolas Brûlart de Sillery Chancellier de France, le Soleil dans le Zodiaque.

REDIT LABOR ACTVS IN ORBEM.

Chaque jour fans repos mon travail recommence.

CDLIII. Le Soleil & des poissons qui
sautent au dessus de l'eau.

SI SERENVS ILLVXERIT.

Si d'un regard serein il veut les éclairer.

*Pour l'arrivée d'un Prince qui fait la joye de
ceux qui le reçoivent.*

CDLIV. Le Soleil avec un Astrolabe
dreßé pour le regarder.

LVMINA MENS ILLINC.

C'est de là que l'esprit tire d'autres
lumieres.

*Alphonse Beccaria Academicien d'Italie por-
toit cette Devise, pour apprendre que qui veut
profiter dans les sciences doit avoir recours à
Dieu qui est la source des lumieres.*

CDLV. Le Soleil.

REBVS COLOREM REDDIT ET VITAM.

Il donne la couleur & l'esprit & la vie.

Pour un excellent Peintre.

CCLVI. Le Soleil dans le Zodiaque.

HINC OMNIA LVSTRAT.

Il voit tout sans sortir d'icy.

Pour un Prince qui sans sortir de la Capitale de ses Estats, donne ses ordres par tout.

CDLVII. Le Soleil qui allume le bucher du Phenix.

SIN PAR EL QVE ARDE.

SIN PAR EL QVE QVEMA.

Celuy qui brûle & celuy qui est brûlé sont sans pair l'un & l'autre.

Cette Devise fut faite pour le Mariage du Roy & de la Reine.

CDLVIII. Le Soleil qui penetrant un Globe de christal allume du bois.

TRAJECTO QVID NON?

Aprés cela que ne fera-t-il pas?

Cette Devise fut faite sur la prise de Maestrich, dont le nom équivoque de Trajectium, *avec la force de penetrer du Soleil, fait toute l'allusion.*

CDLIX. Vn Soleil jettant ses rayons sur un miroir concave, les réflechit sur un trousseau de fléches qui en sont brûlées.

INCRESCVNT OBICE VIRES.

Ce qui m'arrête ne fait qu'accroître ma force.

Monsieur Charpentier fit cette Devise pour les Conquêtes du Roy dans la Hollande, dont le trousseau de fléches est la Devise.

CDL X. Le Soleil.

VNICVS VNI.

Vnique dans le monde, & qui suffit à tous.

C'est le caractere de la Divinité.

CDL XI. Le Soleil sur une campagne fleurie.

VIGET QVODCVMQVE VIDET.

Tout fleurit sous ses yeux, tout a de la vigueur.

Pour un Prince dont la presence fait de grands effets dans tous les lieux où il se trouve.

CDLXII. Le Soleil.

OCCVLTO OMNIA SEMINE.

Il remplit tout de ses bienfaits secrets.

Le Collego Romain fit cette Devise pour la Reception du Cardinal Burghese neveu du Pape aul V. CDLXIII.

CDLXIII. Le Soleil dans l'écliptique.

NVNQVAM ALIO.

Jamais ailleurs.

Pour une personne qui ne sort jamais des bornes, que la raison & la justice luy prescrivent.

CDLXIV. Le Soleil Levant.

EXPECTATVS ADES.

Vous êriez attendu.

Cette Devise parût à l'Entrée du feu Roy à Bourdeaux.

CDLXV. Le Soleil sortant des broüillars.

NON TENVERE MEOS CONATVS.

Ils n'ont pû resister à mes premiers efforts.

C'estoit pour les guerres que le feu Roy fit contre les Religionnaires dans le Languedoc & le Bearn.

CDLXVI. Le Soleil dissipant les broüillars.

SEMSIM NON VI.

Peu à peu & sans violence.

Pour la maniere dont le Roy fit cette guerre.

CDLXVII. Le Soleil dissipât des broüillars.

FAISANT LA GVERRE IL RECHERCHE LA PAIX.

Pour le Roy.

T

CDLXVIII. Au Carrousel du feu Roy, Monsieur le Baron de Saint André porta pour Devise, le Soleil éclairant le monde avec ces mots.

QVALES MIS HECHOS.

Chacun peut voir ce que je fais.

CDLXIX. Le Prince de Conti, sous le nom d'Aristée Fils du Soleil, portoit cét Astre avec ces mots.

ET COELO ET SOLO.

Et au Ciel & sur la terre.

CDLXX. Monsieur le Chevalier de Guise. Le Soleil en son Zodiaque.

LO SIGVE MI GLORIA.

Et ma gloire le suit.

C'est a dire que comme le Soleil va par tout les signes, de maison en maison, il vouloit imiter tous ses Ancestres, & suivre leurs belles actions.

CDLXXI. A l'Entrée du Roy Henry IV. dans Lion, Messieurs les Comtes de Lion qui luy avoient élevé un arc de Triomphe à la porte de leur cloître, y firent peindre le Soleil environné d'Etoiles avec ces mots.

NORVNTQVE SVVM SVA SIDERA SOLEM.

Ces Astres reconnoissent leur Soleil.

C'étoit pour representer qu'ils reçevoient le Roy
dans leur Eglise, comme leur chef, & premier
Chanoine d'honneur.

CDLXXII. Le Soleil.

NEC TE TVA LVMINA FALLENT,

Vos lumieres ne vous tromperont point.

Pour la prudence du Roy.

CDLXXIII. Le Soleil qui sort des eaux avec ces mots des Metamorphoses d'Ovide.

LVX AQVIS EXIT.

C'est des eaux que sort la lumiere.

Pour le Baptême que les Anciens appelloient le Sacrement d'illumination.

CDLXXIV. Le Soleil avec ces mots de Lucrece.

FONS LVMINIS.

Il est la source des lumieres.

C'est le caractere de Dieu que les Oracles Sacrez appellent Pere des lumieres.

CDLXXV. Le Soleil dans le Zodiaque.

NVLLA EST META LABORI.

Mon travail est sans fin.

T ij

Pour une personne extrememement occupée.

CDLXXVI. A l'entrée de Marguerite d'Austriche Reine d'Espagne dans Milan l'an 1599. parurent plusieurs Devises, dont le Soleil faisoit le corps.

IN OCCASV SPLENDIDIOR.

Au Païs du couchant est son plus grand éclat.

Parce qu'elle alloit regner en Espagne.

CDLXXVII. Le Soleil.

RESTINXIT STELLAS.

Elle efface l'éclat des Astres les plus beaux.

Pour la beauté de cette Reine.

CDLXXVIII. Le Soleil & l'étoile du matin avec ces mots solemnels dont les Anciens se servoient dans leurs Mariages.

VBI TV, EGO.

Où vous serez je veux être avec vous.

Ces paroles estoient Ubi tu Cajus, ego Caïa pour marquer la communauté des biens entre les époux, icy elles s'appliquoient à ces deux Astres qui sont toûjours ensemble.

CDLXXIX. Le Soleil qui envoye ses rayons & ses influences sur la terre.

ET IN LATENTES.

Et mes bien-faits vont jusqu'aux plus cachez.

parceque la force du Soleil penetre jusques dans les entrailles de la terre.

CDLXXX. Le Soleil jettant ses rayons sur la surface du globe de la terre.

PLVS OVTRE.

Cette Devise a le mesme sens que la prece-dente.

CDLXXXI. Le Soleil au Signe du Bellier.

EXANTLATIS LABORIBVS.

Apres tant de travaux il faut recommencer.

CDLXXXII. Le Soleil dissipant des brouillars.

DENSA RELAXAT.

De leur veuë incommode il décharge le monde.

Pour la remise des tailles & des impositions.

CDLXXXIII. Le mesme apres les avoir dissipez.

HINC GLORIA MAJOR.

Sa gloire en est plus grande.

CDLXXXIV. Le Soleil avec des parelies.

D. ELERE POTEST.

Il peut les effacer.

Pour un Prince qui peut quand il veut détruire ceux qu'il a élevez, & dont il a fait l'éclat & la fortune dans le monde.

CDLXXXV. Le Soleil.

SIBI IPSE CORONA.

Il est luy mesme sa couronne.

Pour un Prince dont la grandeur n'a pas besoin de ses ornemens exterieurs, pour se faire connoître.

CDLXXXVI. Le Soleil en son Midy.

SIC NESCIET VMBRAM.

Dans un si grand éclat, il ne souffre point d'ombre.

Pour une personne dont l'élevation est tellement un effet de son merite, qu'elle ne luy attire ny envie, ny jalousie.

CDLXXXVII. Le Soleil representant son image sur la surface d'une mer paisible.

TRANQVILLO MELIVS NITET.

Dans le calme il a plus d'éclat.

La Paix est avantageuse à la gloire d'un Prince quand c'est luy mesme qui la donne.

CDLXXXVIII. En la Ceremonie qui se fit à Bourg en Bresse, pour la Canonisation de Saint François de Sales. Il y eut quelques Devises du Soleil.

Le Soleil Levant.

OMNIBVS EXORITVR.

Il se leve pour tous.

Pour marquer le zele & la charité de ce S. *à l'égard de toutes sortes de personnes.*

CDLXXXIX. Le Soleil éclairant le monde.

MEIS FLAGRAT IGNIBVS ORBIS.

Le monde brûle de mes feux.

Pour la piexé qu'il accrût beaucoup par son *Livre de l'Introduction à la Vie Devote.*

CDXC. Le Soleil.

SEMPER ET OMNIBVS.

Toujours & à tous.

Son zele n'étoit pas moins infatigable qu'u- *niversel.*

CDXCI. Le Soleil couchant.

OMNIS RESPLENDVIT ÆTAS.

Il a toûjours également brillé.

Sa Naiſſance, ſa Vie, & ſa Mort ont été également illuſtres.

CDXCII. Vn broüillard diſſipé par le Soleil.

AD PRIMOS VICTA CALORES.

Aux premieres chaleurs elle a d'abord cedé.

Les embarras de la conſcience ſe diſſipent aux premieres ardeurs de la Penitence.

CDXCIII. Le Soleil.

SVPERA ET INFERA.

Et ceux qui ſont en haut, & ceux qui ſont en bas.

Les ſoins de cet Aſtre s'étendent également & ſur le Ciel, & ſur la terre. Il eſt en ce ſens l'image de la juſtice, & c'eſt cette vertu qu'on a exprimée par cette Deviſe dans une chambre du magnifique Palais de l'Electeur de Baviere à Munich, ou les vertus ſont repreſentées.

CDXCIV.

CDXCIV. Le Soleil éclairant les nuées &
les vapeurs qui s'élevent de la terre.

VESTIT QVOQVE LVCE VAPORES.

Jusque sur les vapeurs il répand ses lumieres.

Le College Romain se servit de cette Devise
pour representer les aumônes du Pape Clement
IX. & les soins qu'il prenoit de soulager les
miserables.

CDXCV. Le Soleil tout éclatant de lu-
mière.

MIHI CANDOR AB ÆSTV.

De mon feu ma blancheur.

Ces deux Devises parurent à Rome à la Cé-
remonie de la Beatification de Sainte Rose de
Lima, & celle-cy marquoit que son innocence
estoit un effet de sa ferveur.

CDXCVI. Le Soleil.

ORBIS TE NOSCIT VTERQVE.

L'un & l'autre monde vous connoît.

Pour la Predication de l'Evangile faite aux
Indes, & dans l'Amerique.

CDXCVII. CDXCVIII. A la Canonisation de S. Ignace, le College de Pont-à-
Mousson fit deux Devises pour S. Ignace,

V

& pour S. François Xavier. L'une du Soleil avec ces mots.

VT PRÆESSET DIEI.

Pour regler le jour.

L'autre de la Lune.

VT PRÆESSET NOCTI.

Pour éclairer la nuit.

Parceque S. Ignace cultiva la pieté parmy les fideles en Europe, & S. François Xavier instruisit les infideles qui estoient dans les tenebres de l'idolatrie.

CDXCIX. Le Soleil couchant.

CVRSVM CONSVMMAVI.

J'ay achevé ma course.

D. Le Soleil.

AGIT SINE MORA.

Il agit sans relâche.

DI. Le Soleil.

FACILIS VIDERI.

On le voit aisément.

DII. Le Soleil envoyant ses rayons sur un rocher.

VIS MAJOR IN ABSCONDITIS.

Il fait sentir sa force ou l'on ne la voit pas.

Pour un Prince qui agit secretement, & conduit sans bruit de grandes entreprises.

DIII. Le Soleil se levant de l'Ocean, avec ces mots du Poëte,

MERSVS PROFVNDO PVLCHRIOR EVENIT.

Sortant du sein des eaux il a plus de lumiere.

Pour le Baptême de Monseigneur le Dauphin.

DIV. Le Soleil levant.

PIV S'INALZA PIV LVCE.

Plus il s'avance plus il luit.

C'est une des quatre Devises qui accompagnent le portrait de Mr. le Duc de Bourbon.

DV. Le Soleil derriere un nüage.

LATET ET ARDET.

Et tout caché qu'il est, il ne brûle pas moins.

Pour une passion secrete.

DVI Le Soleil qui allume un feu,

VRIT ET EMINVS.

De loin il brûle encore.

Pour un éloignement, qui n'avoit pas refroidi l'ardeur d'une passion violente.

DVII. Le Soleil.

AIMABLE A QVI LE VOIT.

Pour une personne qui s'attiroit d'abord l'affection & les empressemens de tous ceux qui la connoissoient.

DVIII. Le Soleil.

AB VNO DIES.

Luy seul nous fait le jour.

Le P. Bovio applique cette Devise à la lecture d'un livre de devotion, qui convertit Saint Ignace, & voicy le titre qu'il donne à cette Devise. Pii lectio libri, profanis aliis quos poposcerat non inventis, novam affert lucem Ignatio.

DIX. La Cire exposée au Soleil pour se blanchir.

A CALORE CANDOR.

De sa chaleur vient ma blancheur.

Il attribuë par cette Devise le vœu de chasteté que fit S. Ignace, à la ferveur avec laquelle il se consacra au service de la Sainte Vierge.

DX. Le Soleil Levant. & les Etoiles qui se couchent.

INCLINATA COLVNT.

De leurs profōds respects il sēblent l'adorer.

Pour l.Adoration des Roys.

DXI. L'Hemisphere avec le Soleil d'un côté & la Lune de l'autre.

SICVT TENEBRÆ EJVS ITA ET LVMEN. EJVS. *Pf.* 138.

Des tenebres enfin il passe à la lumiere.

Loüis Brethe de Clermont Chanoine Regulier a fait cette Devise pour S Augustin dans un petit traité intitulé. Basilicæ S. Genovefæ decora Emblematibus Illustrata.

DXII. Le mesme pour representer Sainte Geneviéve Patronne de nos Roys , a peint le Soleil au Signe des Gemeaux, avec des Lys & ces mots.

HOC SIDERE LILIA FLORENT.

Sous cétAstre les Lys refleuriront toûjours.

L'ordinaire des Guerres a donné cette année la mesme Devise, sur un jetton en changeans seulement sidere en lumine.

DXIII. Le Soleil & la Lune.

ASPIRANT FACE MVTVA.

Ils se répondent de leurs feux.

Pour le Mariage de Monseigneur & de Ma-
dame la Dauphine.

DXIV. Le Soleil Levant & des oiseaux de nuit qui fuyent.

MATVRATE FVGAM.

Hâtez vous de fuïr.

Pour un victorieux qui chasse devant luy ses
ennemis.

DXV. Le Soleil.

NON HABET ILLE PAREM.

Il n'a pas son semblable.

L'AURORE
ET LA LUMIERE:

L'Aurore & la lumiere ont cela de commun
entre elles, que l'une & l'autre peut se dire
la mere & la fille du Soleil La Lumiere en est
comme la mere parce qu'elle a été produite avant
luy, & l'Aurore, parce qu'elle paroît devant
qu'il se leve. Et l'une & l'autre est sa fille, par-
ce que c'est de luy que l'une & l'autre est pro-
duite. Elles sont l'une & l'autre de trop beaux
corps, pour n'avoir pas été souvent employées
dans les Devises.

I. Le College de Tournon, pour marquer le bon-heur de la Naissance de
Monseigneur le Dauphin, representa la

Reine, sous l'image de l'Aurore avec ces mots.

OPTAT·VM FERT ISTA DIEM.

Nous luy devons un si beau jour.

Cette Devise convient bien à la Naissance de la Sainte Vierge, que toute l'Eglise compare à une Aurore naissante. Quæ est ista quæ progreditur quasi Aurora consurgens?

I I. Les Academiciens d'Aquaviva au Royaume de Naples, qui avoient pris le nom de *Rauvivati*, & s'étoient mis sous la protection de Sainte Anne, Mere de la Sainte Vierge, pour representer cette Sainte, peignirent l'Aurore avec ce Vers, qui faisoit allusion à leur nom de *Rauvivati*.

VN PARTO PORTA ONDE S'AVVIVA IL MONDO.

Le monde doit la vie au beau fruit qu'elle porte.

III. L'Aurore.

VIX CONSPECTA.

A peine la voit-on.

Pour une personne dont la vie est fort courte.

I V.

IV. L'Aurore.

NON SINE SOLE.

Jamais sans le Soleil.

On ne peint plus la Sainte Vierge qu'avec son Fils entre les bras, & cette Aurore n'est jamais sans son Soleil.

V. L'Aurore naissante.

SPES PROXIMA PHOEBI.
Le Soleil n'est pas loin.

Pour la naissance de la Sainte Vierge, qui estoit un présage de la naissance de son Fils.

VI. Aux Funerailles de Marguerite d'Austriche Reine d'Espagne, qui mourut dans une couche, on peignit l'Aurore avec ces mots.

DVM PARIO PEREO.
Je meurs en enfantant.

VII. Le Duc d'Alve en un Tournoy entrant en lice apres les Salazars, qui ont des étoiles pour armoiries, & qui en avoient semé tous les ornemens de leur équipage, parut avec l'Aurore pour Devise & ces mots Espagnols,

AL MI PARECER S'ESCONDAN LAS ESTRELLAS.

Quand je parois que les étoiles se cachent.

X.

Cette Devise faisoit allusion à son nom, parceque les Espagnols nomment l'Aube du jour l'Alva.

VIII. L'Aube du jour.

SENSIM LVCIDIOR.

C'est peu à peu qu'elle est plus lumineuse.

C'est ainsi que l'éclat de la vertu croît insensiblement.

IX. L'Aurore avec ce Vers Italien.

SGOMBRA DA NOI LE TENEBRE E L'ORRORE.

Elle éloigne de nous l'horreur & les tenebres.

C'est le caractere de la science, qui dissipe nos erreurs & nos fausses craintes.

X. L'Aurore.

ABSQVE RVBORE NVNQVAM.

Jamais sans rougir.

Pour la pudeur.

XI. Quand la Reine Christine de Suede quitta les erreurs du Lutheranisme pour embrasser la Religion Catholique, on fit la Devise d'une Aurore naissante, avec ces deux mots.

DE TENEBRIS.

Elle fort des tenebres.

XII. L'Aurore naissante.

PRÆVIA SOLIS.

Elle prepare les voyes au Soleil.

Pour la naissance de S. Jean Baptiste Precurseur du Fils de Dieu.

XIII. La mesme Aurore.

ELIMINAT ET ILLVMINAT.

Elle chasse la nuit & nous donne le jour.

Cette Devise fut faite pour un Saint, qui chassoit les Demons des corps des possedez, & donnoit la veüe aux aveugles.

XIV. Lucarini pour representer la sainte Vierge, peignit l'Aurore avec ces mots.

E MECO PORTO IL SOLE.

Je porte le Soleil avec moy.

XV. Vn autre ajoûta à ce mesme corps.

PARIO QVI ME PARIT.

Je mets au monde celuy qui m'y a mis.

Pour la maternité de la Sainte Vierge.

XVI. L'Aurore avec ces mots de Seneque.

GENITRIX PRIMÆ LVCIS.

Mere de la premiere de toutes les lumieres.

Pour la Sainte Vierge.

XVII. L'Aurore qui se leve, & qui chasse
les oiseaux de nuit.

AFFVLGET ET FVGAT.

Pour les chasser elle n'a qu'à paroître.

*Le P. Bovio applique cette Devise à Saint
Ignace, qui chassoit les Demons des corps des
possedez.*

XVIII. L'Aurore qui commence à paroître sur la mer, ou le Soleil se
levera aussi tôt apres.

DEL VENTVRO SPLENDOR
RECA LA SPEME.

Elle fait esperer un éclat plus brillant.

*Cette Devise parut à Parme au Collège des
Nobles, pour la Ceremonie du Baptême du Prince de Parme.*

XIX. L'Aube du jour qui fait blanchir tout le Ciel, & qui promet un jour serein.

GRATIOR IT DIES.

Le jour en est plus beau.

Cette Devise fut faite à Palerme, pour Sainte Rosalie, qui fit cesser la Peste dans cette Ville, aussitost que son corps fut trouvé. Le mot est pris d'Horace qui disoit à Auguste.

Instar veris enim vultus ubi tuus
Affulsit populo, gratior it dies
Et soles melius nitent.

XX. L'Aurore qui efface les étoiles, & l'horreur de la nuit.

NOCTVRNA LVMINA CEDVNT.

XXI. Les oiseaux qui chantent aussitost que l'Aurore commence à paroître.

VICTORI PLAVDVNT NVMINI.

Ces deux Devises parurent en la mesme occasion que la precedente.

XXII. Vn rayon du Soleil qui tombant sur un miroir refléchit en haut.

INCIDIT IN PVRVM.

Il est tombé sur un sujet bien pur.

Il faut qu'une glace soit bien polie, & sans tâche, pour refléchir les rayons de lumiere qu'elle reçoit : comme il n'y a que les ames bien faites qui reconnoissent les bons offices qu'on leur rend, & qui fassent gloire de les publier.

XXIII. Vne lumiere dans une lanterne, contre laquelle soufflent les vents.

TVTVM QVIA TECTVM.

Elle est seure parcequ'elle est couverte.

Qui veut conserver un secret doit le tenir caché.

XXIII. La Lumiere.

MOMENTO DIFFVNDITVR.

En un moment elle s'étend par tout.

Pour marquer la promptitude, avec laquelle la bonté de Dieu se répand sur toutes les creatures.

XXIV. La Lumiere.

ÆGRO INVISA LVMINI.

Vn mauvais œil ne la sçauroit souffrir.

C'est l'image de l'envie, qui ne peut voir la vertu & le merite des autres.

XXV. Vn rayon de Lumiere.

RECTA DIFFVNDITVR.

Il va toûjours tout droit.

Pour la droiture d'intention d'une personne
juste, & toûjours reglée.

XXVI. Des vents qui soufflent contre
un rayon de lumiere.

IMMOBILIS MANET.

Immobile pourtant.

Aresi fit cette Devise pour Sainte Lucie,
dont il est dit. Tanto pondere fixit eam Spi-
ritus Sanctus, ut Virgo Christi immobilis
permaneret.

XXVII. Vn rayon qui descend en terre.

HÆRET ORIGINI.

Il se tient à sa source.

Le mot est de Seneque, aussi bien que la pen-
sée & son application.

Quemadmodùm radij Solis contingunt
quidem terram, sed ibi sunt undè mittun-
tur: sic animus magnus & sacer in hoc de-
missus, & propriùs quidem divina noscens
conversatur quidem nobiscum, sed hæret
origini suæ.

XXVIII. Vn rayon du Soleil qui passe au
travers d'une vitre de christal.

CELER ATQVE INNOXIVS INTRAT.

Il entre ouvertement & sans faire de mal.

Le P. Lucas Iesuite, fit cette Devise pour la
maniere surprenante dont le Roy prit la Ville
de Valenciennes, sans permetre qu'on la pillat.
Vn homme d'esprit à adopté cette Devise &
quelques autres qu'il a expliquées en Vers Latins
& mêlées avec sept ou huit des siennes, dans un
Recueil de ses Poësies.

XXIX. Le mesme corps.

NON VI SED VIRTVTE.

Ce n'est pas par violence mais par vertu.

XXX. TRANSIT NON FRANGIT.

Il passe sans le rompre.

XXXI. NON NOCVIT PENE TRANDO.

Il passe sans luy nuire.

La premiere de ces trois Devises est de l'Abbé
Dom Ioseph Pallavicin, Chanoine Regulier, pour
marquer la maniere dont les Prelats doivent penetrer dans les cœurs de leurs sujets.

La seconde est du Pere Engelgrave, pour la
Resurrection du Fils de Dieu, qui sortit de son
tombeau sans rompre la pierre qui le couvroit.

La troisiéme a esté faite pour la Nativité de
Nôtre-Seigneur, & la Virginité de la Sainte
Vierge apres sa maternité.

XXXII. Vn rayon de lumiere refléchi par un miroir.

EO VNDE.

Il reva d'où il vient.

Pour la reconnoissance, qui est un retour hon-neste vers la source des graces qu'on a receuës.

XXXIII. Vn rayon de Lumiere.

NEC SORDESCIT, NEC INHÆRESCIT.

Rien ne le soüille, & rien ne le retient.

Pour une personne dont la vie est pure & sans attache.

XXXIV. Le Pape Paul V. pour marquer que l'authorité qu'il exerçoit dans l'E-glise, venoit de Dieu dont il étoit le Vicaire en terre, prit pour Devise un rayon du Soleil refléchi par un miroir, avec ces paroles du Fils de Dieu au Chapitre XIV. de S. Jean.

EJVS QVI MISIT.

Ce n'est pas mon éclat, il me vient du Soleil.

Le Fils de Dieu dit parlant de soy dans Saint Jean. Sermonem quē audistis non est meus, sed ejus qui misit me Patris.

Y

XXXV. La Lumiere au milieu des vents
& des nuës.

HIS QVOQVE, SVBJECTA.

Quoy faut-il que je sois sujette à ces
traverses ?

C'êtoit la Devise de Jean 3. Duc de Cleves,
& de Iuliers, qui s'étonnoit de voir sa vertu
persecutée & maltraitée dans le monde.

XXXVI. Vn rayon qui emane du Soleil,
& qui se refléchit dans un miroir.

LVMEN DE LVMINE.

Lumiere de Lumiere.

Pour le Fils de Dieu.

XXXVII. Vn cercle de Lumiere en
forme de couronne, autour d'une
Estoile de la premiere grandeur.

DEBITA MAGNIS,

Elle n'est que pour les grands Astres.

La couronne n'est que pour les têtes illustres,
& l'Eglise ne donne qu'aux Saints le Diadé-
me de Lumiere.

LA NUIT,
ET LES E'TOILES.

I. La Nuit.

CVNCTA SILENT, STVPENTQVE.

Tout est dans le silence, & dans l'étonnement.

Pour une douleur causée par une mort autant impreveuë que surprenante.

II. La Nuit.

COLORES OMNES CONTEGIT.

Il n'est point de couleur qu'enfin elle n'efface.

Pour la mort qui détruit tout.

III. La Nuit.

VERTETVR IN DIEM.
Enfin le jour viendra.

Pour l'attente du repos & d'une fortune meilleure.

IV. La Nuit.

QVIESCVNT OMNIA CIRCVM.
Tout repose à present.

Pour la Paix.

V. Vne Nuit obscure.

ITA LVX AMISSA LVGETVR.
Ainsi tout est en dueil quand on perd la Lumiere.

Pour la mort d'un Grand.

VI. La Nuit avec ces mots de Job.

RVRSVM POST TENEBRAS SPERO LVCEM.
Je reverray le jour apres tant de tenebres.

Pour une personne affligée, qui attend du soulagement à ses douleurs.

VII. La terre durant la nuit avec un bout de crepuscule qui commence à paroître.

QVANDIV AFFLICTAM TENES.
Pourquoy me laissez vous si longtéps affligée?

Pour une absence.

VIII. Vn Carosse à la porte d'une Ville qui est fermée durant la Nuit.

NOCVIT DIFFERRE PARATIS.

Il falloit avoir fait un peu de diligence.

Le P. Engelgrave à fait cette Devise pour ceux qui attendant de faire Penitence à la mort, meurent souvent sans la faire.

IX. Les Estoiles dans le Ciel.

TERRENÆ NIL FÆCIS HABENTES.

Ovid. l. 1. Metam.

Rien d'impur ne vient jusqu'à nous.

Pour les Ames saintes que le commerce du monde ne gâte point.

X. Les Estoiles du Firmament.

MOVENTVR NON MVTANTVR.

Leur mouvement ne change point leur disposition.

Par cette Devise le College Romain fit connoistre la modestie du Pape Clement IX. & de ceux de sa famille, que l'elevation de leur oncle & de leur frere au souverain Pontificat, ne rendit pas plus fiers, ny plus empressez à vouloir s'aggrandir.

XI. Hector Visconti qui avoit le nom d'Academico Offuscaro, portoit une Estoile

nebuleuse au milieu des autres qui servoient à la faire distinguer.

HIC FVSCA NITEBIT.

Elle pourra peut-être icy se faire voir.

*Pour témoigner les avantages qu'il tiroit d'être
de cette Compagnie, composée de tant de personnes Illustres.*

XII. Les Estoiles qui se couchent.

LVCEBVNT ALIBI.

Elles luiront ailleurs.

*Lucarini fit cette Devise pour la mort de quel-
ques personnes Illustres. Elle conviendroit
mieux à l'éloignement de quelques Sçavans, qui
vont s'établir loin de leur Pays.*

XIII. Les Estoiles en plein Midy.

NON CERNVNTVR ET ADSVNT.

Elles ne se voyent pas, & sont pourtant
presentes.

*Pour des personnes modestes qui cachent leurs
vertus & leurs bonnes œuvres.*

XIV. Les Estoiles du Firmament.

MANENTES IN ORDINE.

Toûjours dans le mesme ordre.

C'étoit la Devise de Messieurs de Nerestang, qui étoient Chefs de l'Ordre de Saint Lazare, & du Mont-Carmel, & qui ont des Estoiles pour Armoiries. Elle peut s'appliquer à des personnes reglées, & dans une sage conduite, dont elles ne s'éloignent jamais.

XV. Messire Hardoüin de Perefixe Archevêque de Paris, qui avoit neuf Estoiles, pour Armoiries, les accompagnoit de cette Devise.

VSQVE ARDENT FIXA NEC ERRANT.

Elles n'errent jamais, & brillent toûjours fixes.

Les Estoiles fixes brillent toûjours, & ne peuvent estre éclipsées à cause de leur élevation. Leur cours n'est pas irregulier comme celuy des Planetes, & comme elles n'ont point d'autre mouvement que celuy du premier mobile auquel elles sont attachées, elles n'errent jamais, & sont le Symbole de ces grandes Ames, qui ne s'attachant qu'à Dieu ne peuvent errer sous une conduite si Sainte.

XVI. Les Estoiles du Firmament.

VERTIGINE PROSVNT.

Elles font plus de bien, en changeant de climat.

Pour des Missionnaires, & des hommes Apostoliques.

XVII. Les Estoiles du Firmament.

ÆTERNO FOEDERE JVNCTÆ.

D'un lien éternel icy nous sommes joints.

Pour la felicité dont les Saints joüissent dans le Ciel.

XVIII. Les mesmes Astres.

QVÆ MAJORA MINORA.

Ceux qui sont les plus grands, paroissent plus petits.

Pour l'humilité.

XIX. Les Estoiles.

REGVNT SED REGVNTVR.

Ils nous reglent & sont reglez.

Pour les Souverains & les Magistrats.

XX. Le Firmament semé d'Estoiles.

MERSO HÆC SOLATIA SOLE.

C'est pour nous consoler du départ du Soleil.

Les enfans qui restent d'un homme mort, sont les esperances de sa famille.

XXI.

XXI Les Estoiles du Firmament.

ORDINE SEMPER IMMOTO.

Toûjours dans un mesme ordre.

Pour la regularité d'une Communauté Reli-
gieuse, qui a son premier esprit, & qui ne s'est
point relâchée.

XXII Les Estoiles.

VIGILANT DVM MAGNA QVIESCVNT.

Ils veillent, quand les grands reposent.

Deux grands Astres faisant leur tour
Distinguent la Nuit & le Iour
Et rendent la terre feconde,
Mais lors qu'un paisible repos
Les delasse de leurs travaux
Ceux - cy veillent au bien du monde.

Les Souverains se déchargent d'une partie
de leurs soins sur les Magistrats. Cette Devi-
se fut faite pour le Cardinal de Mazarin, pre-
mier Ministre d'Etat, qui avoit des Estoiles
pour Armoiries.

XXIII Alcibiade Lucarini faisant Imprimer ses Ouvrages sans y mettre son nom,
prit pour Devise de ces Ouvrages, les
Estoiles du Firmament, avec ces mots.

NOCTE NOTESCVNT.

C'est dans l'obscurité qu'elles se font
connoître.

Z

XXIV. Les Eftoiles du Firmament qui
brillent fur la furface d'une
mer tranquille.

TRANQVILLO RENIDENT.

C'eft dans le calme qu'elles brillent

XXV. Le Ciel femé d'Eftoiles.

CLARIVS IN TENEBRIS,

Plus clairement dans les tenebres.

Comme les Eftoiles ne brillent jamais mieux
qu'au milieu des tenebres de la Nuit ; c'eft de
mefme dans l'adverfité que les Ames élevées fe
font connoître.

XXVI. Les Eftoiles de diverfe grandeur.

VNA MAS, OTRA MENOS.

Les unes plus , les autres moins.

Toutes les fortunes ne font pas égales dans le
monde ; comme les Eftoiles du Firmament
ne font pas toutes d'une égale grandeur, bien
quelles foient toutes luminenfes.

XXVII Les Eftoiles.

ADVIGILANT FATIS.

Ils veillent pour le bien & le fort des
humains.

Pour la vigilance des Prelats.

XXVI. Les Astres du Firmament.

NVMINE ET LVMINE.

Leur Lumiere & leur intelligence les rendent venerables.

Ce font ces deux caracteres d'authorité qui nous rendent venerables, les Ecclesiastiques leur Pieté & leur Doctrine.

XXIX. Les Estoiles contre lesquelles soufflent des vents.

NVMQVAM DEFICIENT.

Elles ne manqueront jamais.

Les persecutions, & les calomnies, ne sçauroient détruire les personnes que la vertu & le merite élevent au dessus des autres.

XXX. Les Estoiles.

TRAMITE EODEM.

Elles tiennent toutes une mesme route.

Pour des personnes Religieuses qui suivent la mesme regle.

XXXI. Les Estoiles.

SIGNANT VENTVRA, VIDENTQVE.

Elles voyent l'avenir & le presagent.

Pour les Prophetes.

XXXII. Les Estoiles.

IGNEVS EST ILLIS VIGOR.
Ils ne sont que feu.

Pour le zele des Prelats.

XXXIV. Les Estoiles du Firmament.

NON MILLE QVOD ABSENS.
Et mille ne font pas ce qu'un seul pourroit faire.

C'est du Soleil que parle cette Devise, luy seul peut faire le jour, & un excellent homme peut souvent luy seul plus de choses, qu'un grand nombre d'autres moins habiles que luy.

XXXV. Les Estoiles.

NON LVCENT OTIOSA.
Ils ne brillent pas sans agir.

Pour des personnes qui travaillent sans cesse, sans se contenter d'une vaine reputation & d'un vain éclat que le monde donne assez souvent à ceux qui le meritent le moins.

XXXV. Les Estoiles de diverse grandeur.

NON EST A SOLE VARIETAS.
Le Soleil ne fait pas cette diversité.

La diversité des talens, vient des differentes dispositions des sujets, plûtost que du caprice de la fortune qui souvent distribuë les emplois.

XXXVI. Les Eſtoiles qui ſe levent devant le Soleil.

PRÆCEDVNT VT CEDANT.

Ils ne precedent que pour luy ceder.

Pour les Ancêtres de la Sainte Vierge.

XXXVII. Les Eſtoiles.

POST SOLIS OCCASVM.

Apres le coucher du Soleil.

Souvent les vertus ne paroiſſent qu'apres la mort des perſonnes, comme les Eſtoiles apres le coucher du Soleil.

XXXVIII. Les Eſtoiles avec ces mots
Eſpagnols.

NE MANCHA NE MVDANZA.

Et ſans tâche & ſans changement.

Pour des perſonnes conſtamment vertueuſes.

XXXIX. Les Eſtoiles avec ces trois mots
qui ſignifient la meſme choſe.

SOLE ABSENTE MICANT.
SOLE PROCVL RVTILANT
DEFICIENTE NITENT PHÆBO.

Loin du Soleil ils brillent.

Pour des perſonnes d'un eſprit mediocre, qui paroiſſent en certains lieux, où il y a peu de perſonnes éclairées.

XL. Les Astres dans tout le Ciel, avec ces mots d'Horace.

IMA SVMMIS.

Les plus hauts sont d'acccord aveque les plus bas.

C'est l'image d'un état bien reglé, ou tout est dans l'ordre, & ou les Grands n'oppriment point les petits.

XLI. Les Estoiles.

VERGIMVS AD OCCASVM.

Nous allons au couchant.

Pour l'instabilité de cette vie.

XLII. Les Estoiles.

LVX EADEM NON VIS

C'est la mesme Lumiere & non pas la mesme vertu.

Tous les Prêtres ont bien le mesme caractere, mais il n'ont pas la mesme sainteté.

XLIII. Le Globe celeste qui roule, avec les Estoiles qui se couchent.

NVLLVM IMMVNE.

Nul n'est exempt de cette loy.

Nous sommes tous sujets à la mort.

XLIV. Le mesme corps.

INSIGNES ET IMOS.

Grands & petits, toûjours sujets au mesme
sort.

*C'est pour representer l'obligation indispensa-
ble, que nous avons tous de mourir de quelque
condition que nous soyons. Selon ces Vers d'un
Poëte.*

ÆQVA LEGE NECESSITAS.
SORTITVR INSIGNES ET IMOS.

XLV. La Nuit avec toutes ses Estoiles, grandes & petites & diversement disposées.

CIRCVMAMICTA VARIETATE.

Cette varieté la pare.

*Pour les divers Estats de l'Eglise, & les di-
vers Ordres, qui la composent.*

XLVI. Le Firmament.

NEL PIV ALTO MI SPIEGO.

Tout au plus haut je déploy mes lumieres.

*Pour la magnificence, ou pour une personne
qui traite dans un Ouvrage le mystere de la
Trinité.*

XLVII. Les Estoiles.

AB VNO OMNES.

Et toutes du Soleil reçoivent leurs lumieres.

Jesus-Christ est la source des Lumieres de tous les Saints.

XLVIII. Les Estoiles.

LVCEAT QVI LVCEM DEDIT.

Que celuy qui nous a donné la Lumiere la reprenne pour luy.

C'êtoit le souhait des Apôtres, apres la mort du Fils de Dieu, ils attendoient sa Resurrection.

XLIX. Le Firmament tout Estoilé avec quelques nüages au dessous.

SVPRA SEMPER SERENVM.

Au dessus il est toûjours serein.

Pour le Paradis ou il n'y a ny peines ny douleurs.

L. Arefi pour representer la conception immaculée de la Sainte vierge, a peint la Lune êclipsée dans l'ombre de la terre, & une Estoile du Firmament toute brillante au dessus avec ces mots.

TENEBRÆ EAM NON APPRE-HENDVNT.

Les tenebres ne vont pas jusqu'à elle.

LI.

LI. LII. Le Firmament semé d'Estoiles.

NVMINE REGVNTVR LVMINE REGVNT.

Elles sont regies par une intelligence,
Et nous regissent par leur lumiere.

Cette double Devise fut faite pour les Prelats du Royaume, & pour une assemblée du Clergé. Elle marque le pouvoir que leur donne leur Caractere & l'union qu'ils doivent avoir avec Dieu.

LIII. Vne Estoile de la premiere grandeur.

SPLENDOR COMES HÆRET EVNTI.

L'éclat l'accompagne par tout.

Pour une personne qui ne fait que des actions éclatantes.

LIV. Vne Estoile.

FELIX, CVI LENITER AFFLAT.

On est heureux quand de ses doux regards
Elle daigne sur nous arrêter ses
Lumieres.

Ces deux Devises ont été faites pour Monsei-gneur le Dauphin.

A a

LV. Le Ciel Estoilé.

NVLLA HIC SVNT FVLMINA

Et parmi tant de feux n'éclate point de foudre.

Pour la clemence d'un Prince dans un pou-
voir souverain de faire tout trembler.

LVI. Les Estoiles.

LVX PHÆBO MORIENTE VENIT.

C'est du Soleil éteint que leur vient leur Lumiere.

Pour les Cardinaux que la mort du Pape rend
plus considerables, par l'esperance que chacun a
de remplir sa place, ou de contribuer à luy don-
ner un successeur.

LVII. Les Estoiles & le Soleil couché.

IN PROLE SVPERSTAT.

Ceux qui naissent de luy conservent son éclat.

Pour un Pere qui revit en ses Enfans, leur
laissant ses biens, ses emplois, & sa reputation.

LVIII Plusieurs Estoiles qui forment une constellation.

HONOREM ACCIPIVNT, REDDVNTQVE.

Elles se font honneur en se liant ainsi.

Pour une societé de plusieurs personnes, ou
pour une *Academie* composée de Sçavans & de
personnes Illustres.

LIX. Le Ciel semé d'Estoiles.

DISSOCIATA LOCIS CONCORDI PACE LIGAVIT.

Quoi-qu'en lieux differens ils sont toûjours
unis.

Pour la correspondance & l'union de charité,
qui est entre plusieurs *Communautez Regulieres*
de divers Païs.

LX. Le Ciel parfaitement serein durant
une belle Nuit, qui en fait voir toutes
les Estoiles sans aucune Comete.

NEC NOXIA SIDERA TVRBANT.

Aucun Astre malin n'en trouble la beauté.

Pour une compagnie de personnes choisies, dont
rien ne trouble l'harmonie.

LXI. Le Ciel couvert de quelques nüages,
& les Estoiles au dessus dans
le Firmament.

VLTERIORA MICANT.

Au delà ce ne sont que Lumieres.

Au delà de cette vie qui est remplie de miseres
on ne trouve que felicité, & des Lumieres
eternelles.

LXII. Vne Estoile.

SPLENDESCIT IN VMBRIS!

Elle brille au milieu des ombres de la Nuit!

Pour le dueil de la Reine à la mort de son Pere, le Roy Philippe IV.

LXIII. Vne Estoile de la premiere grandeur.

MAS LVZ AVN QVE RES-PLENDOR.

Plus de Lumiere que d'éclat.

Pour une personne qui a plus de merite que de reputation.

LXIV. Vne Estoile.

LVMINE SIGNAT ITER.

Elle remplit sa route de Lumiere.

Pour une personne qui acquiert de la reputation en ses voyages.

LXV. L'Estoile Polaire.

ET REGIT ET MVNDO VIGILAT.

Elle regit & veille au bien du monde.

Pour le Roy.

LXVI. La mesme Estoile.

ME DVCE,

Sous ma conduite.

On sous entend que tout est seur sous cette conduite. C'est ce que dit la Devise suivante, qui en donne en mesme temps la raison.

LXVII L'Estoile Polaire.

CERTA REGIT, QVIA FIXA POLO.

Sa conduite est certaine, parce qu'elle est fixement attachée au Pole.

La conduite de l'Eglise est infaillible, parce qu'elle est fixement attachée aux Loix du Ciel.

LXVIII. L'Estoile Polaire.

RECTORES REGIT.
Elle conduit les Pilotes.

Pour le Pape qui est le Pasteur des autres Pasteurs, qui gouvernent les Eglises particulieres, comme il regit l'Eglise vniverselle.

LXIX. L'Estoile Polaire avec ces mots Espagnols.

BVENA GVIA.
Bon guide.

C'etoit la Devise du Marquis de Mondejar de la Maison des Mendozes, qui mettoit cette Estoile derriere l'Ecusso de ses Armoiries, & le mot tout au tour pour marquer si je ne me trope sa devotion envers la Sainte Vierge, comme il portoit en 2. quartiers de ses Armoiries, ces deux premieres paroles de la salutation Angelique AVE MARIA.

LXX. L'Estoile Polaire.

FALLERE NESCIA.
Elle ne peut tromper.

C'est le caractere de la Foy, & de la revelation Divine, qui a la verité de Dieu mesme pour garand.

LXXI. La mesme Estoile.

IN MOTV IMMOBILIS.
Immobile dans le mouvement universel de toutes les autres.

Pour une Ame tranquille, & inebranlable, dans tous les changemens de la fortune.

LXXII. La mesme Estoile.

NE I RIGORI E PIV BELLA
Dans les plus grands froids plus luisante.

Pour une personne, dont l'esprit brille d'avantage dans les disgraces.

LXXIII. L'Estoile Polaire.

EGO SVM VIA, VERITAS, ET VITA.
Je suis la voye, la verité, & la vie.

Pour le Fils de Dieu. Cette Estoile est la voye parce qu'elle guide les Vaisseaux. La verité par ce qu'elle marque fidelement le temps, & la vie par ses influences, qui servent à l'entretenir.

LXXIV. La mesme Estoile.

NVNQVAM SPECTATA FEFELLIT.

Elle n'a jamais trōpé quand on l'a regardée.

Pour les secours infaillibles que l'on tire de la devotion à la Sainte Vierge.

LXXV. La Nuit avec six Estoiles.

SOLATIA NOCTIS.

Pour addoucir les chagrins de la Nuit.

Cette Devise parut aux funerailles de Marguerite d'Austriche, Reine d'Espagne, faites à Rome par la Nation Espagnole le 23. Fevrier l'an 1612. & ces six Estoiles representoient les six enfans que cette Reine laissoit apres elle.

LXXVI. Les Estoiles avec ces mots de l'Ecriture.

LVCENT EI QVI FECIT EAS.

Elles luisent toûjours pour celuy qui les a faites.

Pour des personnes Religieuses, qui se dévoüant aux yeux du monde, ne s'occupent que de Dieu seul.

LXXVII. Les Estoiles de diverses grandeurs.

VARIETAS DELECTAT.

Leur diversité plaît.

La beauté du monde, & de l'Eglise, consiste en l'admirable variété qui les compose l'une & l'autre.

LXXVIII. Le Firmament rempli d'Estoiles, & les Cieux des Planetes.

ÆTERNVM EST QVOD VOLVIMVS.

Ce que nous voulons est eternel.

Pour des personnes qui ne s'occupent que de l'eternité.

LXXIX. Le Firmament semé d'Estoiles.

NVMERA SI POTES.

Contez les si vous pouvez.

Pour les perfections de la Sainte Vierge, qui ont donné occasion à ce Vers.

TOT TIBI SVNT DOTES VIRGO, QVOT SIDERA CÆLO.

Ce Vers se change en mille & vingt-deux façons, autant que les Astronômes content ordinairement d'Estoiles dans le Ciel.

LES PLANETES

ET LES

CONSTELLATIONS.

I. L'Eſtoile qui conduiſit les Rois à l'Eſta-
ble de Bethleëm.

MONSTRANT REGIBVS ASTRA
VIAM.

Les Aſtres montrent aux Rois, le chemin
qu'ils doivent tenir.

C'eſt au Ciel à conduire les Souverains.

Bb

II. L'Estoile du matin, qui paroît quelque
temps avec le Soleil.

RILVCER PVOTE ANCO FRA
TANTO LVME.

Auprés du plus grand Astre on peut la
distinguer.

*Pour une personne qui se distingue auprés de
son Souverain, par les emplois considerables
qu'elle y exerce.*

III. L'Estoile de Jupiter environnée de
ses Satellites, qui sont de plus
petites Estoiles.

MAESTA CON ALTEZZA
VNITA SCORGI.

Il est de sa grandeur d'être ainsi reveré.

*Ces deux Devises parurent au Baptéme du
Prince de Parme Odoard Farnese l'an 1668.*

IV. Le Soleil qui se couche, & l'Estoile
de Venus qui paroît.

TVNC CONSPICVA.

C'est à lors qu'elle paroît d'avantage.

*Cette Devise fut portée aux joûtes faites à Sien-
ne l'an 1602. en presence des Princes de Toscane & Barthelemy Forteguerri, qui se faisoit
nommer le Cavalier de la Lumiere resuscitée.*

Il Cavaliere della Rauvivata luce : *la porta pour l'amour d'une veuve, qui depuis la mort de son mary commençoit à paroître dans le monde.*

V. L'Estoile du matin.

CVM PHÆBO CIRCVIT ORBEM.

Je fais le tour du monde aveque le Soleil.

Pour un Ministre vigilant & laborieux.

VI. La mesme Estoile auprès du Soleil.

ADHÆRERE BONVM EST.

Il fait bon s'attacher à luy.

Pour un Courtisan, qui reconnoît qu'il est avantageux de s'attacher à son Prince, parce qu'il est un bon Maître.

VII. Mario Mariani Academicien de Bologne, avoit pour Devise l'Estoile du matin à qui les Grecs donnerent le nom de Phosphore avec ces mots.

REDDE DIEM.

Rendez nous le jour.

Ces paroles s'adressent ou à la Grace qui nous éclaire des lumieres du Salut, ou à la Science qui perfectionne celles de l'esprit.

VIII. L'Estoile du matin.

MICAT INTER OMNES.

Elle brille entre toutes.

Bb ij

Cette Devise fut faite pour une Dame nommée Julie, à cause qu'Horace dit *micat inter omnes Julium sidus.* Ce qui a fait appliquer ce mesme corps au Cardinal Mazarin, avec ce Vers entier, parce qu'il avoit le nom de Jules, & des Estoiles dans ses Armoiries.

IX. Les Satellites de Jupiter, découverts avec le Telescope.

VISA PER ANGVSTVM.

C'est par un tube étroit, qu'on les a découverts.

C'est par la Foy que l'on découvre nos Mysteres, & cette soûmission quelque obscure qu'elle soit, nous instruit plus efficacement que la raison ne sçauroit faire.

X. Mercure retrograde.

GRATVM FATI DONVM.

C'est l'effet agreable du destin.

Le sens de cette Devise est trop obscur: François Alciat, qui la portoit dans l'Academie des Affidati de Pavie, vouloit dire que comme Mercure êtoit quelques fois retrograde, pour faire du bien au monde, il falloit aussi quitter quelques fois la contemplation, pour se rendre utile à ses amis. Elle faisoit allusion à la Devise de l'Academie, qui est un oiseau que l'on dit

voler vers l'Eftoile de Mercure, & laiffer tomber en mefme temps un de fes œufs, pour éclore
un de fes petits, ce qui marquoit la contemplation & l'action.

XI. L'Eftoile du foir, qui fe couche apres le Soleil couché.

COMITATA CADENTEM.

Compagne de fa mort.

Cette Devife fut faite pour la jeune Ducheffe
de Savoye, Françoife d'Orleans, qui mourut en
mefme temps que Madame Royale Chrêtienne
de France fa Tante, & fa belle Mere.

XII l'Eftoile du matin.

SOLEM LVCE HAVD PROMISIT INANI.

Elle eft un affuré prefage du Soleil.

Les premieres Lumieres de la Grace, qui font
les infpirations, font les indices les plus ordinaires, que l'on aura bientôt la Grace fanctifiante,
pour peu que l'on vueille être fidele à ces infpirations.

VIII. L'Eftoile du matin.

CORAM MICAT VNVS.

Seul en prefence du Soleil.

Que les Astres plus lumineux
Vantent ce grand éclat de feux
Dont ils parent la Nuit obscure :
Celuy-cy n'a point son pareil
Il est unique en la nature
Qui luise avecque le Soleil.

C'est la Devise de Monseig. le Dauphin.

XIV. L'Estoile qui suit le Soleil.

STAT QVOCVMQVE SEQVI;

Je le suivray par tout.

Pour Monseigneur le Dauphin, qui se pro-
pose les exemples du Roy son Pere.

XV. La mesme Estoile.

EXHIBET AVTHOREM.

Elle fait voir qui l'a produit.

Pour le mesme.

XVI. La mesme Estoile.

SOLI SOLA MICO.

Je brille seule pour le Soleil.

Pour la Reine.

XVII. La mesme Estoile.

NON DESERIT VNQVAM.

Elle ne le quitte jamais.

Pour un amy fidele.

XVIII. La mesme Estoile.

CVM SVRGIT ET OCCIDIT ADSVM.

Je suis present quand il se leve, & quand il se couche.

Pour le premier Gentil-homme de la Chambre, qui assiste au lever & au coucher du Roy.

XIX. La mesme Estoile.

MAGNO DE LVMINE LVMEN.

Je tiens le jour d'une grande Lumiere.

Ce fut la Devise que Monseigneur le Duc porta au Carrousel du Roy.

XX. La mesme Estoile.

NVNQVAM PROCVL.

Jamais éloigné de luy.

Pour un amy fidele.

XX. La mesme Estoile avec le Soleil qui se couche.

SOLA CVM SOLE.

Seule avec le Soleil.

Pour la Sainte Vierge, qui resta seule sur le Calvaire avec son Fils, quand ses Disciples l'eurent abandonné.

XXII. La mesme Estoile.

VESPERE ET MANE.

Le matin & le soir.

Pour un amy fidele dans l'adversité, & dans la prosperité ; ou pour un contemplatif, qui le matin & le soir converse aveque Dieu.

XXIII. Le Comte Theodore Trivulce, Commandant la Cavalerie du Roy Catholique dans les Pays-bas, prit pour Devise la mesme Estoile avec ces mots.

SEQVITVR ET PRÆCVRRIT.

Elle le suit & le devance.

C'est le simbole de la Grace, qui nous previent, & qui suit nos bonnes œuvres.

XXIV. La mesme Estoile avec ces mots de Tibulle.

PROVOCAT ORTA DIEM.

Elle appelle le jour, d'abord qu'elle se leve.

Pour la Naissance de Saint Jean Baptiste Precurseur de Jesus-Christ.

XXV. La mesme Estoile.

EOI OCCIDVIQVE COMES.

Compagne du lever & du coucher du Soleil.

XXVI. La mesme Estoile qui parle au Soleil, & qui luy dit.

PRÆI, SEQVAR.

Allez devant, je vous suivray.

Pour une personne qui se met sous la direction d'un autre.

XXVII. L'Estoile du matin.

PRÆSENTEM NVNTIAT.

Elle annonce la venuë du Soleil.

Pour Saint Iean Baptiste Precurseur de I. C.

XXVIII. La mesme Estoile.

CITO VENIT, SERO RECEDIT.

Elle vient-tôt, & se retire tard.

Elle paroît la premiere de toutes les Estoiles, & se cache la derniere. Cette Devise fut faite pour une Abbesse, qui étoit toûjours la premiere & la derniere au Chœur, & aux autres exercices de la Religion.

XXIX. L'Estoile du matin avec le Soleil, & ces mots de Claudien.

DVBITANDA NIHIL.

Elle ne craint pas de paroître devant luy.

Toute cette Devise est de Claudien, qui dit au Panegyrique sur le quatriéme Consulat d'Honorius.

C 6

Visa etiam medio populis mirantibus audax
Stella die, dubitanda nihil, nec crine retuso
Languida , sed quantus numeratur nocte
    Bootes.

Elle peut s'appliquer à une personne qui ne
craint point de paroître dans une grande Assem-
blée. Elle fut employée aux Funerailles du Car-
dinal Campori , Evêque de Cremone , qui avoit
des Estoiles pour Armoiries.

XXX. L'Estoile de Mercure.

NVNQVAM PROCVL A SOLE.
Jamais loin du Soleil.

Pour un Courtisan qui ne quitte point son
Prince.

XXXI. Mercure qui entre dans le Soleil
ou il perd sa Lumiere.

SIC LATVISSE JVVAT.
Qu'il est avantageux de se cacher ainsi.

Pour une personne qui se dérobe au monde pour
être vniquement à Dieu.

XXXII. Pour la Sainte Vierge, qui suivit
son Fils quand il alloit à la mort, on peignit l'Estoile qui suit le Soleil couchant.

SEQVITVR DESERTA CADENTEM.
Toute seule qu'elle est , elle suit le Soleil.

XXXIII. Saturne.

TARDISSIME VELOX,

Il avance beaucoup fans fēbler fe mouvoir.

Ce qui fait la lenteur de Saturne, eft le grand Cercle qu'il a à faire. Il eft en cela le fymbole de la Prudence, qui femble agir lentement par-ce qu'elle a de grandes circonfpeftions.

XXXIV. La mefme Planete.

SVBLIMIOR LENTIOR.

Elle n'eft pas plus lente, mais elle eft plus élevée.

XXXV. La mefme.

TARDIOR IN SPECIEM LONGÊ EST VELOCIOR.

Quoy qu'il femble plus lent, il va beaucoup plus vifte.

XXXVI. André Doria Admiral de l'Empire avoit pour Devife fur une de fes Galeres, la belle Eftoile qui fuit le Soleil, avec ces mots.

VIAS TVAS DOMINE DEMONS- TRA MIHI.

Seigneur montrez moy les routes que je dois tenir.

En cette Devife l'Eftoile parle au Soleil, & l'Admiral parloit à Dieu.

C c ij

XXXVII. Le Soleil avec l'Estoile du matin.

PARA QVE REINE A SV LADO.
Pour regner à ses côtez.

Cette Devise fut faite, au Mariage de la Reine d'Espagne.

XXXVIII. Les Signes de l'Ecrevisse, du Lion & de la Vierge dans le Zodiaque, qui occupe le milieu du Ciel.

FERVIDIORA LATIVS.
Les plus ardens font bien plus de chemin.

Pour l'ardeur du zele, qui a fait passer les mers aux hommes Apostoliques.

XXXIX. Les Signes du Zodiaque marquez par un Taureau, un Ecrevisse, un Lion, un Scorpion.

SERVIVNT NON SÆVIVNT.
Ils servent & ne nuisent pas.

Quand les passions sont bien menagées sur les mouvemens du Ciel & de la Grace, bien loin de nous nuire elles nous servent.

XL. Les Constellations du Pole Antarctique.

NOVIS NOVA LVMINA TERRIS.
En découvrant de nouvelles terres, on a découvert de nouvelles lumieres.

Pour les connoissances nouvelles de Physique, d'Histoire, & de Geographie, que la découverte du nouveau Monde a causées.

XLI. Le Signe du Taureau avec le Soleil.

SOLIS STATIONE CORVSCAT.

Quand le Soleil y entre il a plus d'éclat.

Cette Devise fut faite pour l'entrée du Duc de Savoye dans Turin, dont le Taureau est l'Armoirie.

XLII. Le Signe du Verseur d'eau avec sa cruche.

NVNQVAM DEFICIENT.

Elles ne manqueront jamais,

Pour les graces & les misericordes du Seigneur, qui coulent toûjours.

XLIII. Le Signe du Bellier qui se leve sur la fin de Mars.

OMNIA FLORENT.

Toutes choses fleurissent.

Cette Devise parut à Florence, l'an 1665. pour le Mariage de François de Medicis, Prince de Florence & de Sienne, & de Ieanne d'Austriche. Le Bellier étoit l'ascendant de ce Prince.

XLIV. Le Signe du Capricorne qui étoit l'Ascendant de Cosme le grand, parut en cette mesme occasion, avec des Alcions sur la mer & ces mots.

HOC FIDVNT.

Ils sont en seureté sous l'Astre qui domine.

Parce que c'est sous ce Signe que sont ces jours tranquilles, que les anciens appelloiët Alcedonia. On s'en servit icy, pour representer le repos que l'on attendoit sous le regne de ce Prince.

XLV. Le Signe de la Vierge, & un vaisseau qui sort du Port.

HAC DVCE TVTA VIA EST.

Le chemin est heureux sous un guide si seur.

Pour la devotion à la Sainte Vierge, qui aide à passer heureusement cette vie au milieu de tant de dangers, ausquels elle est sujette.

XLVI. Le Signe du Lion.

IN ME PIV VIGOROSO IL SOL RISPLENDE.

Quand le Soleil m'approche il a plus de vigueur.

Pour les Guerres que le Roy a faites dans le Païs-bas dont le Lion est l'Armoirie, & le simbole.

XLVII. Le signe du Lion.

TERROR AMANS.

Il sçait se faire craindre & sçait se faire
aimer.

Pour un Monarque.

XLVIII. Le mesme signe.

ETIAM DOMINATVR IN ASTRIS.

Il regne dans le Ciel, comme il regne sur
terre.

XLIX. Le Signe du Scorpion.

MAS NOCIVO QVE EN LA HERRA.

Il nuit plus de si haut, qu'il ne feroit sur
terre.

*Saavedra a fait cette Devise, pour ceux qui
ne sont grands dans le monde, que pour nuire.*

L. Le Signe du Capricorne.

FIDEM FATI VIRTVTE SEQVEMVR.

Rendons par la vertu ce destin assuré.

*C'étoit la Devise du grand Cosme de Medi-
cis, qui eut cét ascendant pour son Horoscope,
comme Auguste, à qui il presagea l'Empire du
Monde.*

LI. Le mesme Signe.

HAC ITER ELYSIVM.

Il mene aux champs Elysiens.

C'étoit la Devise du Marquis Alfonse della Valle, Academicien de Bologne, parce que les Platoniciens tenoient que c'étoit par là qu'on alloit à cette demeure bien-heureuse.

LII. La petite Ourse.

QVO MAGIS GELAT INDE CLARIOR LVCET.

Plus il gele, plus elle luit.

C'étoit la Devise du Comte Iean Orsi Academicien à Bologne dans l'Academie des Gelati. Cette Devise faisoit allusion à son nom, à ses Armes: & à l'Academie, dans laquelle il étoit entré, & par cette Devise, il vouloit faire entendre, que plus il frequenteroit les exercices de cette Academie, plus il se perfectionneroit.

LIII. François Orsi de la mesme Maison, & de la mesme Academie, a pris aussi pour Devise la mesme Constellation, avec ces mots.

ET JACET INFORMIS.

Elle est encore difforme.

Ie crois qu'il applique, le sens de cette Devise à la terre pres du Pole, qui est inculte, & que sa modestie luy a fait dire la mesme chose de son esprit.

LIV. Geminiano Montanari, de la mesme Academie, prit le mesme corps pour sa Devise avec ces mots.

ALTIOR E GELIDIS.

Le plus haut des Astres du nort.

Aussi avoit-il pris le nom d'Elevé, faisant profession de devoir à cette Academie son élevation.

LV. Le Comte Gaspar Bombaci, de la mesme Academie, avoit le mesme corps de Devise avec ces mots.

MA NEL MEDESMO TEMPO.

Lentement, mais en mesme temps que les autres.

Si l'Ourse se meut lentement elle ne laisse pas d'achever sa course, & de faire tout le tour du Ciel en mesme temps que les autres Astres. Ainsi le Comte Bombacci vouloit dire, que s'il n'avoit pas l'esprit & le genie aussi promt que les autres Academiciens, il ne laisseroit pas d'estre assidu à tous les exercices de l'Academie.

Dd

LVI. Felix Dame des Ursins , avoit la petite Ourse pour Devise avec ces mots.

SINE OCCASV FELIX.

Heureuse de ne jamais se coucher.

Cette Devise fait allusion à son nom & à son surnom.

LVII. A la mort d'une Reine d'Espagne, on peignit le mesme corps avec ces mots.

VERTITVR NON OCCIDIT.

Elle tourne & ne se couche pas.

Pour signifier que l'Ame ne meurt point, mais change seulement d'estat en sortant de cette vie.

LVIII. La petite Ourse.

NAVTAS CVRSV DOCET BREVI.

Son cours sert aux Nochers à regler leur conduite.

La vie assez courte d'un homme sage, sert d'exemple à tous les autres pour regler leur conduite.

LIX. La petite Ourse.

NESCIA MERGI.

Elle ne se couche point dans l'Ocean.

Pour une ame qui est au dessus de toutes les tempestes.

LX. Le Signe de la Balance, qui suit immediatement celuy de la Vierge.

EX VIRGINE PENDET.
Elle suit la Vierge.

Pour la devotion d'un Magistrat, en vers la Sainte Vierge.

LXI. La belle Estoile.

LVCE ANTEIT OMNES.
Elle a plus de lumiere que toutes les autres.

C'est la Devise qu'on a faite pour Monsieur Talon Advocat General du Parlement de Paris. Elle est au revers de sa Medaille.

LXII. Rodolphe II. Empereur portoit pour Devise le Capricorne avec ces mots.

FVLGET CÆSARIS ASTRVM.
C'est l'Astre de Cesar.

Parceque le Capricorne estoit l'ascendant d'Auguste, sur lequel on luy avoit predit qu'il seroit Empereur.

LXIII. Cosme troisiéme de Medicis Duc de Toscane, les Astres que l'on nomme de Medicis, qui sont les Satellites de Jupiter favorables à la Navigation.

CERTA FVLGENT SIDERA.
Ce sont des Astres seurs, qui me servent de guide.

C'étoient les exemples de ses Ancestres qu'il se proposoit.

LXIV. Pour le feu Roy, & feu Monsieur le Prince, on avoit peint le Soleil & un de ces Astres attachez au Soleil, que l'on nomme les Astres de Bourbon, avec ces mots.

MIHI SIDVS ADHÆRET BOR-BONIVM.

L'Astre de Bourbon ne me quitte point.

LXV. François second étant né en un temps, où parurent plusieurs éclipses, & auquel les affaires du Royaume étoient extremement broüillées, on luy donna pour Devise, la Coupe Constellation celeste, qui se leve au temps des éclipses, avec ces mots.

INTER ECLIPSES EXORIOR.

Ma naissance entre les éclipses.

D'autres attribuent cette Devise à Loüis XII. & disent que comme cette Constellation se leve le 15. Avril, lorsque se font les éclipses des plus grands Astres, il avoit succedé au Royaume à Charles VIII. mort sans enfans mâles.

LXVI. La belle Estoile.

FATO PRVDENTIA MAIOR.

La prudence fait plus que le destin.

C'est pour signifier que nous sommes nous mesmes les arbitres de nôtre sort, & que ce n'est pas des Estoiles qu'il dépend, mais de la sagesse de nôtre conduite.

LXVII Vn Patriarche d'Aquilée qui vivoit il y a plus d'un siecle, portoit pour Devise la Constellation, que nous nommons vulgairement, le Chariot, dont la grande & belle Estoile est appellée le chemin de l'honneur, avec ces mots.

AD VERVM ITER TE MAXIMA SERVO.

Pour en tenir le vray chemin, je m'attache à suivre la plus grande.

Baptiste Pittoni Peintre de Vicence, à mis cette Devise, dans le Recueil qu'il publia l'an 1562. à Venise, & le Dolce l'expliqua par ces Vers.

Nel bel Carro stellato chiara e bella
Via piu che l'altre, e di forma maggiore
A gli occhi de' mortai luce una stella,
Con felice, leggiadro, almo splendore:
Al ver camin d'honor osserva quella
Questo invito, e magnanimo Signore
Che disceso de' Sacri Illustri Eroi.
Orna e Illustra se cò raggi suoi.

Monsieur Barbaro , élû Patriarche du mesme lieu, portoit l'Estoile du matin, avec le mot.

VOLENTES.
Ceux qui veulent.

Pour dire que la Grace est l'étoile qui conduit au Ciel , ceux qui veulent s'y laisser conduire.

LXIX. Aux Funerailles du Cardinal Campori, on peignit l'un des triangles Celestes composé de trois étoiles en égale distance, avec ces mots.

NVLLVM ÆQVALIVS.
Nul n'est plus égal.

On l'appliqua à la Temperance & à la Modestie de ce Cardinal , qui portoit en ses Armoiries trois Etoiles disposées en triangle. Cette disposition est égale de tous côtez & en toutes ses trois faces , & represente une personne qui est toûjours la mesme en toutes choses.

LXX. On a representé pour Mr. de Perefixe Archevêque de Paris & Precepteur du Roy , le Signe du Sagittaire; qui est le Centaure Chiron, Precepteur d'Achille, avec ces mots.

STELLAS MERVIT PRÆCEPTOR ACHILLIS.

Le Precepteur d'Achille a merité le Ciel

Ses Armoiries étoient neuf Estoiles.

LXXI. Le Signe de la Vierge, entre le Lion & la Balance.

COELESTES TEMPERAT IRAS.

Elle appaise le Ciel irrité contre nous.

Pour la Sainte Vierge Mere de Misericorde.

LXXII. L'Estoile Polaire.

QVI ME NON ASPICIT, ERRAT.

Qui ne me regarde pas s'égare.

Pour l'Eglise.

LXXIII. L'Estoile Polaire attirant l'éguille de la Boussole.

VIS ARCANA TRAHIT.

Seulement par l'effort d'une vertu secrete.

C'est le Symbole de la Grace.

LXXIV. La Constellation d'Orion.

CÆLESTI MILITAT ENSE.

Ses armes sont toutes Celestes.

Pour un Prince qui ne fait la Guerre que pour défendre la Religion.

LXXV. Les Planetes à l'entour du Soleil.

NON LICET ESSE PARES.

Mais il n'est pas permis de s'égaler à luy.

Cette Devise s'applique au Prince, & aux Courtisans, & ces deux Vers Latins en font l'application.

Cognatis quamvis radiis, & luce coruscâ
Esse licet similes, NON LICET ESSE PARES.

LXXVI. Le Triangle Constellation
celeste.

TRIA LVMINA, ET VNVM.

Trois lumieres & une seule.

Pour le Mystere de la Sainte Trinité.

LXXVII. La Couronne d'Ariadne.

NOVVM DECVS ADDITA CÆLO.

Elle sert d'ornement au Ciel, ou l'on
l'a mise,

Cette Devise a été faite pour Madame la Dauphine.

LA LVNE.

LA LUNE.

I. Isabelle de Medicis Dame des Ursins, portoit le Croissant de Lune, qui regardoit le Soleil.

DONEC MELIVS NITEAT.

Jusqu'à ce qu'elle ait plus d'éclat.

Pour une Personne qui contemple les perfections Divines, pour recevoir ses lumieres.

II. La Lune.

TODOS ME MIRAN, YO A VNO.

Tous me regardent, & j'en regarde un seul.

E e

Cette Devife fut faite pour la Reine au jour de fon entrée dans Paris. Et Monfieur Clement, qui en fut l'Autheur, l'expliqua par ce Madrigal.

Source de beauté toute pure
Je fais briller la nuit obfcure;
Et confpire au repos commun;
Surpris de ma vive lumiere,
Tout le monde me confidere
Mais je n'en confidere qu'un.

III. Le premier filet de croiffant de Lune, quand elle commence à paroître.

LATVIT NON DEFVIT ORBI.

J'étois cachée, & faifois mon devoir.

Tant que le Dieu du jour jetta fur moy les yeux
Mon éclat furpaffa celuy des autres feux
Et ma gloire ne fut à nulle autre feconde:
Il eft vray mon bon-heur eut un cours limité;
Ie paffay dans l'obfcurité
Sans être moins utile au monde.

IV. La Lune.

SOLI PARET ET IMPERAT VNDIS.

J'obeis au Soleil, & regne fur les flots.

Pour Monfieur de Beaufort Admiral de France.

Je fournis ma noble carriere
Sur l'un & sur l'autre hemisphere
Sans prendre un moment de repos ;
L'air & les vents me font hommage
Mais par un plus noble avantage
J'obeis au Soleil, & regne sur les flots.

V. La Lune tournée vers le Soleil.

SCVOPRE LA FIAMMA SOL A CHI L'ACCESE.

Vous seul voyez mes feux, vous qui les allumez.

Pour une passion secrete.

VI. La Lune immediatement, au dessus de la sphere du feu.

FRA GLI ARDORI IL MIO CANDOR DVRA.

Ma candeur est constante au milieu de ces feux.

Pour une amitié pure & sincere.

VII. La Lune en décours.

POSTQVAM PLENISSIMA FVLSIT.

Apres avoir brillé dans le plus grand éclat.

Pour une personne qui se trouve dans l'obscu-
rité & dans le rabbais, apres avoir esté dans
les grandeurs.

VIII. La Lune qui éclipse le Soleil.

INNOCVA NOCET.

Elle luy nuit sans vouloir l'offenser.

C'est le caractere de ces personnes, qui sous pretexte de charité, déchirent quelquefois par leurs médisances la reputation des gens de bien.

IX. Le mesme corps.

DEMIT NIL MIHI SED ORBI.

C'est le monde qui perd, pour moy je ne perds rien.

La mort des personnes illustres oste quelque chose au monde, mais elle ne leur oste rien.

X. Le mesme corps.

DAMNA LVCIS REPENDO MEÆ.

Je me vange de luy, pour les torts qu'il m'a faits.

XI. Le Croissant de Lune.

COMPLETVR CVRSV.

Elle acquiert de l'éclat, en remplissant sa course.

Pour une personne qui acquiert du merite & de la reputation à mesure qu'elle avance en âge. Cette Devise fut faite pour le Seigneur Eustache Voloviacski Gentilhomme Polonois, qui se perfectionna dans ses voyages.

XII. La Lune éclipsée.

AT SIBI NON DEFICIT.

Elle ne manque pas pour elle.

Pour la mort d'une Dame de qualité, dont la pieté exemplaire faisoit croire qu'elle estoit allée droit à Dieu.

XIII. La Lune en opposition avec le Soleil, ce qui fait sa splendeur.

CONVERSA LVCIDIOR.

En se tournant vers luy, sa lumiere s'augmente.

Pour la conversion à la Religion Catholique d'une personne sçavante. Lucarini donna cette Devise à François Mandoli Piccolomini, lorsque quittât la Rote Civile de Florence, il alla s'établir à la Cour de Rome, ce qui servit à l'avancer dans les dignitez Ecclesiastiques. Le Croissant faisoit une partie de ses Armoiries, & la Cour de Rome estoit representée par le Soleil, comme la source des lumieres & des grandeurs.

XIV. Le Croissant de Lune.

ILLVCESCIT NON AMBIENS.

C'est sans empressement que s'accroist sa lumiere.

Pour une personne à qui le merite, les services & les emplois attirent de l'honneur & de la reputation, sans faire des intrigues pour les acquerir.

XV. Le Croissant de Lune.

INTERIVS NON MVTOR.

Si je change au dehors, le dedans est le mesme.

XVI. Au Couronnement du Roy, & de la Reine de Pologne, on fit une Medaille, dont le revers êtoit une Lune avec le Soleil, & ces mots.

SOCIAM VOCAT IN CONSORTIA REGNI.

Il la fait regner avec luy.

XVII. Le Soleil regardant la Lune.

FIGIS IN VNA, QVOS MVNDO DEBES OCVLOS.

Vous arrêtez sur elle uniquement
Ces regards lumineux que vous devez au monde.

Le mot est d'Ovide au 4. des Metamorphoses, & l'application regardoit un Prince qui au lieu de gouverner ses Estats, ne pensoit qu'à une Dame, qui avoit un grand ascendant sur son esprit.

XVIII. La Lune.

NELLE TENEBRE ALTRVI SPLENDO BEATA.

Les tenebres d'autruy, redoublent mon éclat.

Cette Devise peut s'appliquer à la Conception de la Sainte Vierge, qui seule a eu le bon-heur d'estre conceuë sans peché, au milieu de la corruption universelle.

XIX. La Lune.

FRA L'OMBRE NON ERRO,

Je n'erre point parmy les ombres.

Pour la Prudence.

XX. La Lune en conjonction, avec le Soleil.

SVPERIS TANTVM LVCET.

Elle ne luit que pour le Ciel.

XXI. La Lune en opposition avec le Soleil.

PROXIMA CVM DISTAT.

Plus elle s'en éloigne, & plus elle a d'éclat.

Pour l'humilité de la Sainte Vierge.

XXII. La Lune voisine à la sphere du feu.

NON INFVSCAT PROXIMVS IGNIS.

Si voisine du feu, sans en être brûlée.

*Pour une personne qui conserve son innocence,
au milieu des occasions les plus dangereuses.*

XXIII. Le Soleil & la Lune sur l'horison.

QVELLO SPENTO CHE SARA QVESTA?

Quand l'un ne paroît plus, quel éclat n'a pas l'autre.

*Pour une Princesse Regente, qui fait paroître
apres la mort de son mary toute la sagesse de sa
conduite.*

XXIV. Vn quartier de Lune.

SCIT ET DIVISA VIDERI.

Elle sçait se partager.

*Pour une personne qui prend party dans une
faction.*

XXV. La Lune & le Soleil.

HOC AFFLATA CORVSCO.

C'est de son éclat que je brille.

XXVI.

XXVI. La Lune éclipsée dans les ombres
de la terre.

CVM SESE INTERIICIT.
Quand la terre se met entre-deux.

Quand les interests temporels se mêlent dans
les entreprises de zele, la vertu perd beaucoup de
son éclat devant Dieu & devant les hommes.

XXVII. La Lune, & le Soleil Levant.

LANGVET AD EXORTVM.
Elle languit, quand le Soleil se leve.

Les sentimens de la nature s'affoiblissent
quand la grace prend le dessus.

XXVIII. La Lune éclipsée dans les ombres
de la terre,

L'ANGVEO NI' VIDEAM.
Je languis si je ne le voy.

Pour une absence.

XXIX. La Lune sortant d'une éclipse.
PARVMQVE OCCVLTA
RESVRGIT.
Apres s'être cachée enfin elle paroît.

XXX. La pleine Lune.
CANDIDA CANDIDIS.
Elle n'est que blancheur dans un temps
bien serein.

C'estoit la Devise de la Reine Claude Epouse de François I. par laquelle elle faisoit profession d'être sincere, avec ceux qui l'êtoient comme elle.

XXX. La Lune.

SEMPRE LVCE VNA PARTE E L'ALTRA LANGVE.

Je brille d'une part, de l'autre je languis.

Pour une personne malade qui avoit beaucoup d'esprit.

XXXII. La Lune éclipsée par l'ombre de la terre.

ALTERIVS VMBRA.

Pour me nuire elle me fait ombre.

C'est l'image de l'envie.

XXXIII. Le mesme corps avec ces mots.

NON SEMPER OBSTABIT.

Cét obstacle à mes feux, ne dure pas toûjours.

XXXIV. La Lune avec ces mots du Sage.

CONSVMMATA MINVITVR.

Elle déchoit, d'abord qu'elle a paru parfaite.

XXXV. La Lune pleine.

AT OPACA SVPERNE.

Mais du côté d'en-haut, elle est dans les tenebres.

Pour une personne sçavante élevée dans l'heresie.

XXXVI. Au Carrousel fait à Rome, le 25. Fevrier l'an 1634. par les Gentils-hommes Romains, & sous les ordres du Cardinal Antoine Barberin, le Comte Fabritio Ferretti, porta la Lune pour Devise, avec ces mots.

PER AMICA SILENTIA.

C'est durant le silence, & dans l'obscurité.

Il exprimoit par cette Devise un amour se-cret.

XXXVII. Le Cavalier Muti prit le mes-me corps, & faisant allusion à son nom, il l'accompagna de ce Vers.

DE MVTI CAMPI E DEL SILEN-TIO AMICA.

J'aime la nuit, & le silence.

XXXVIII. Le Seigneur Horatio Nari, prit la Lune & les Eſtoiles avec ces mots aſſez ſemblables à ceux du Cavalier Ferretti.

FIDA SILENTIA.
Le ſilence eſt fidele.

XXXIX. La Devife de Paul 2. Pape, étoit la Lune

NOCTV RENIDET.
C'eſt la nuit qu'elle brille mieux.

Les temps malheureux de ſon Pontificat, ſervirent beaucoup à faire connoiſtre ſa vertu.

XL. Le Cardinal Chriſtofle de Monte Aretino, pour marquer qu'il devoit à Dieu toutes ſes lumieres, prit pour Devife la Lune qui reçoit ſa lumiere du Soleil, avec ces mots du Prophete.

ILLVMINATIO MEA.
De luy vient ma lumiere.

XLI. Henry Duc de Brunſvic, la Lune.

LVX IN TENEBRIS.
Elle luit dans les tenebres.

C'eſt le caractere de la Foy.

XLII. La Devise de René Roy de Sicile, un Croissant, sur lequel étoit écrit le mot de LOS, pour exprimer en rebus.

LOS EN CROISSANT.

C'est à dire que ce n'est qu'en avançant en vertu, que l'on merite des loüanges. Il fit un Ordre de Chevalerie de cette Devise.

XLIII. Vincent Gonzague Duc de Mantoüe, se fit une semblable Devise, un Croissant avec le mot

SIC.

Pour exprimer si je ne me trompe, SIC CRESCENS, *& pour dire la mesme chose que René Roy de Sicile.*

XLIV. Le Marquis de Torremaggiore, & Hippolite Cartette son Epouse, se firent deux Devises reciproques en leur Mariage, l'une du Soleil éclipsé par une Lune, avec ces mots.

SIC MVTOR AD ILLAM.

Je change ainsi pour elle, en perdant mon éclat.

Parceque pour l'épouser il renonça à de grands emplois.

XLV. Elle prit aussi pour sa Devise, la Lune qui regardoit le Soleil.

ME TVIS ORNARI.

De vôtre seul éclat, je fais toute ma gloire.

XLVI. La Lune.

ACCEPTVM COMMVNICAT ORBI.

L'éclat qu'elle reçoit, elle nous communique.

Pour un Autheur qui donne au public ses lumieres en publiant ses Ouvrages.

XLVII. La Lune qui éclipse le Soleil.

ABSCONDIT ORBI.

Elle le cache au monde.

Pour la fuite en Egypte de l'Enfant Jesus, que la Sainte Vierge mit à couvert des poursuites d'Herode.

XLVIII. La Lune qui éclaire le monde.

CVNCTA REFVNDIT.

Elle ne s'en reserve rien.

Pour un fidele administrateur des biens de son maistre, dont il rend un comte exact.

XLIX. La Lune.

DAT QVOD HABET, NEC MINVS HABET.

Elle donne ce qu'elle a, sans rien perdre de ce qu'elle a.

C'est le caractere des biens spirituels.

L. La Lune sans éclat.

CÆLO DATVR QVOD DEMI-TVR ORBI.

Elle donne au Ciel, ce quelle oste à la terre.

La Lune est toûjours également éclairée, & elle brille aux yeux du Ciel, quand elle cesse de briller aux yeux de la terre. Elle est en ce sens le simbole d'une personne qui se cache pour faire de bonnes œuvres, ne voulant que le Ciel pour témoin.

LI. Le Croissant de Lune.

ALIQVANDO PLENA.

Elle se remplira avec le temps.

LII. La Lune.

NVNQVAM EADEM.

Jamais la mesme.

Pour une personne inconstante.

LIII. La Lune.

OPEROSIOR VNDE SPLEN-DIDIOR.

Elle agit plus , quand elle a plus d'éclat.

Pour une personne qui agit infatigablement dans les premieres charges de l'Estat.

LIV. La Lune sans éclat.

AT CÆLO REFVLGET.

Mais elle brille au Ciel.

Cette Devise fut faite pour la mort d'Ascanio Piccolomini, Archevêque de Sienne.

LV. La Lune éclipsée.

DVMMODO CVRSVM CONSVM-MEM.

Qu'importe pourveu que j'acheve ma course ?

LVI. Au Carrousel du Roy , Monsieur porta pour Devise la Lune , avec ces mots.

VNO SOLE MINOR.

Le Soleil seul a plus d'éclat que moy.

LVII,

LVII. Au mesme Carrousel, Monsieur le Prince qui étoit chef de la quadrille des Turcs, porta le Croissant.

CRESCIT VT ASPICITVR.

C'est selon vos regards que j'ay plus de lumiere.

Il faisoit allusion au Soleil de la Devise du Roy.

LVIII. La Lune.

LVMINE PROFICIT.

Elle se sert de ses lumieres pour faire du bien à tout le monde.

LIX. La Lune sur l'horison, avec le Soleil.

INTERDIV QVOQVE.

Et de jour mesme.

Pour une personne vertueuse à qui le grand éclat des autres, n'empesche pas de se faire distinguer.

LX. La Lune éclipsée.

VALIDIOR TAMEN.

Ses influences n'en sont pas moins fortes.

La maladie & les afflictions n'abbattent pas toûjours si fort l'esprit, & la vertu des personnes qu'elles ne puissent agir en cét état.

LXI. La Lune en conjonction avec le Soleil, ce qui fait qu'elle nous paroist sans lumiere.

OBSCVRATVR AT JVNGITVR.

Elle a moins d'éclat, mais elle en est plus proche.

Pour une personne qui se retire du monde, pour s'unir d'avantage à Dieu.

LXII. La Lune éclipsée en son apogée.

ELATA CITIVS CLARESCIT.

Plus elle est élevée, plûtost elle rentre dans les lumieres.

LXIII. La Lune pleine.

AT CITO DEFICIT.

Et d'abord elle perd son éclat.

Les grandeurs durent peu dans le monde, & l'éclipse de la Lune est le simbole d'une fortune avantageuse qui a souvent de fâcheux revers.

LXIV. La Lune sans lumiere.

RENOVABITVR.

Elle sera renouvellée.

Ces sept Devises sont de Lucarini Academicien de Sienne, qui fit les deux dernieres pour la mort de Simon Lunadoro Evêque de Nocera.

LXV. La Lune en tenebres du côté de la terre, avec des Eſtoiles autour d'elle

CLARA VIDENT CLARAM.

Ceux qui ſont éclairez, la trouvent lumi-
neuſe.

Le P. Bovio a fait cette Deviſe pour S. Igna-
ce, dont S. Philippes Neri, & quelques autres
perſonnes vertueuſes, virent pluſieurs fois le
viſage tout lumineux.

LXVI. Le meſme, pour repreſenter les fonctions de la vie contemplative, & de la vie active, dans les maiſons Religieu-
ſes, a peint le Soleil & la Lune, avec ces mots.

ALTERNO MVNERE VISA.

Chacun à ſon tour ſe fait voir.

LXVII. Monſieur Patin ayant été obligé de ſe retirer dans des Pays étrangers, & de quitter ſon Païs, prit pour Deviſe la Lune éclipſée dans les ombres de la terre, avec ces mots.

PATITVR NON DISSOLVITVR.

Elle ſouffre, & ſouffrât elle ſubſiſte encore.

LXIII. Monſieur de Coligny, General des troupes que le Roy envoya en Hongrie,

contre le Turc, prit pour Devise de cette expedition, une Lune qui s'efface devant le Soleil, avec ces mots.

TIBI SE PERITVRA RESERVAT,
C'est à vous seul d'effacer son éclat.

C'est au Roy, dont le Soleil est la Devise, qu'il
addresseit ces paroles.

LXIX. La Lune pleine.

TOTVS FRATER IN ORE EST,
Elle a tout l'air de son frere.

C'est à dire du Soleil. Cette Devise fut faite,
pour une Dame qui ressembloit fort à son frere.

LXX. Le Croissant de Lune.

CRESCAM VT PROSIM.
Je ne croîstray que pour faire du bien.

C'est le sentiment d'une ame genereuse, qui
cherche moins à satisfaire son ambition qu'à ser-
vir le public, dans les grands emplois que sa ver-
tu & son merite luy attirent.

LXXI. Laure Caraffe pleurant la mort
de son frere, le Comte de Policastre,
prit pour Devise la Lune éclipsée, avec
ces mots.

RAPTO LVMINE FRATRIS
DEFICIMVS.
Je languis, en perdât les regards mon frere.

LXXII. La Lune éclipsée, dans l'ombre de la terre.

INSPECTO ORBATVR AB ORBE.

En regardant la terre, elle perd sa lumiere.

Qui s'attache trop à la terre perd les lumieres du Ciel.

LXXIII. La Lune éclipsée, lors qu'elle est pleine.

CRESCIVTA MANCO.

Je m'éclipse lors que je suis plus grande.

L'Autheur de cette Devise en a donné plusieurs au public en un Livre entier. Il applique celle-cy à Madame d'Arpajou, morte aussi-tost qu'elle eut êté fàite Duchesse. Elle peut convenir à toutes les personnes qui meurent apres une fortune avantageuse.

LXXIV. La Lune éclipsée.

ÆGRAM MENS SVSTINET, INGENS.

Elle est malade, mais une sage intelligence la gouverne.

Pour une personne affligée, qui ne perd rien de la fermeté de son esprit. Comme cette Astre éclipsé n'est pas abandonné de l'intelligence qui le conduit.

LXXV. La pleine Lune, qui brille au milieu des tenebres de la nuit.

JAM SOLA, SOLEM ÆQVAT.

Quand elle est seule, elle fait les fonctions du Soleil.

Pour la Regence de la feu Reine.

LXXVI. La Lune, avec le flux & reflux de la mer.

SEDATQVE, CIETQVE.

Elle l'excite & l'appaise.

Elle fut faite pour Monsieur d'Avaux Ple-
nipotentiaire, qui portoit un Croissant en ses Ar-
mes. Mais elle peut être universellement appli-
quée aux personnes qui peuvent exciter & a-
paiser les mouvemens.

LXXVII. La Lune éclipsée par l'ombre de la terre.

HINC ALIQVANDO ELVCTABOR.

J'en sortiray bien-tost.

Pour une personne, qui a de mauvaises affai-
res, dont elle espere de sortir.

LXXVIII. Le Croissant de Lune.

DONEC TOTVM IMPLEAT
ORBEM.

Jusqu'à ce qu'elle remplisse tout son cercle.

Cette Devise de *Henry II.* est une des plus celebres; quelques-uns en font une Devise d'amour, & veulent qu'elle ait été faite à l'occasion de *Diane de Poitiers.* Mais il y a plus d'apparence, qu'elle est heroïque, & digne des desseins d'un grand Prince, qui pourroit arriver à la Monarchie universelle.

LXXIX. La Lune en son premier quartier.

LATEO NON MINVOR.

Je ne perds rien de mon éclat, je ne fais que le cacher.

Pour une personne, qui se tenant dans le cabinet, & ne se produisant que fort peu, ne laisse pas de conserver sa reputation.

LXXX La Lune pleine.

QVANTO PIV S'ALLONTANA, PIV RISPLENDE.

Plus elle s'éloigne, plus elle éclate.

Pour une personne, qui s'éloignant de son pays acquiert plus de reputation. Comme la Lune ne paroist jamais plus éclairée, que quand elle est plus éloignée du Soleil.

LXXXI. La Lune.

E TAL NON TORNA MAI QVAL SI DISPARTE.

Elle ne retourne jamais telle qu'elle est partie.

Pour une personne inconstante, ou qui apres un voyage retourne entierement changée. Comme cét Astre ne se leve jamais, que plus grand ou plus petit que le jour precedent.

LXXXII. La Lune.

FRATERNO LVMINE CRESCIT.

Elle brille de la lumiere de son frere.

Pour Monsieur frere du Roy, qui tire son premier éclat de cette qualité.

LXXXIII. La Lune éclairée des rayons du Soleil.

ACCIPIT VT DET.

Elle reçoit pour donner.

Cette Devise est une de celles de la Galerie du Palais Royal, où elle est appliquée au Chevalier Bayard, qui ne voulut recevoir le present d'une Dame de la ville de Bresse en Italie, chez laquelle il étoit logé, que pour le donner à ses filles. On la peut appliquer à un homme d'étude, qui n'apprend que pour enseigner les autres.

LXXXIV.

LXXXIV. La Lune qui se couche, n'étant encore qu'en son premier quartier.

REDIBO PLENIOR.

Je retourneray pleine.

Pour une personne qui sort de son pays à dessein d'étudier, & de retourner plus sçavant.

LXXXV. La Lune.

NON PERDE MAI PER VARIARE IL GVARDO.

Elle ne perd rien pour changer de face.

Pour une personne, qui pour paroître avec moins d'éclat, ne perd rien de son merite.

LXXXVI. La Lune éclipsée.

MINVS LVCET, HAVD MINVS ARDET.

Elle a moins d'éclat, & n'a pas moins d'ardeur.

Pour un amour, qui n'est pas moins ardent, pour être caché.

LXXXVII. La Lune qui éclipse le Soleil.

P. RÆSENTIA NOCET.

La presence de l'un, nuit à l'éclat de l'autre,

H h

Vn Politique applique cette Devise aux en-
tre veuës des Princes, qui ne se font jamais sans
le desavantage de l'un des deux.

LXXXVIII. La Lune éclipsée par
l'ombre de la terre, lors qu'elle
est en sa plenitude.

TVNC TE TERRA TEGET CVM TOTVM IMPLEVERIS ORBEM.

Cette Devise fut faite sur la mort de Saint
François Xavier, apres ses Missions des Indes.

LXXXIX. La Lune.

CALDI GLI PRENDE FREDDI, GLI RENDE.

Elle les reçoit chauds, & les rend froids.

Pour une personne ingrate, qui ayant receu
des faveurs, ne rend que de mauvais services;
comme la Lune qui recevant des rayons chauds
du Soleil, n'a que des influences froides.

XC. La Lune au dessous des Estoiles.

PROPIOR NON MAJOR.

Elle est plus proche, mais elle n'est pas
plus grande.

Vn Seigneur voyant qu'un de ses adversaires
avoit emporté le prix dans une course de Bague,
à cause qu'il estoit parent du Iuge de la course,
quoy qu'il le meritast plus justement que celuy a

qui on l'avoit donné ; parut le lendemain avec
cette Devise, par laquelle il voulut apprendre,
que comme là Lune paroît plus grande que les
Estoiles, parce qu'elle est plus proche de nous,
quoy qu'en effet elle soit beaucoup plus petite,
de mesme son adversaire avoit paru plus meri-
tant, parce qu'il êtoit un des proches du Iuge
de la course.

XCI. La Lune.

SECVNDÆ GLORIA LVCIS.

La seconde lumiere.

Pour Monsieur Frere unique du Roy.

CXII. La Lune.

YA MAS, YA MENOS.

Tantost plus, tantost moins.

*Pour une personne, dont la fortune est iné-
gale ; comme là Lune tantost croist, & tantost
décroist. Ou pour une personne, qui dit avec
l'Apôtre :* Scio abundare, & penuriam pati.

XCIII. La Lune au milieu des Estoiles.

INTER OMNES.

Elle brille entre toutes.

*Pour nôtre Dame, qui tient le premier rang
entre les Saints.*

XCIV. La Lune éclipsée.

CENSVRÆ PATET.

Elle est exposée à la censure.

Pour un Grand, dont la vie est exposée à la censure publique ; comme cét Astre ne se peut éclipser sans qu'on le voye.

XCV. La Lune pleine, & au dessous d'elle, des Ecrevisses, des Nacres &c.

PLENA SIBI ET ALIIS;

Ou DE PLENITVDINE EJVS OMNES ACCIPIMVS.

Pleine pour soy, & pour les autres.

Pour Nôtre Dame, qui est la depositaire des graces que Dieu fait aux hommes, en êstant pleine, & les faisant découler sur nous ; comme la Lune êtant pleine, remplit les os de mouëlles, & tous les animaux à coquilles, au rapport de Pline.

XCVI. La Lune.

MI MVDANCA MI CONS-TANCIA.

Constante en mon changement.

Pour l'inconstance des choses humaines, qui est toûjours la mesme.

XCVII. La Lune opposée au Soleil.

CLARIOR OPPOSITV.

Elle a plus d'éclat en son opposition.

Pour un Autheur, qu'un autre rend plus ce-
lebre en écrivant contre luy, & en s'opposant à
ses sentimens.

XCVIII. La Lune.

SEMPER IPSA.

Elle est toûjours la mesme.

Plus heureuse par moy, que par ma renommée
D'un mesme esprit constamment animée
Ie roule également & mes nuits & mes jours,
Et quoy qu'en dise le vulgaire
Ie reviens sur mes mesmes tours
Sans recevoir en moy de figure contraire.

XCIX. La Lune suivant le Soleil dans le Zodiaque.

SEQVITVR VESTIGIA FRATRIS.

Sur les pas de son frere.

Tant de monstres divers ne sçauroient arrêter
Ce bel Astre dans sa carriere,
Mais plein de force & de lumiere,
Nous voyons que sans s'écarter
Dés qu'il paroît sur l'hemisphere
Il suit fidelement les traces de son Frere.

C. La Lune.
VNA SOLI.
Vne seule au Soleil.

C'est le caractere du mariage que ce mot una
Soli, *& ce mot est pris du nom des deux Planetes dont un Sçavant a dit.* Neque hic esser
Sol nisi Solus, neque hæc esset Luna nisi
una.

CI. La Lune pleine, & regardant le Soleil.
TOTVM SI POSSET HABERET.
Si elle pouvoit, elle se transformeroit toute
en luy.

*Pour une femme, qui aime son mary autant
qu'on peut l'aimer.*

CII. La Lune éclipsée.
MORIENTIS SIDERIS VMBRA.
Par l'ombre d'un Astre mourant.

Pour la Sainte Vierge sur le Calvaire.

CIII. Vne Dame de la Maison de Cres-
cimbene, qui a des Croissans pour Armoiries, en porta un en Devise, avec
ces mots, qui faisoient allusion à son
nom.
CRESCE IN BENE.
Elle croist en perfection.

CIV. La Lune qui reçoit ses lumieres du Soleil.

CONSORS FRATERNI LVMINIS.

Elle participe aux lumieres de son frere.

CV. La Lune qui commence à paroître.

LVMEN EVNTI.

Plus elle va, plus elle a de lumiere.

CVI. La Lune.

NIVEVM DAT VISA DECOREM.

Tout est blanc, quand elle paroît.

Pour la pureté que les exemples de la Sainte Vierge inspirent.

CVII. La Lune éclipsée.

E PVR CAMINA.

Elle ne laisse pas d'aller.

Pour une personne qui malgré l'envie & l'adversité, va toûjours son chemin.

CVIII. La Lune.

A LA NOTTE COMPARTE I RAI DEL SOLE.

Elle porte à la nuit, les rayons du Soleil.

Pour les Missionnaires qui vont prêcher Jesus-Christ, aux infideles.

CIX. La Lune entre les Estoiles.

MAJOR QVIA HVMILIOR.

Elle est plus grande, parce qu'elle est plus basse.

Pour l'humilité qui nous éleve devant Dieu.

CX. La Lune.

CVM LVCE REFRIGERIVM.

Elle nous rafraichit, lors qu'elle nous éclaire.

Pour la Sainte Vierge, qui obtient aux ames du Purgatoire, le soulagement de leurs peines & le Paradis.

CXI. La Lune éclipsée.

DEFICIT ORBE PLENO.

Elle manque quand elle est pleine.

Pour une personne qui meurt au milieu des avantages d'une grande fortune.

CXII. La terre qui par son ombre éclipse la Lune.

EREPTA SIBI LVCE NOCET.

Elle se nuit en s'ôtant la lumiere.

Pour les Impies & les Libertins, qui font tous leurs efforts pour détruire les lumieres de la grace, & de la raison mesme.

CXIII.

CXIII. La Lune dans un nuage.

NON VISA PRÆFVLGET.

Bien qu'on ne la voye pas elle ne laisse pas de briller.

Pour une personne spirituelle, enfermée dans un cloître.

CXIV. La Lune pleine.

SVRREXIT LVCIDA.

Elle s'est levée, avec tout cet éclat.

Pour la Naissance de la Sainte Vierge.

CXV. La Lune au dessus de l'Ocean.

LVMINE NON TVRBINE.

C'est par sa lumiere, & non pas par ses mouvemens.

Pour un Prince, qui sans sortir de son Palais, gouverne tous ses Etats sans faire aucun mouvement.

CXVI. La Lune qui a plus de lumiere, lorsqu'elle nous paroît en avoir moins, étant alors plus proche du Soleil.

MAS LVZ PORQVE MENOS RESPLENDOR.

Elle a plus de lumiere, & n'a pas tant d'éclat.

Que ma lumiere est peu connuë,
Qu'on juge mal de mes vertus,
Si l'on en veut croire à la veüe:
I'en ay moins lorsque j'en ay plus.

Pour une personne retirée, & dans une vie cachée.

CXVII. La Lune.

AFFERT CVM LVCE QVIETEM.

Sa lumiere nous est un gage du repos.

Pour le Mariage de la Reine, qui fut l'occasion de la paix.

CXVIII. La Lune pleine au milieu des Estoiles.

ENTRE TOVTES VNE PARFAITE.

Maurice Seve Gentilhomme Lionnois, qui vivoit sous le regne de François I. fit imprimer l'an 1544. cinquante Devises dont tous les mots sont François, accompagnées de Vers. Elles sont autant de peintures de ses amours, mais peintures ou tout est tellement honnête, que c'est la vertu de la personne qu'il aimoit qu'il se propose en ces Vers & en ces Devises, sous ce titre. DELIE OBJET DES PLUS HAUTES VERTUS.

CXIX. La Lune dans une nuit sombre.

MA CLARTE' TOVJOVRS EN TENEBRES.

C'est la 37. Devise de *Maurice Seve*, & il semble que c'est pour exprimer la retraite de la personne qu'il aimait, qu'il a fait ces Vers.

Au centre heureux, au cœur impenetrable
A cet enfant sur tous les Dieux puissant.
Ma vie entra en tel heur miserable
Que pour jamais de moy se banissant
Sur son Printemps librement fleurissant.
Constitua en ce saint lieu de vivre:
Sans autrement sa liberté poursuivre,
Ou se nourrit de pensemens funebres :
Et plus ne veut le jour mais la nuit suivre;
Car sa lumiere est toûjours en tenebres.

CXX. Henry second n'étant encore que Dauphin, prit pour Devise le Croissant, avec ces mots. *Donec totum impleat orbem:* par lesquels il voulut faire cônoître qu'il croîtroit toûjours en vertu & en lumiere, jusqu'à ce qu'il fut parvenu à la Couronne.

CXXI. Son Pere étant mort, Monsieur Mortier qui étoit Ambassadeur à Rome pour le Roy, pria Paul Jouë, de changer le mot de la Devise de ce Prince ; puisqu'il étoit monté sur le trône, & que le sujet de sa premiere Devise, sembloit enfin accompli : Paul Jovë ne fit que changer le Croiſſant en pleine Lune, avec ces mots.

CVM PLENA EST FIT ÆMVLA SOLIS.
Quand elle eſt pleine, elle ne cede point au Soleil.

Cette Deviſe faiſoit alluſion à celle de Charles Quint, qui êtoit le Soleil dans le Zodiaque, avec ces mots. Nondum in auge, *il n'a pas encore toute ſon élevation, & a celle de Philippe ſecond, qui étoit auſſi le Soleil levant, avec ces mots.* Jam Illuſtrabit omnia. *Henry I I. fit la guerre à tous les deux avec beaucoup de ſuccez, pour reparer les pertes que ſon Pere avoit faites. Cependant il ne ſe ſervit jamais de cette ſeconde Deviſe, & nous l'ignorerions ſi Paul Iove ne l'avoit conſervée, dans ſon Dialogue des Deviſes.*

CXXIV. Gabriel Simeoni qui ſe mêloit de faire des Deviſes, qui n'eſtoient pas les plus juſtes du monde, en fit une pour le Roy de Navarre Antoine de Bourbon, & la Reine ſon Epouſe. C'étoit une bague avec un diamant, le Soleil & la Lune dans le cercle de l'anneau, avec ces mots.

SIMVL ET SEMPER.
Ainſi toûjours enſemble.

C'étoit, dit-il pour representer, la force & la perpetuité de leur amour, avec l'éclat de leur conduite & de leurs belles actions.

CXXIII. Le Croissant.

PLVS CROIST PLVS LVIT.

Cette Devise fut faite pour un jeune Prince.

CXXIV. La Lune.

OGNVN SA CHI M'ACCENDE.

Chacun sçait qui m'allume.

Pour une personne dont la passion legitime, est connüe de tout le monde.

CXXV. La Lune sur l'Ocean, avec ces mots d'Horace.

SEV TOLLERE SEV PONERE VVLT.

Soit qu'elle vueille faire élever les flots, ou les faire abbaisser.

Pour le Roy arbitre de la guerre & de la paix

CXXVI. La Lune cachée dans un nuage.

ATQVE ABSCONDITA PRODEST.

Elle fait du bien quoy qu'elle soit cachée.

Pour les aumônes secretes, d'une personne retirée.

CXXVII. La Lune.
MVTAT VICES.
Elle change souvent de face.

Pour une personne qui change souvent d'em-
ploy.

CXXVIII. L'an 1640. Les Jésuites cele-
brant le premier siecle de leur Institu-
tion, les Peres de Flandres firent plusieurs Devises sur ce sujet; entre lesquelles cinq avoient la Lune pour corps.

La Lune.
OMNIA SOLIS HABET.
C'est du Soleil qu'elle tient ce qu'elle est.

C'étoit pour marquer la reconnoissance de ces
Peres, qui témoignoient par cette Devise, qu'ils
devoient à Iesus-Christ tout ce quils étoient.

CXXIX. La Lune pleine.
TOTO MICAT ORBE.
Elle remplit son tour.

Le mot latin est equivoque, & signifie rem-
plir le monde.

CXXX. La Lune.
MEDIA FOVET OMNIA NOCTE.
Au milieu de la nuit tout subsiste par elle.

CXXXXI. La Lune éclipsée.

OBJECTA TELLVRE TENETVR.

L'ombre s'oppose au jour qu'elle reçoit.

Pour les persecutions de l'envie.

CXXXII. La Lune sortant des ombres de la terre.

IPSA FORMOSIOR VMBRA.

Elle en paroist plus belle.

CXXXIII. La Lune.

EXTERNO LVMINE CRESCIT.

Elle reçoit d'ailleurs la lumiere qu'elle a.

Pour une personne qui doit à la faveur du Prince, plûtost quà son propre merite, sa grandeur & son élevation.

CXXXIV. La Lune au milieu des étoiles.

DI MAGGIOR LVCE VAGA.

Elle a plus de lumiere & nous paroist plus belle.

CXXXV. La Lune avec ces mots d'Ovide au 5. des Metamorphoses.

NEC QVOD FVIMVSVE, SVMVSVE, CRAS ERIMVS.

Je changeray demain de face & de lumiere.

Pour l'instabilité de cette vie.

CXXXVI. La Lune auprès du Soleil.

QVO PROPIOR TENEBROSIOR.

Plus elle s'en approche, & moins elle a d'éclat.

Plus un Grand Seigneur s'approche de la Cour & du Prince, moins il a d'éclat, parce qu'il cesse d'être ce qu'il étoit dans les Provinces où il avoit toute l'authorité.

CXXXVII. La Lune dans le Zodiaque.

VELOCITATE PRÆSTAT.

Elle a plus de vitesse a fournir sa carriere.

La Lune ne met que vingt-neuf jours à faire son tour. Le Soleil en met trois cent soixante-cinq, & quelques heures. Les autres Planetes font la mesme chose, ou mettent beaucoup plus de temps. Ainsi la Lune est en ce sens le simbole de ces esprits prompts, qui font en peu de temps, ce qui coûte beaucoup aux autres.

CXXXVIII. Dom Hercule Trivulce étant envoyé Ambassadeur extraordinaire au Pape Innocent X. par la Reine d'Espagne, prit pour Devise le Croissant de Lune dans le Zodiaque, avec ces mots.

CITISSIMA EXPLET.

En peu de temps elle acheve sa course.

C'étoit

C'étoit pour marquer la diligence, avec laquelle il vouloit executer les ordres de cette Reine.

CXXXIX. La Lune qui ne fait que commencer.

SINE MACVLA.

On n'y voit pas la moindre tache.

Pour la Conception de la Sainte Vierge.

CXL. La mesme.

QVANDO PICCIOLA E PIV D'OMBRE E PVRGATA.

Quand elle est plus petite, on n'y voit point de tache.

Pour le mesme sujet.

CXLI. Aux funerailles d'Ascanio Piccolomini Archevêque de Sienne, on peignit la Lune dans la nuit, avec ces mots.

IN TENEBRIS CLARIOR.

J'ay plus d'éclat dans les tenebres.

La Maison Piccolomini a des Croissans pour Armoiries.

CXLII. La Lune tournée vers le Soleil.

POR TI MI RESPLENDOR.

C'est par vous que je brille.

K k

Le mot est Espagnol, & la Devise de Saavedra.

CXLIII. Le Soleil & la Lune.

LVMEN IDEM.

C'est la mesme lumiere.

Pour Iesus-Christ & son Eglise.

CXLIV. La Lune voisine de la Region du feu Elementaire.

ARCANO DEFENSA GELV.

Sa froidure secrete l'en defend.

Pour une personne dont le temperament & la conduite, sont fort éloignées des passions violentes.

CXLV. La Lune opposée au Soleil.

SPLENDET, NON ARDET AB ILLO.

Elle en reluit, mais elle n'en brûle pas.

CXLVI. La Lune en son plein dans la serenité de la nuit.

MENTITA DIEM.

Elle imite le jour.

C'est la peinture de l'hypocrisie.

CXLVII. La Lune qui se joint au Soleil, quand elle est sur son declin.

CELAT QVOS ACCIPIT IGNES.

Elle cache les feux qu'elle reçoit de luy.

Pour une passion secrete.

CXLVIII. La Lune opposée au Soleil, & recevant sa lumiere directement.

OBLIQVOS NON ACCIPIT IGNES.

Elle ne reçoit point de feux obliques.

Pour une personne incapable, de se faire d'autres attachemens, que ceux de son devoir.

CXLIX. La Lune éclairant le Ciel, & le Soleil qui se leve.

INVIDE QVO PROPERAS?

Envieux ou vas tu si viste ?

CL. La Lune, qui recevant la lumiere du Soleil, la communique à toute la terre.

ACCEPTVM MITTIT.

Elle rend ce qu'elle en reçoit.

CLI. La Lune qui se couche.

ORIETVR ALIBI.

Elle se levera ailleurs.

K k ij

*Pour la mort d'une personne, qui ne fait que
passer à une meilleure vie.*

CLII. La Lune.

TERRÆ CÆLOQVE.

Elle luit pour la terre, & brille pour
le Ciel.

CLIII. Pour les nopces de Marie de Medicis, avec Henry IV. Bargagli peignit
la Lune qui s'approchoit du Soleil, avec
ces mots.

JVNGI PROPERAT.

Elle se hâte d'approcher de luy.

CLIV. Marie de Medicis ayant Epousé
Henry IV. Bargagli qui avoit fait la Devise precedente pour son voyage, en fit
une autre pour son Mariage, dont le
corps étoit aussi la Lune, avec ces
mots.

CONSPICVA QVA CONSPIGIT.

Tout son éclat luy vient, d'en être
regardée.

CLV. A l'arrivée de Monsieur Picolomini,
Archevêque de Sienne, on peignit la
Lune qui se levoit, avec ces mots.

IN REDITV GRATIOR.

Son retour la rend plus agreable.

CLVI. La Lune durant la nuit.

POST LVMINARE MAJVS.

Apres le Soleil elle a le plus d'éclat.

Pour la Sainte Vierge, qui apres Jesus-Christ reçoit les respects des fideles.

CLVII. En un Tournoy un Cavalier qui prit le nom de Chevalier du Pront-retour, prit pour Devise la Lune qui se levoit.

REDIT ET ITERVM.

Elle retourne encore.

CLVIII. Vn Pere desirant avec empressement de voir son fils s'avancer, jusqu'a faire un parfait établissement, prit pour Devise le Croissant de Lune, avec ces mots.

DA PLENVM CERNERE LVMEN.

Faites-nous voir toute vôtre lumiere.

CLIX. La Lune pleine.

AT OPACA SVPERNE.

Mais du côté du Ciel, elle n'est que tenebres.

Pour une Damoiselle sçavante, mais Heretique.

CLX. La Lune opposée au Soleil.

DA TE CHIAREZZA E NON ARDORE JO PRENDO.

Je reçoy vôtre éclat, sans prendre vos ardeurs.

Cette Devise est la mesme que la CXLII. *Le mot est seulement en diverse Langue.*

CLXI. CLXII. On a fait deux Devises de la conjonction de la Lune avec le Soleil, qui est le temps auquel elle ne nous paroît point. Le mot de l'une de ces Devises est.

OBSCVRATVR DVM JVNGITVR.

Elle perd son éclat, quand elle s'en approche.

Et le mot de l'autre est.

OBSCVRATVR, AT JVNGITVR.

Elle perd son éclat, mais elle s'en approche.

CLXIII. La Lune qui ne montre qu'un filet, dont les extremitez sont tres-lumineuses.

ETIAM FVLGET APICIBVS.

En ses extremitez, ce n'est que lumiere.

Pour une personne exacte, aux plus petites choses.

CLXIV. Vn Academicien de l'Academie des Erranti, portoit la Lune, dont l'image se representoit dans un bassin plein d'eau, avec ces mots,

QVAMVIS IN EXIGVO.

Quoy qu'en petit elle paroît entiere.

C'étoit un sentiment modeste, de la petitesse de son esprit, qui ne laisseroit pas d'être fidele, à tous les exercices de l'Academie.

CLXV. CLXVI. On representa par une Devise double, l'état de la vie humaine, dont les adversitez se terminent en prosperitez, & les prosperitez en adversitez. La Lune.

DESINIT VT CRESCAT.

Elle décroît pour croître.

L'autre étoit la Lune pleine.

CRESCIT VT DESINAT.

Elle croît pour décroître.

CLVII. La Lune entre les Estoiles.

PRÆSTAT TOT MILLIBVS VNA.

Elle a plus d'éclat elle seule, que mille qui luisent auprés d'elle.

Pour une Dame dont la vertu, le merite, &
la reputation, l'emportoient sur toutes les Dames
de la Cour.

CLXVIII. La Lune.

FVLGET ET ALGET.

Elle brille, mais elle est froide.

CLXIX. Le Cardinal Crescentio, qui avoit des Croissans pour Armoiries, pour faire connoître qu'il devoit son élevation au Pape Sixte V. prit pour Devise un Croissant, avec le Soleil & ces mots.

ASPICE CRESCAM.

Je croistray si vous me regardez.

CLXX. La Lune éclipsée.

DEFICIO DVM PERFICIOR.

Je perds tout mon éclat, lorsqu'il est plus
parfait.

Pour une personne qui estant élevée à la plus-
haute dignité, à laquelle elle pût parvenir, dé-
cheoit tout d'un coup, par un revers de fortune.

CLXXI. La Lune en Croissant.

INTEGRA TAMEN.

Elle est pourtant entiere.

La Lune a toûjours la mesme figure, quoy qu'elle ne paroisse pas toûjours la mesme. Il y a aussi des personnes fort vertueuses, qui ne laissent pas d'être calomniées.

CLXXII. La Lune nouvelle.
RVRSVS POST TENEBRAS.

Apres l'obscurité, je reprens ma lumiere.

CLXXIII. Le P. Gamberti qui a fait un gros Volume des Honneurs Funebres, rendus à François d'Este Duc de Modene, y a inseré plusieurs Devises, dont la Lune fait le corps.

La Lune sur une mer agitée.
MOTAS EXASPERAT IRAS.

Elle en excite la colere.

Il attribuoit cette Devise, au zele de ce Prince, à aller combattre contre le Turc, dont le Croissant est le simbole, & le mot étoit d'Ovide au 5. des Metamorphoses.

CLXXIV. La Lune pleine.
MOX DISPARE FORMA.

Elle changera bien-tôt de forme.

Pour une personne inconstante. Le mot est de Claudien.

CLXXV. La Lune pleine.

QVID AMPLIVS OPTET?

Qu'a-telle a defirer, que d'être ainfi
toûjours ?

CLXXVI. La Lune, avec ces mots de Virgile.

MENTIRI DIDICIT.

Elle trompe toûjours.

Pour l'hypocrifie, dont la Lune eft le fimbole.

CLXXVII. La Lune.

ACCIPIT HAVD REDDIT.

Elle reçoit, & ne rend rien.

*Pour l'ingratitude. C'eft au Soleil qu'elle ne
rend rien.*

CLXXVIII. Le premier filet de Lune, quand elle commence a paroître, avec ces mots de Martial.

PROPIVS VIDET.

Elle le voit de plus pres.

*C'eft du Soleil que parle cette Devife, & pour
la fimplicité, qui ayant en apparence moins de
lumiere que la fubtilité, voit neantmoins Dieu
de plus pres, parce qu'il aime a fe communiquer
aux ames fimples.*

CLXXIX. La Lune pleine, lorsqu'elle est plus éloignée du Soleil, avec ces mots de Martial.

ET PRETIVM DISTANDO FACIT.

Elle accroist sa lumiere, en s'éloignãt de luy.

CLXXX. La Lune au milieu de la nuit.

EXORTVM EST IN TENEBRIS LVMEN.

Elle vient éclairer les horreurs de la nuit.

L'Autheur des Eloges, & des Devises des Saints de l'Abbaye de Sainte Geneviéve de Paris, a fait cette Devise pour Sainte Clotilde, qui porta Clovis à embrasser les lumieres de la foy.

CLXXXI. La Lune.

EO VNDE LVCET.

Elle tourne ses regards, vers la source des lumieres.

Pour une personne reconnoissante.

CLXXXII. La Lune.

A SOLE DECVS.

C'est du Soleil que luy vient son éclat,

CLXXXIII. La Lune.

CVM LVCE VIRES.

Sa force est jointe à sa lumiere.

C'est la lumiere de la Lune, qui fait ses influences & sa force, & toute la force d'un esprit, consiste en ses lumieres & en sa penetration.

CLXXXIV. La Lune avec ces mots d'un hymne.

VVLTV NITENTIS SIDERIS.

Par les regards, de l'Astre qui l'éclaire.

CLXXXV. La Lune en tenebres, du côté de la terre.

QVA CÆLVM SPECTAT, LVCIDIOR.

Mais du côté du Ciel, elle est plus lumineuse.

CLXXXVI. L'Académie des *Erranti*, établie à Bresce, avoit pour Devise generale, la Lune avec ces mots.

NON ERRAT ERRANDO.

En errant, elle n'erre point

CLXXXVII. Vn Academicien de Pistoye, dans l'Academie des Risvegliati, avoit le mesme corps, avec ces mots.

ERRAT INERRANS.
Elle erre sans errer.

CLXXXVIII. La Lune.

NON VVLTVS NON COLOR VNVS.

Elle change de face, & change de couleur.

Pour une personne qui n'est pas sincere.

CLXXXIX. La Lune qui se couche, & le Soleil qui se leve, avec ces mots d'un Hymne.

CEDIT DIVRNO SIDERI
Elle cede à l'Astre du jour.

Pour Saint Jean Baptiste, qui cessa de prescher, quand le Fils de Dieu commença de le faire.

CXC. La Lune pleine éloignée du Soleil.

TANTO SI SCOSTA PIV, QVANTO PIV SPLENDE.
Plus elle a de lumiere, & plus elle s'éloigne.

Pour une personne qui s'éloignoit d'une autre, à mesure qu'elle en recevoit plus de bien, & qu'elle devenoit plus grande & plus illustre.

CXCI. La Lune dont les premiers rayons commencent à paroître, avant qu'elle se leve.

NONDVM NATA NITET.

Elle brille déja devant que d'être née.

Pour la Sainte Vierge, dont la Conception fut pleine de grace.

CXCII. La Lune éclipsée, avec ces mots de Claudien.

RADIOS INTERCIPIT ORBIS.

La terre à ses regards m'est un fâcheux obstacle.

Le monde nous empêche de voir Dieu.

CXCIII. La Lune regardant le Soleil, avec ces mots de Catulle.

SPECTANDO EXPLETA EST.

C'est en le regardant, qu'elle se remplit de ses lumieres.

Pour une ame qui contemple la grandeur de Dieu.

CXCIV. Le Soleil, & le Croissant de Lune.

IN IPSVM CORNVA NVNQVAM

Ce n'est pas contre luy, qu'elle tourne ses cornes.

Pour une personne qui ne se revolte point
contre son Prince.

CXCV. La Lune.

SVB JOVE CLARIOR FRIGIDO.

Dans les temps les plus froids, elle a plus
de lumiere.

CXCVI. La Lune.

GRATIA E DOLCEZZA OVVN-
QVE INTORNO GIRA.

Grace & douceur, ou tournent ses regards.

*Pour la douceur, & l'affabilité d'une Prin-
cesse.*

CXCVII. La Lune.

MVOVE LEGGIADRAMENTE I
PASSI SVOI.

Ses pas sont mesurez, ses demarches sont
belles.

Pour une Dame, qui dansoit fort agreablement.

CXCVIII. La Lune pleine.

DI BEL SERENO ADORNA.

Son visage serein, est son bel ornement.

CXCIX. La Lune pleine.

OGNI SVA GRATIA ADVNA.

Elle rassemble ainsi, tout ce qu'elle a
de beau.

CC. Vn celebre Controversiste, a fait du Soleil, le simbole de l'Eglise, qui ne change jamais, & de la Lune qui change toûjours, le simbole de l'heresie. Il a accompagné le Soleil de ce Vers.

MILLE ET SEXCENTIS EST INVARIABILIS ANNIS.

Depuis seize cents ans, il est toûjours le mesme.

Et la Lune de celuy-cy.

MILLE ET SEXCENTIS FACIES CENTVM INDVIT ANNIS.

Elle change en cents ans, plus de seize cents fois.

L'application est d'autant plus ingenieuse, qu'ecrivant au commencement du dix-septiême siecle, apres que l'Eglise contoit seize cens ans, il explique ce temps dans ces Vers, & l'explique en des termes qui ont deux sens, car les Latins se servoient du nombre de mille, & du nombre de six cents pour un temps indefini, comme d'ailleurs l'un & l'autre joints ensemble signifioient seize cent.

CCI. Le Croissant de la Lune.

FOECVNDO LVMINE CRESCIT.

Sa lumiere feconde augmente chaque jour.

Pour

Pour une personne, qui de jour en jour fait paroître son esprit, & donne de temps en temps au public, de nouvelles productions.

CCII. La Lune opposée au Soleil.

TE RADIANTE CORVSCO.

C'est par vous que j'ay de l'éclat.

Cette Devise est une espece de reconnoissance d'une personne qui professe, qu'elle doit à une autre tout ce qu'elle est, comme la Lune n'a de lumiere que par le Soleil.

CCIII. Le premier Croissant de Lune.

INCIPIT AB OCCASV.

Elle commence à paroître, du côté du couchant.

C'est ainsi que la mort est pour nous, le commencement d'une nouvelle vie.

CCIV. L'Academicien lumineux, entre les *Erranti* de la Ville de Bresse, portoit la Lune pleine, qui se levoit sur l'hemisphere au coucher du Soleil, avec ces mots.

GRATA VICISSITVDINE.

C'est une agreable alternative.

Pour une personne qui succede à une autre, dans une charge ou un employ.

M m

CCV. L'Abbé Ferro pour exprimer que le Cardinal François Barberin en recevant des graces du Pape Vrbain VIII. son oncle, n'empêchoit pas que les autres n'en receussent aussi de considerables, peignit la Lune qui pour recevoir toute sa lumiere du Soleil, n'empêche pas que cét Astre ne la répande ailleurs.

ACCIPIT NON ADIMIT.

Ce qu'elle reçoit ne nuit point aux autres.

CCVI. Le mesme Autheur, pour faire voir qu'un Seigneur qui étoit grand dans sa Province, ou il exerçoit les premieres charges, n'avoit pas le mesme éclat à la Cour en s'approchant du Prince, peignit la Lune proche du Soleil, ou elle perd sa lumiere du côté de la terre.

PROPIOR LVMINA PERDIT.

En s'approchant elle perd son éclat.

Le mot est de Boëce, qui dit parlant de cét Astre. Phæbo propior lumina perdit.

CCVII. La Lune.

IN EODEM SISTERE NESCIT.

Elle ne peut garder la mesme forme.

Pour une personne inconstante.

CCVIII. La Lune.

CRESCIT, DECRESCIT.

Elle croist & décroist.

C'est l'image de nôtre vie, & de l'instabilité de la fortune.

CCIX. La pleine Lune.

EOVM OCCIDVVMQVE OCEANVM VERSAT.

Son Empire s'étend, sur l'une & l'autre mer.

Pour Monsieur l'Admiral.

CCX. La Lune.

ILLVMINANS NOCTEM.

Elle éclaire la nuit.

Pour un Missionnaire, qui porte les lumieres de la foy parmy les infideles.

CCXI. Le premier filet de Lune.

MINIMO CONTENTVS OBERRO.

Me contentant de peu, je passe mon chemin.

CCXII. La Lune.

NVNQVAM QVO PRIVS ORBE MICAT.

Jamais le mesme état, ny la mesme figure.

Le mot est d'Ovide, & s'applique à l'incon-
stance des hommes.

CCXIII. A la mort du Cardinal Infant
Ferdinand d'Austriche, Frere de Philippe IV. Roy d'Espagne, on peignit une
Lune au milieu des Estoiles, & ces mots
de Claudien.

SIDEREÆ CEDVNT ACIES,

Tous les autres Astres luy cedent.

CCXIV. La Lune qui se leve.

ET REDIT FRIGIDA.

Elle retourne aussi froide qu'auparavant.

CCXV. La Lune dans la nuit.

TVTVM LVX TVA PANDIT
ITER.

Sa lumiere nous sert à trouver le chemin.

Pour la Guide des Pecheurs, écrite par le
Pere Grenade.

LES ASTRES,
SOUS DES FIGURES
HUMAINES,

& sous leurs Figures naturelles.

I L y a plusieurs Devises ou les Astres sont
representez sous des figures humaines. Philippe II. Roy d'Espagne portoit ainsi le Soleil
monté sur un Char tiré par des Chevaux, avec
ces mots. **Illustrabit omnia,** que j'ay rapportée
parmy les Devises du Soleil. Il y a certaines
Devises, qui demandent qu'il soit ainsi representé, comme celle-cy dont les mots s'appliquent
aux Chevaux attelez de cét Astre.

I. HERILES AGNOVERE SONOS.

Ils reconnoissent la voix de leur Maître.

Cette mesme figure conviendroit fort bien à la
Devise du Soleil, avec ces mots. Nusquam me-
ta mihi, *ou avec eux-cy.* Nec citrà, nec ultrà.
Parce que les Anciens couroient sur des Chariots
dans le Cirque, & ces mots font allusion à ces
courses. On figure quelquefois de cette sorte la
Devise du Roy.

II. Le Soleil qui entre dans l'Ocean avec
son Char.

VT ALTERVM NVNC ORBEM.

Pour aller eclairer un autre monde.

Cette Devise parut à Naples aux Funerail-
les de Philippe second.

III. Monsieur de Balsac, avoit pour De-
vise le Soleil, qui sefaisoit passage au
travers les nuës & les broüillars.

VIAM FACIET, AVT INVENIET.

Il se fera passage, ou le trouvera fait.

IV. Au retour du Roy dans Paris apres
les troubles, on peignit la Reine sous
l'image de l'Aurore, & le Roy sous l'H

mage d'Apollon , ou du Soleil sur son
Char, avec ces mots de Virgile.

MATRE DEA MONSTRANTE. VIAM.

Sa Mere luy frayant un chemin lumineux.

V. Durant les troubles de la France ,
Charles Emanuel Duc de Savoye, s'em-
parant du Marquisat de Saluces, fit bat-
tre de la monnoye , ou il representa le
Centaure celeste , qui a à ses pieds la
Couronne autre constellation , avec ce
mot.

OPPORTVNE.

Ayant trouvé l'occasion.

Par lequel il vouloit dire qu'ayant trouvé l'oc-
casion d'une Couronne comme abandonnée par
les desordres de la France, il s'étoit servi de cet-
te occasion pour la prendre.

VI. Henry Estienne pour répondre à cette Devise du Duc de Savoye , representa dans les jettons de mil six cens un ,
la Constellation d'Hercule , sous une figure humaine , qui renversoit ce Centaure avec le mot.

OPPORTVNIVS.

Plus à propos.

VII. Antoine & Afcanio Perfii, s'étant
attaché à la Maifon des Vrfins, & s'étant
mis fous la protection du Duc de Gravi-
na, prirent pour Devife la Conftellation
de Perfée, fous une figure humaine, au
deffous de la Conftellation de la petite
Ourfe, avec ces mots Grecs.

ΥΠΟ ΤΗΣ Δ' ΑΙΕΝ.

Toûjours au deffous d'elle.

Par cette Devife ils faifoient allufion à leur
nom, & à celuy de la Maifon des Vrfins, à
qui ils faifoient profeffion d'être foûmis.

VIII. L'an 1628. Sebaftien de Volucza
VVolucki, Capitaine de Rava en Pologne, fe mariant avec Sufanne Ovvadouf-
ka, on fit plufieurs Devifes, & plufieurs
Epigrammes fur ce Mariage fous ce titre

Sphinx Samfónica de Illuftriffima Vrfinorum
Sarmaticorum, feu Ravitarum, & Duninó-
rum gente.

Entre les Devifes étoit celle du Signe de
la Vierge, fous une figure humaine, &
ces mots de Virgile.

JAM REDIT ET VIRGO.

Et la Vierge retourne.

IX. Aux Funerailles du Prince Thomas
de Savoye, on representa à Turin le
Ciel en larmes, & l'on peignit sous des
figures humaines, la pluûpart des Planetes & des Constellations, entre autres
la Lune, Jupiter, Mars, Mercure, Saturne, Hercule, Persée &c.

Le mot d'Hercule étoit.

VISSE FAMOSO HOR GLORIOSO
SPLENDE.

Celuy de Jupiter.

TEMVTO IN GVERRA, E RIVE-
RITO IN PACE.

Mais comme ces figures tiennent plus
de l'Emblême que des Devises, je les omets
icy, pour les rapporter au traité des Emblêmes.

X. Pour la Reine Marie de Medicis, on
representa dans une Medaille, le Vaisseau des Argonautes transferé au Ciel,
& rempli des Heros, qui allerent à la
Conquête de la Toison d'or.

SERVANDO DEA FACTA DEOS.

En conservant les Dieux, j'ay merité
le Ciel.

Pour le soin qu'elle avoit pris de ses enfans,
dont elle avoit la tutele.

Nn

XI. Le Soleil qui se couche.

ALVMBRA EN OTRO CIELO.
Il va briller ailleurs.

Pour une personne qui quitte son pays.

XII Le Soleil au milieu du Bellier, & de la Balance.

ÆQVALIS VBIQVE.
Egal par tout.

Cette Devise fut faite pour Monsieur Seguier Chancelier de France.

XIII. Le P. Gamberti aux Funerailles du Duc de Modene, fit servir plusieurs Constellations, sous des figures humaines, à representer les vertus de ce Prince. La Constellation d'Hercule, avec ces mots de Martial.

JVVAT IPSE LABOR.
Je vois de mes travaux les succez glorieux.

XIV. La mesme Constellation, avec ces mots.

NVNQVAM SVCCVBVIT.
Par tout victorieux, & par tout invincible.

XV. La Constellation d'Orion, insigne chasseur.

INSONTES IRÆ.

Vne belle colere allume son courage.

XVI. Persée avec la tête de Meduse.

GRATVS TERROR.

Il est également agreable & terrible.

On donne aussi aux autres Constellations les figures que les Astronomes leur ont assi-gnées, parce que sans ce secours il seroit dif-ficile de les distinguer, par la seule disposition des Estoiles qui les composent.

XVII. Le Pere Gamberti figura ainsi le Pegase, avec ces mots.

MVSIS AMICVS.

Il est amy des Muses.

XVIII. Il representa le Signe du Lion, sous la figure de cét animal.

ET LVMEN ET ARDOR.

Et lumiere & chaleur.

Ce sont les deux qualitez des grandes ames.

XIX. Le Phenix celeste.

FVNERIBVS PRETIOSA SVIS.

Icy d'aucune mort, je ne crains les atteintes.

XX. La Colombe celeste.

PROCVL OMNIS IRA.

Point de fiel où regne la paix.

XXI. La Couronne Celeste.

ÆTERNVM DECVS.

Sa gloire est eternelle.

XXII. Ce mesme Pere en fit une autre de la constellation de l'Aigle, avec ce mot d'Ovide.

NVLLA POTEST DELERE VETVSTAS.

Elle ne peut icy vieillir, ny se détruire.

Il faisoit allusion à la Maison d'Este, dont l'Aigle est le Blason.

XXIII. A la mort d'un celebre chasseur, on peignit la Constellation du Chien celeste, avec ces mots.

QVIETE CORVSCA.

Il joüit maintenant d'un illustre repos.

XXIV. Aux Funerailles de Philippe IV. Roy d'Espagne, faites à Milan par les Peres Barnabites, on peignit un vaisseau qui partoit du port, & au dessus la Constellation de la Vierge.

HAC DVCE TVTA VIA.

On ne peut qu'être heureux, sous ce
guide fidele.

C'estoit pour exprimer la devotion que ce
Prince avoit eüe à la sainte Vierge.

XXV. Le Pere Gamberti a representé
une vintaine de Constellations, outre
les precedentes, sous les figures qu'on
leur donne ordinairement.

Le Soleil dans son Char.

NOMEN CVRSIBVS ADDIT.

Il s'acquiert de l'honneur, par ses courses
illustres.

Pour un Voyageur qui acquiere de la reputa-
tion en ses Voyages.

XXVI. Le Signe de la Balance, avec
l'Astre qui la tient.

SIDERVM MAGNVM DECVS.

C'est l'honneur du Ciel & des Astres.

La Iustice fait l'honneur des Souverains, &
le bien de leurs Estats.

XXVII. La Balance celeste.

ÆQVATO EXAMINE.

Juste toûjours également.

Pour un Magistrat.

XXVIII. La Constellation de l'Autel celeste.

CONFESSA DEVM.

Elle procure à Dieu, le culte qu'on luy doit.

Pour une personne zelée pour la Religion.

XXIX. La Constellation d'Hercule, avec ces mots de Seneque.

VICTOR E COELIS MEOS SPEC- TO LABORES.

Je regarde du Ciel, mes travaux glorieux.

Pour saint Louis.

XXX. La Constellation de Persée.

ADDITVS COELIS HONOS.

Il fait honneur au Ciel.

XXXI. Plusieurs Constellations qui ont les figures de divers animaux terribles.

TELLVS IN COELO VIDET QVÆ TIMVIT.

La terre voit au Ciel, ce qu'elle a redouté.

Pour la mort d'un Conquerant.

XXXII. La Constellation d'Hercule.

LOCVM VIRTVS HABET INTER ASTRA.

La vertu trouve place, & tient rang dans le Ciel.

XXXIII. La Constellation d'Astrée.

NOBIS TE REGIA COELI INVIDET.

Le Ciel la renvié sur nous.

Pour la mort d'une personne vertueuse.

XXXIV. La Constellation du Cygne.

SINE LABE ARGENTEVS ARDOR.

Son éclat est sans tache, & brille comme l'or.

Pour une personne dont la vertu est éclatante & sans aucun défaut.

XXXV. Le Dragon celeste.

AD NVLLAM REQVIEM FACILIS.

Il est toûjours veillant, & ne repose point.

Pour un Ministre infatigable.

XXXVI. Les Gemeaux celeste.

PATREM REFERVNT.

Ils ressemblent leur Pere.

Pour deux enfans dignes heritiers de la vertu de leur Pere.

XXXVII. Le Lion celeste.

PLVS NOBILIS IRÆ.

Vn plus noble courroux anime son ardeur.

Pour un Conquerant, qui combat pour les interets de Dieu & de la Religion.

XXXIII. La Grue Celeste.

INSOMNES NOCTES.

Elle veille toutes les nuits.

Pour une personne qui passe les nuits en priere, ou à l'estude.

XXXIX. L'Ourse celeste.

NVNQVAM LATET.

Elle n'est jamais cachée.

XL. La petite Ourse.

CERTA NAVTIS.

Elle est aux Matelots un guide tousjours seur.

XLI.

XLI. Le Pere Frison dediant ses Poësies
à Monseigneur l'Evêque de Munster,
peignit la Lyre Celeste, avec ces mots,

INSIGNIS SPLENDORE SONOQVE.

Par l'éclat & le son, on peut me distinguer.

*Ce Prince Ecclesiastique, se distingue dans
le monde par sa Naissance, & par ses Ouvrages, particulierement par ses Poësies.*

XLII. La Constellation du Scorpion.

NESCIA VENENI.

Il n'a point de venin.

XLIII. L'Estoile Polaire, à la queuë de
la petite Ourse.

OMNIS MOTVS EXPERS.

Elle est sans mouvement.

Pour une ame tranquille.

XLIV. L'Ourse celeste.

DVM VERSATVR ERIGITVR.

Elle se leve, quand elle semble tomber.

XLV. La Constellation de l'Eridan.

NVLLAS CONFESSVS MVRMVRE
VIRES.

Il fait sentir sa force, & ne fait point
de bruit.

O o

Pour une personne qui a plus d'effet, que de parole.

XLVI. Le Centaure Chiron.

NVNQVAM SIBI VIRIBVS IMPAR.

Toûjours forces égales.

XLVII. Saturne accompagné de ses deux Lunes.

INDE CAPIT VIRES.

Quand ils sont joints à luy, sa force est bien plus grande.

Pour un Prince, qui retire du secours de ses alliez.

XLVIII. La Constellation de la Croix, qui est au Pole Antarctique, ce que l'Ourse est à celuy-cy.

NOVVM PANDIT ITER.

Elle montre aux Nochers, une nouvelle route.

La Croix est le guide des fideles pour le salut.

XLIX. La Constellation d'Hercule.

CONTVLIT COELO DECVS.

Elle fait dans le Ciel, un nouvel ornement.

Pour un Saint.

L. La Constellation de Pegase.

DAL PARNASSO ALLE STELLE.
Du Parnasse aux Estoiles.

Pour un Poëte, qui a laissé son nom immortel.

L I. Le Triangle Celeste.

SICVRO DELLE OFFESE.

Rien ne peut me détruire.

L II. Le Dauphin Celeste.

TEMPESTE APPORTO.

J'apporte les tempêtes.

Pour les troubles que causa Louis XI. n'étant encora que Dauphin.

L III. La Couronne Celeste.

DEGNA DEL CIELO.

Elle est digne du Ciel.

L I V. Le Cygne Celeste.

QVI FVLMINI NON TEMO.

Icy je ne crains plus, ny les vents ny la foudre.

LV. La Constellation d'Hercule.

QVANTE IN LVI SON VIRTV, SON TANTE STELLE.

Ses vertus dans le Ciel, font des Astres brillans.

Pour un Saint.

LVI. Le Signe des Gemeaux.

IL PARE MERTO LOR DEGNO E DI STELLE.

Tous deux par leurs vertus, ont merité le Ciel.

Pour Saint Cosme & Saint Damien Freres.

LVII. L'Ourse Celeste.

SEMBIO FVOCO E TVTTA SON GELO.

Il n'est rien de si froid, & je parois tout feu.

LVIII. Les Constellations d'Hercule, de Persée, & du Vaisseau des Argonautes.

E DOPO L'ARMI, IN CIEL PACE HAN GLI EROI.

Dans le Ciel les Heros.

Apres tant de combats-joüiſſent du repos.

LIX. Les meſmes Conſtellations.

EGVAL E LA VIRTV PARE L'ONORE.

D'une égale vertu, la meſme recompenſe.

LX. Le Cygne Celeſte.

E GODE QVI BEATO AVRA FELICE.

C'eſt là qu'un air plus doux, luy fait de doux plaiſirs.

Pour un Sçavant, qui s'étoit fait ſolitaire pour vaquer à la contemplation.

LXI. La Compagnie de JESUS, ayant été approuvée du Saint Siege, le jour de la Feſte des Ss. Coſme & Damien, les Peres de Flandre, entre pluſieurs autres Deviſes qu'ils firent pour le Centenaitre de cette Confirmation, peignirent un Vaiſſeau ſous le Signe des Gemeaux, avec ces mots.

FELICIBVS AVSPICIIS.

Sous un aſpect heureux.

LXII. Simon Laurent Veterani, des

Comtes de Montecalvo, dediant au Cardinal Rospigliosi, Neveu du Pape Clement IX. les œuvres Mathematiques du Pere Taquet Jesuite, fit peindre le Cygne celeste aupres de la Lyre celeste & du Dauphin avec ces mots.

MICAT INTER OMNES.

Il brille entre tous les autres.

Le Pape êtoit designé entre les pretenduës Propheties de Saint Malachie, par ces mots fidus oloris. *Il avoit aussi nom avant sa promotion au Pontificat. Iules Rospigliosi, à quoy le* Julium fidus, *d'Horace faisoit allusion.*

LXIII. La Constellation du Vaisseau des Argonautes.

NI VNDAS NI VIENTOS.

Je ne crains plus ny les vents ny les flots.

Le Ciel est le lieu du repos.

LXIV. La Constellation de l'Autel.

NVNQVAM DEFICIET.

Le feu Sacré n'y manquera jamais.

Pour la constance d'une personne vertueuse, dans les exercices de pieté.

LXV. En la Reception que la ville de Milan

à Marguerite d'Austriche épouse de Philippe 3. Roy d'Espagne, on peignit l'Aigle Celeste, qui est tournée vers le Midy avec ces mots.

FIXA RESPICIT AVSTRVM.

Et c'est là seulement que tournent ses regards.

Cét Aigle qui est l' Armoirie de la Ville de Milan en étoit le simbole, & marquoit son attachement, à la Maison d'Austriche.

LXVI. Le Char du Soleil.

CVM PHOEBO CIRCVIT ORBEM.

Avecque le Soleil il fait le tour du monde.

Pour un grand voyageur.

LXVI. La Constellation d'Hercule.

EXANT LATIS LABORIBVS.

Apres tant de travaux je joüis du repos.

LXVII. La Constellation du verseur d'eau.

CÆLESTES EFFVNDET OPES.

Des dons du Ciel il répand l'abondance.

LVIII. Au Ballet des quatre Saisons dancé l'an 1623. Le Chevalier de la Canicule portoit cette Constellation avec ce mot.

NE PIV ARDENTE NE PIV FEDELE.

Nul n'est plus ardent, ny plus fidele.

LXIX. LXX. Aux Ceremonies faites à Milan, pour la Canonisation de S. Charles Borromée l'an 1610. on fit deux Devises de la Constellation de l'Aigle, l'une avec ces mots,

INTER PONIT SIDERA NIDVM.

Il a sceu se placer entre les Astres.

Et l'autre avec ces paroles.

PRECES NON FVLMINA MITTET.

Au lieu de foudre, elle n'a que des graces.

LXXI. Le Taureau Celeste.

IMMORTALIBVS IN PRÆSEPIIS.

Il repaist dans le Ciel ayant quitté la terre.

Pour un Contemplatif.

LXXII. L'Aigle Celeste.

Maintenant de plus pres elle voit le Soleil.

Pour un Saint qui regne dans le Ciel.

LES FEUX

LES FEUX
SAINT ELME,
LES COMÈTES,
ET LA VOYE DE LAIT.

I. Vne Comete.

NVNQVAM SPECTATVS IMPVNE.

Jamais impunement on ne le void paroistre.

Pour un Conquerant,

P.2

II. Vne Comete.

MVTAT REGNA NON AVFERT.
Elle change les Royaumes, & ne les détruit pas.

Cette Devise parût aux funerailles faites à Milan, pour Philippe IV. Roy d'Espagne, & l'on voulut exprimer que la mort, bien loin de luy oster ses états & sa Couronne, n'avoit fait que luy en donner d'autres dans le Ciel. Il parût une Comete un peu avant sa mort.

III. Vne Comete.

DEPASCENS OMNIA FVLGET.
Elle n'a d'éclat que pour nuire.

C'est l'image d'une personne qui ne se sert de son pouvoir & de son élevation, que pour faire du mal impunément.

IV. La Voye de lait.

INNVMERÆ CONFLANT STELLÆ.
Son éclat vient d'un grand nombre d'Estoiles.

Le Pere Raulin fit servir cette Devise aux funeraille d'Odouard Duc de Parme, pour signifier que la candeur qui luy estoit si naturelle, estoit l'effet de plusieurs vertus. On pourroit l'appliquer à l'éclat & à la reputation d'une maison dont seroient sortis plusieurs grands hommes.

V Vne Comete.

IN FVLMEN COGI POTVISSET.

Elle eut pû eſtre un foudre.

Pour une perſonne qui ſe contente de menacer, quand elle auroit lieu de punir.

VI. Vne Comete.

ARDEO DVM VIVO.

Et je ne ſuis que feu, tout autant que je dure.

Pour une perſonne zelée.

VII. La Voye de lait.

SIGNAT AD ALTA VIAM.

Elle montre aux mortels une route élevée.

C'eſt la charité qui eſt ce chemin parfait, que l'Apôtre enſeignoit aux premiers Chreſtiens.

VIII. Les Feux de Caſtor, & Pollux ſur un vaiſſeau, au milieu de la tempête

SERENVM ERIT.

Le calme reviendra.

IX. Alcibiade Lucatini à la mort d'un de ſes amis, peignit ces Feux que l'on appelle Feux Saint Elme, qui preſagent le beau temps apres la tempête, & les accompagna de ces mots.

CVM LVCE SALVTEM.

Pour dire que cét amy au milieu de la mort
qui est une espece de naufrage, avoit trouvé la
lumiere & le salut.

X. Les mesmes Feux.

TENEBRIS ORITVR LVX SACRA FVGATIS.

Ces Feux sacrez, dissipent les tenebres.

Cette Devise a esté faite pour la conversion
de Saint Augustin, par des Religieux de son
Ordre, étudians à l'Isle en Flandre, ou ils re-
presenterent la vie de ce Saint en Devises.

XI. Les mesmes Feux.

CERTA SALVS.

C'est là nostre salut.

Cette Devise parût à Milan, pour la ceremonie de la Canonisation de Saint Charles, &
marquoit la protection de ce Saint.

XII. Vne Comete.

ELATVS FVLGET.

Quand il est élevé, quel éclat n'a-t-il pas?

La Comete n'est qu'une exhalaison de la terre,
qui étant élevée semble un Astre. C'étois la
Devise de Iean Beccari, qui la prit avec le
nom d'Academico Accelo, dans l'Academie des Affidati de Pavie.

XIII. La Voye de lait, composée de plusieurs Estoiles.

COLLATO FVLGORE NITENT.

C'est de leur union, que vient ce grand éclat.

Pour une Compagnie composée de plusieurs personnes Illustres.

XIV. Vne Comete.

METVENDA MINATVR.

Elle menace de ce qui est a craindre.

Ponr un Predicateur qui prêche les jugemens de Dieu.

XV. La Voye de lait.

NON FALLIT EVNTES.

Elle ne trompe point ceux qui la suivent.

C'est le simbole de l'Eglise. C'étoit la Devise de Marc-Antoine Viaro Gentil-homme Venitien.

XVI. Les Feux Saint Elme, qui ont la figure des Estoiles, & qui presagent la serenité.

AB HIS VENIT OMNE SERENVM.

C'est d'eux que nous vient la serenité.

Le Pere Rapin fit cette Devise pour Monsieur le Cardinal Mazarin, apres que ce Ministre eut signé la paix avec l'Espagne : il avoit trois Estoiles en ses Armoiries.

XVII. Vn feu Saint Elme sur un vaisseau, battu de la tempête.

VICINÆ NVNCIA PACIS.

C'est le presage heureux, de la Paix qu'on attend

XVIII. Vne Comete.

PRODIGIO A GRANDI.

Prodiges pour les grands.

XIX. Vne Comete.

A PENAS VNA EN VN SIGLO.

A peine une en un siecle.

Pour une personne d'un merite extraordinaire.

XX. Les Feux Saint Elme, & un vaisseau battu de la tempête.

FVGIVNT HOC SIDERE NIMBI.

Vn Astre si benin dissipe les tempêtes.

Cette Devise est appliquée à Monsieur le Chancelier Seguier, qui avoit deux Estoiles en ses Armoiries.

XXI. Au Ballet de l'amour, & contre-amour, dansé l'an 1618. on porta une Comete, avec ces paroles.

ARDORE D'IRA E NON D'AMORE.

Je brûle de colere, & non d'amour.

XXII. Apres la peste de Naples, cette Ville se mettant sous la protection de S. François Xavier, on peignit un vaisseau battu de la tempête, avec le Feu Saint Elme, & ces mots si ordinaires à ce Saint.

SAT EST.

C'est assez.

XXIII. Aux funerailles du Cardinal Campori, on peignit les mesmes corps, avec ces mots.

COMPOSVERE FLVCTVS.

Ils ont rendu le calme, & chassé la tempête.

Pour le Pape & l'Empereur, qui avoient resisté au Turc, qui menaçoit toute l'Italie.

XXIV. Vne Comete.

CVM SVPERIS RADIARE AVDET.

Elle ose aller briller, aveque les Estoiles.

XXV. Quand on transporta à Modene, de l'Eglise S. George dans une chapelle du dôme, une image de la Sainte Vierge, on peignit un vaisseau battu de la tempête, avec le Feu Saint Elme, & ces paroles.

SPES VNICA FESSIS.

Dans les malheurs presens, nostre unique esperance.

XXVI. Le Feu Saint Elme.

TEMPESTATESQVE SERENAT.

Appaisant la tempête, il rend le Ciel serein.

XXVII. La Voye de lait.

INNOCVO CANDORE MICAT.

D'une blancheur benigne, elle fait son éclat.

XXVIII. Vlysse Bentivogli Comte de Montevecchio, estant receu fort jeune, dans l'Academie des *Gelati* de Bologne, prit pour Devise un vaisseau au dessus du mast duquel paroissoit le Feu S. Elme, qui s'allume particulierement dans les grands froids, & il l'accompagna de ces mots de Martial.

CINCTA REPENTE GELV.

Quand tout paroît gelé, d'abord elle s'allume.

XXIX.

XXIX. Charles Guidoti de la mefme Academie, a pour Devife une Comete, composée de plufieurs petites Eftoiles jointes enfemble.

ET MVTVATA LVCE.

Je brille en empruntant, de plufieurs la lumiere.

XXX. Le Marquis Loüis Scotto Prince de l'Accademie des *Spiritofi* de Plaifance, fit fa Devife de la voye de lait, compo-sée de plufieurs petites Eftoiles, avec ces paroles

E PLVRIBVS NITOR.

C'eft de plufieurs, que me vient mon éclat.

XXXI. L'Academie des Offufcati de Cefene a pour Devife la mefme voye, composée de ces mefmes Eftoiles, avec ces mots.

JVNCTA RENIDENT.

Ils brillent eftant joints.

XXXII. Le mefme corps.

CANDORE NOTABILIS.

C'eft fa blancheur qui la fait diftinguet.

XXXIII. Saint Charles Boromée entrant dans l'Academie des Affidati de Pavie, fit sa Devise de ce mesme corps, avec ces mots.

MONSTRAT ITER.

C'est le chemin du Ciel qu'elle nous môtre.

XXXIV. Le Pere Gamberti y adjoûta pour mot, ces paroles de Claudien.

HÆC SEMITA LAVDVM.

C'est par ce seul chemin qu'on parvient à la gloire.

XXXV. La mesme voye.

VISVS INCVRRIT IN IPSOS.

Elle frappe les yeux, de qui veut bien la voir.

Le chemin du Ciel n'est pas difficile à trouver.

XXXVI. Vne Comete.

EXTREMA MINATVR.

Le presage fatal, des dernieres miseres.

Le mot est de Silius Italicus, & Charles Rancati l'applique à un homme qui n'est élevé aux premieres Charges, que pour faire du mal.

XXXVII. XXXVIII. XXXIX.

On a fait trois autres Devises du mesme corps, avec les paroles du mesme Poëte.

TERRET FERA REGNA.

Aux peuples les plus fiers, il porte la terreur.

Pour un Conquerant.

SANGVINEVM SPARGENS IGNEM.

D'un feu fanglant il menace la terre.

Pour un emportement de colere, & de van-geance.

SÆVA LVCE CORVSCVS.

D'un éclat dangereux, il brille aux yeux du monde.

XL. La Comete.

FVLGET ET INTERIMIT.

Son éclat violent ne fait que du ravage.

XLI. La Comete.

PAVCIS MINATVR, OMNIBVS FVLGET.

Elle brille pour tous, & nuit à quelques-uns.

XLII. La Comete.

IMPE LOCCHIO DI LVCE, IL COR DI GELO.

En éclairant les yeux, elle glace le cœur.

C'est pour une Dame que cette Devise fut faite.

XLIII. Philppe Hurault de Chiverni, Chancelier de France, qui avoit en ses Armoiries quatre ombres de Soleil, ou quatre Cometes, portoit pour Devise une de ces Cometes, avec ces mots.

CERTAT MAJORIBVS ASTRIS.

Aux Astres les plus grands, elle peut s'égaler.

Parce qu'il étoit l'un des grands Officiers de la Couronne étant Chancelier.

XLIV. Aresi pour representer S. Thomas d'Aquin, l'Astre de la Theologie, s'est servi d'une Comete qui attire les yeux de tout le monde, & se fait observer comme un prodige, & l'a accompagnée de ces mots.

QVOCVNQVE JERIT.

En quelque part qu'elle aille.

XLV. Vn autre confiderant que les Co-
metes ne paroiffent prefque jamais, que
pour predire la mort des grands, en fit
une Devife, avec ces paroles.

IN ORTV SIGNAT OCCASVM!

Son lever predit le coucher de quelqu'un.

XLI. Vne Comete,

TANTO PIV GRAVE IL DVOL
QVANTO PIV SPLENDE.

Plus elle brille, & plus elle eft à craindre.

XLII. La Voye de lait.

TRA L'OMBRE OSCVRE, PIV,
LVCENTE, E BELLA.

Dans les plus fombres nuits, elle paroît
plus belle.

XLVIII. Le Pere Engelgrave a fait de
la voye de lait, la Devife de Sainte Catherine, avec ces mots.

LACTEA NOMEN HABET.

Elle a un nom de lait.

XLIX. Vne Comete.

DVM LVCEAM PEREAM.

Que je perisse pourvû que je brille.

C'est le simbole de l'ambition.

L. La Voye de lait.

NON LICET OMNIBVS ADIRE.

Il n'est pas permis à tous de tenir ce
chemin.

*Il y a des routes qui ne sont que pour les Heros,
tous les chemins ne sont pas egalement ouverts
à tout le monde, c'est ce que dit cette Devise,
dont le corps est le chemin des Heros, & le mot
emprunté de ce Proverbe.* Non licet omnibus
adire Corinthum.

LES PARELIES,

ET LES EXHALAISONS

ALLUME'ES,

EN FORME D'ESTOILES.

I. Trois Soleils.

LVX SATIS VNA TRIBVS.

Le mesme éclat les fait briller tous trois.

Pour un Ministre qui avoit servy trois Rois.

II. Le Soleil & deux Parelies.

GEMINA SE IN IMAGINE PINGIT.

Il se voit en ses deux images.

Cette Devise parut aux funerailles de Monsieur le Prince de Condé, Pere de Monsieur le Prince & de Monsieur le Prince de Conti.

III. Le Duc de Nemours, le Duc d'Aiguillon & le Prince de Joinville, au Carrousel des Chevaliers de Thrace, porterent trois Parelies, avec ces mots.

AL SOLE SOLI.

Au Soleil ils sont des Soleils.

IV. Vn vent qui dissipe un Parelie.

AGNOSCITE FRAVDEM.

Reconnoissez le feint d'avec le veritable.

Cette Devise parut parmy quantité d'autres, dans l'appareil que l'on fit à Avignon, pour la Reception de Monseigneur le Cardinal Chigi, envoyé Legat en France, par le Pape Alexandre VII. Elle étoit attribuée au Cardinal Pierre de Foix, qui termina par son zele & ses soins, le schisme qui étoit dans l'Eglise entre le Pape, & l'Archipape Benoist XIII.

V.

V. Vne de ces exhalaisons allumées qui ressemble aux Estoiles, & qui semble tomber du Ciel, avec une longue trace de lumiere.

SEQVITVR LVX MAGNA CADENTEM.

Vn grand éclat accompagne sa route.

VI. Le mesme corps.

DVM RADIAT CECIDISSE PVTANT.

On croit qu'elle est tombée, & c'est qu'elle nous brille.

Le Pere l'Abbé fit cette Devise pour le retour de Monsieur le Cardinal Mazarin, apres son éloignement.

VII. Aux funerailles de Marguerite d'Austriche Reine d'Espagne, parut le mesme corps avec ces mots.

CECIDISSE VIDETVR.

Elle semble estre tombée.

VIII. Vn Parelie opposée au Soleil.

PAR DVM RESPICIET.

Semblable à luy, tandis qu'il le regarde.

Cette Devise a été faite pour Monseigneur le Dauphin.

R 5

IX. Vn Parelie qui s'efface.

PAR SI DVRASSET.

Semblable à luy s'il avoit pû durer.

Cette Devise fut faite pour la mort d'un Fils de Monsieur Corneille, l'honneur du Theâtre François.

X. Vn Parelie qui tombe en pluye.

SOLVTIS LABITVR IMBRIBVS.

La pluye le défait.

Pour une personne à qui un revers de fortune oste tout son éclat.

XI. Vn Parelie.

INDVIT ILLE PATRIS RADIOS.

Il a les traits & l'éclat de son Pere.

Pour Monseigneur le Dauphin.

XII. Les trois Soleils, qui parurent au temps d'Auguste.

EST TAMEN VNVS.

Il n'en est pourtant qu'un.

Pour le Mystere de la tres-sainte Trinité.

XIII. Le mesme corps avec ces paroles.

LVX AB VNO.

D'un seul vient la lumiere.

XIV. Le Pere Engelgrave pour representer le Mystere de la Sainte Trinité a peint le Soleil, qui imprime son image sur un miroir dont elle se refléchit sur l'eau, ou il s'en forme un autre avec ces mots de Saint Jean.

ET HI TRES VNVM SVNT.

Et tous les trois sont une mesme chose.

XV. Aux funerailles de Philippe II. Roy d'Espagne, faites à Naples l'an 1599. on peignit une de ces exhalaisons allumées qui tombent en forme d'Estoile, avec ces mots de Iob.

LVCEBIT SEMITA POSTEA.

Elle laisse apres elle, un chemin lumineux.

XVI. Le Soleil & un Parelie.

QVANTVM INSTAR IN IPSO EST.

Qu'il luy ressemble bien.

Pour Monseigneur le Dauphin.

XVII. Vn Parelie.

SIMILLIMA PATRIS IMAGO.

Fort semblable à son Pere.

Pour le mesme sujet.

R r ij

XVIII. Melchior Zoppio Fondateur de l'Academie des Gelati à Bologne, pour témoigner à une personne de la premiere qualité, qu'il luy devoit son élevation & son éclat, prit pour Devise une nuë opposée au Soleil, & empreinte de l'image de cét Astre, avec ces mots d'Horace.

MVNERIS HOC TVI.

C'est à vous que je dois ma gloire & mon éclat.

On ne peut rendre un témoignage plus illustre de reconnoissance que celuy de cét Academicien, si aimé du Pape Vrbain VIII. qu'étant allé à Rome sous son Pontificat, il luy fit preparer un appartement dans son Palais se souvenant de l'étroite union qu'il avoit euë avec cét illustre, lors qu'il voulut être du nombre de ses Academiciens; C'est ce qui a fait croire que le Soleil de la Devise de Zoppio representoit ce Pape, qui avoit pris cét Astre pour le corps de sa Devise, comme j'ay remarqué cy-devant.

ADDITIONS.
LE SOLEIL.

I. Vn Soleil qui fait fondre la neige.

OCCVLTA PANDET.

Il fera voir ce qu'on ne voyoit pas.

Pour la mort d'une personne dont on ne connoissoit pas, auparavant la vertu.

II. Vn crible opposé au Soleil, qui recevant ses rayons, fait paroistre autant de petits Soleils qu'il a de trous.

EX VNO MVLTA.

D'un seul plusieurs.

III. Le mesme corps.

IDEM IN OMNIBVS.

Le mesme en tous.

Pour le corps du Fils de Dieu, reproduit dans toutes les Hosties, au Sacrement de l'Eucharistie.

IV. Le rayon du Soleil passant par un trou quarré, & formant au delà un rond de lumiere, avec ces mots d'Horace.

MVTAT QVADRATA ROTVNDIS.

Il change le quarré en rond.

C'est la Devise que le Pere Gregoire de Saint Vincent, a mis à la tête de son Ouvrage, de la quadrature du cercle.

V. Le Soleil qui se couche.

ORBI NOTVS VTRIQVE.

Il est connu dans l'un & l'autre monde.

VI. Le Soleil qui se couche.

NATVRÆ SATIS, NOBIS PARVM.

Pour la nature assez, mais c'est trop peu pour nous.

Pour la mort d'un homme âgé, mais encore necessaire.

VII. Le Soleil caché, & les Estoiles.

MANSERE SPARSA SIDERA.

Il laisse apres luy ses lumieres.

Pour une personne morte, qui laisse apres elle l'éclat de ses vertus.

VIII. Le Soleil couvert d'un nuage, avec ces mots de Ieremie.

APPOSVISTI NVBEM TIBI.

Vous vous estes couvert de ce nuage sombre.

Pour Iesus-Christ dans l'Eucharistie.

IX. Le Soleil éclipsé.

E COELO DECOR.

La Divinité de Iesus-Christ, n'estoit connuë que du Ciel, quand il fut crucifié.

X. Le Soleil monté sur son Char, dans le Zodiaque.

PER GLORIOSA STRADA.

Par un si beau chemin.

Pour un Conquerant.

XI. Le mesme corps.

IL MVNDO INFORMA E REGGE.

Il maintient l'univers, & le regle par tout.

XII. Le Soleil.

VBIQVE INTEREST, ET MIS- CETVR OMNIBVS.

Il est present par tout , & se mêle de tout.

Le mot est de Minutius Fælix , & c'est de Dieu qui'l parle en cér endroit, sous le simbole du Soleil.

XIII. Le Soleil couchant.

DECOR INTEGER.

Sa beauté pour cela , n'en souffre aucune tache.

XV. Le Soleil dans son Char.

SV GLI ALTRI HA REGNO.

Il regne sur les autres,

XV. Le Soleil dans son Char.

AL CIELO ARRIDE, E L' VNI- VERSO GIRA.

Il fait du Ciel la joye , en éclairant la terre.

XVI. A Naples pour la naissance du Roy d'Espagne , on peignit le Soleil levant, avec des plantes au dessous.

NASCENDO AVVIVA.

Sa naissance aujourd'huy nous redonne la vie.

XVII. Le College de Lion l'an 1667. fit une reception folemnelle aux Magiftrats Fondateurs de ce College. On y reprefenta une Tragedie, dont le fujet allegorique eftoit le rêtabliffement de cette Ville, apres fon incêdie arrivé fous l'Empire de Neron. On donna aux Magiftrats, des medailles faites fur le mefme fujet, & pour marquer l'occafion de la publication de cette medaille, la legende eftoit celle-cy. *Ludis folemnibus actis a Rhetoribus Lugdunenfibus in Theatro Collegij Sanctiffimæ Trinitatis Societatis* JESU, *Die quintâ Iulij MDCLXVII.* C'eft là que parurent ces deux belles Devifes du Soleil, que j'ay déja rapportées cy-devant, l'une avec le mot VTRIVSQVE ARBITER ORBIS, & l'autre avec ces paroles, PRÆEVNT VENIENTQVE MINORES. En cette mefme occafion, on fit pour Monfieur le Maréchal de Villeroy, Goûverneur de la Ville & de la Province, une Devife de l'Eftoile du matin, qui guide le Soleil, avec ces mots.

MONSTRAT ITER.

De quels feux brille t'il, fous un guide
fi feur ?

C'est du Roy que parle ce Vers, parce que Monsieur le Maréchal de Villeroy a eu l'honneur de l'élever & d'estre le Gouverneur de sa jeunesse.

XVIII. Le Soleil suivant la mesme Estoile.

QVA PRÆIT, ILLE SEQVOR.

Je vais ou son exemple, & ses pas me conduisent.

Celle-cy estoit pour Monsieur le Duc de Villeroy, marchant sur les pas de son illustre Pere, l'Épigrame latine qui expliquoit cette Devise, avoit une grace singuliere pour deux ou trois allusions, qu'elle faisoit à la qualité de Duc, de Pere, & de guide, à l'égard de cét illustre Fils.

XIX. Aux funerailles que la Nation Espagnole fit à Rome, à Marguerite d'Austriche Reine d'Espagne, on peignit le Soleil couché avec ces mots.

ALVMBRA EN OTRO CIELO.
Il va briller ailleurs.

Cette Devise fut accompagnée de Vers Espagnols fort spirituels.

Alçava Tajo la dorada frente
A los llantos que el monte repetia,
Y viendo que su Sol se lo ponia
Quando Phebo aßomava por Oriente.
Dixo, almo Sol aunque te llore ausente,
Es bien que al India des alegre dia,
Porque si corres tras la noche fria,
Gozaremos de Sol eternamente,
Pero llegò la noche tenebrosa
Y confusa de ver que tarda tanto
Sin dar señales de monstrarse al suelo
Dixo a las ninfas de la Vega umbrosa,
Dexad la dança y antonad el llanto
Que vueftro Sol alumbra en otro Cielo.

Ces Vers font de Saavedra Faxardo.

XX. Le Soleil.

CONCVRRIT AD OMNIA.

Il a part tous les jours, à tout ce qui se
fait.

Pour le concours que Dieu donne à toutes les
creatures.

XXI. L'an 1642. le jour de la decolla-
tion de Saint Jean Baptiste, on fit à Ge-
nes au Noviciat des Jesuites un appareil
celebre à l'honneur de ce Saint, ou l'on

exposa des Devises. Entre ces Devises,
estoit celle d'un Soleil, avec un Croissant de Lune.

DETEGIT ET TEGIT IDEM.

Le mesme l'obscurcit, & le mesme l'éclaire.

Le Fils de Dieu obscurcit la gloire de Saint Iean Baptiste, quand il comença a se manifester par ses miracles & sa predication, & il fit la gloire de ce Saint en faisant son éloge, & en disant qu'il estoit le plus grand des hommes.

XXII. Des vapeurs qui se levent, & des nuages, & le Soleil au dessus.

MIHI FRVSTRA.

En vain pretendent-ils rien oster à ma gloire.

Pour un homme, qui est au dessus de l'envie & de la calomnie.

XXIII. En la ceremonie qui se fit à Palerme, l'an 1622. pour la Canonisation de Saint Ignace, parut entre les Devises le Soleil au Signe du Lion, qui fait les inondations du Nil, pour la fertilité de l'Egypte.

PER TE INVNDANS FÆCVNDO.

C'est par vous que j'inonde,
Pour rendre tous les ans cette terre fecôde.

Pour les épanchemens de zele de ce Saint, causé par sa charité.

XXIV. Le Soleil dans le Zodiaque.

DECVS ADJICIT HOSPES.

Il fait honneur aux maisons qu'il habite.

Monsieur Quinaut a fait cette Devise pour les Iettons des Bastimens du Roy, de l'année 1682.

XXV. Le premier mobile.

RAPIT OMNIA SEÇVM.

Il emporte tout avec luy.

XXVI. Le Soleil sortant des broüillards.

EO JAM CLARIOR EXIT.

Il en sort plus brillant.

C'estoit pour representer l'advenement à la Couronne du Roy Henry IV. apres la ligue. Ces deux Devises parurent à l'Entrée de la Reine Marie de Medicis dans Avignon.

XXVII. Le Soleil & les Estoiles qui s'effacent à son coucher.

ΕΙΣ ΚΟΙΡΑΝΟΣ.

Vn seul Souverain.

XXVIII. Le Soleil.

ΕΝ ΠΑΣΙ ΚΑΙ ΔΙΑ ΠΑΝΤΩΝ.

En tout & par tout.

C'eſt ce que les Egyptiens diſoient autre-fois du Soleil, & ce qui ne peut convenir qu'à la Providence Divine.

XXIX. Vn Cavalier Italien nommé Saroti, partant pour aller à la guerre, & ſe ſe-parant d'une perſonne qu'il aimoit, fit mettre ſur ſa cornette de Cavalerie, un Soleil couchant, avec ces mots qui fai-ſoient alluſion à ſon nom.

AL RITORNO IL MEDESMO
SARO TI.

Je vous ſeray toûjours le meſme à mon retour.

Pour une amitié conſtante.

LA LUNE.

I. Vne Lune qui ſe couche.

MORIOR VT ORIAR.

Je meurs pour revivre.

II. La Lune.

SOLIS CORVSCA LVMINE.

C'est du Soleil qu'elle tient sa lumiere.

III. La Lune au milieu des Estoiles.

LA CONOCEN POR SENORA.

Ils la reconnoissent pour leur Reine.

Pour l'entrée de la Reine d'Espagne dans Madrid.

IV. Le Croissant de Lune, qui regarde le Soleil.

LVMINIS INDE SATIS QVO TO-TVM COMPLEAT ORBEM.

Il en tire assez de lumiere,
Pour remplir toute sa carriere.

Pour Monseigneur le Dauphin, qui tire assez d'éclat du Roy son Pere, pour se distinguer dans le monde.

V. La Lune au milieu des Estoiles.

LOS GRANDES L'ACCOMPANAN Y LOS PEQVENOS.

Les grands & les petits, accompagnent sa marche.

Pour l'entrée de la Reine d'Espagne dans Madrid, ou elle fut accompagnée des grands du Royaume, & de tous les corps, mesme de ceux des mestiers.

VI. VII. Le Pape Pie second de la Maison des Piccolomini de Sienne, fit bastir dans cette Ville là, une loge pour ceux de sa Famille à la maniere des Segges de Naples, à l'Entrée d'Ascanio Piccolomini Archevêque de Sienne, soixante & dix Gentils-hommes de sa maison l'attendirent sous cette loge qu'ils avoient fait orner magnifiquement, aux deux costez des Armoiries de Pie 2. qui sont une Croix chargée de cinq Croissants, ils avoient mis un Croissant, avec ces mots.

OLIM PLENA.

Elle a esté pleine cy-devant.

Pour faire allusion au Pontificat de Pie 2. & de Pie 3. de leur Maison, & de l'autre côté ils avoient mis une Lune presque pleine, avec ces mots.

PLENILVNIO PROXIMA.

Elle approche de sa plenitude.

Pour augmenter par cette Devise le Pontificat d'Ascanio Piccolomini leur parent.

VIII.

VIII. Il y eut d'autres Devises sur le mesme corps.

La Lune opposée au Soleil.

RECTO INTVITV.

D'un regard toûjours droit.

Pour la rectitude d'intention.

IX La Lune.

ET IPSA TENEBRAS TOLLIT,

Elle aussi chasse les tenebres.

X. La Lune pleine.

TANDEM ORBEM IMPLEVIT.

Enfin elle a rempli son cercle de lumiere.

XI. Celuy qui a décrit en Vers François l'entrée dans Paris de Monsieur le Marquis de Ferrer, Ambassadeur du Duc de Savoye, a accompagné la description de cette Pompe, de quelques Devises entre lesquelles est celle d'une Lune, avec ces mots.

LVX ALTERA MVNDI.

De ce vaste Vnivers, la seconde lumiere.

Il applique cette Devise à Madame Royale de Savoye, qui est la Princesse du monde la plus accomplie, & la plus digne du rang, où son merite aussi bien que sa Naissance l'ont

Tt

élevée. *L'Autheur de la Devise fait allusion au Soleil qui est la Devise du Roy, & dit qu'apres ce grand Monarque, le monde n'a rien de si grand que Madame Royale.*

LES ESTOILES.

I. Les Estoiles du Firmament, & des moissons au dessous.

SVPRA INFRAQVE JVVANT.

Vtiles dans le Ciel, utiles sur la terre.

Pour les Saints.

II. L'Estoile de Saturne.

MINOR ESSE VIDETVR QVÆ SVMMA EST.

La plus grande est la plus petite.

Pour l'humilité de la Sainte Vierge, qui fit profession d'estre la servante du Seigneur, quand on luy annonça qu'elle étoit choisie de Dieu pour estre mere de son Fils.

III. L'Estoile de Saturne.

SVMMA VIDETVR AB IMIS.

Toute haute qu'elle est, on la voit de bien bas.

Cette Devise fut faite pour le Pape Alexandre VII. qui avoit une Estoile en ses armures, au dessus d'une montagne à six coupeaux, & c'étoit pour exprimer son affabilité, dans la premiere dignité du monde.

IV. Vne Estoile du Firmament.

IMMOTA VIDETVR.

Elle est muë sans se mouvoir.

V. Vne Estoile au milieu de la nuit.

IN TENEBRIS ABSQVE TENEBRIS.

C'est dans les tenebres, qu'elle est sans tenebres.

Caractere de la Foy.

VI. L'Estoile qui se couche avec le Soleil.

CRAS EADEM.

Elle sera demain la mesme.

VII. Vne Estoile du Firmament.

QVO ALTIOR MINOR.

Plus elle est élevée, & plus elle est petite.

Pour l'humilité de la Sainte Vierge.

VIII. Vne Estoile dans un Ciel obscur.

MIHI DECVS AB VMBRIS.

Les ombres me font de l'éclat.

C'est la Devise que l'Academie de Bologne fit pour Elizabet Sirani, qui peignoit excellemment, & qui mourut à l'age de 26. ans.

IX. L'Estoile Polaire au dessus de la mer.

INVIA PERVIA.

Elle ouvre des chemins ou l'on n'en trouve point.

Pour un Autheur qui a fait de nouvelles découvertes.

X. Le Soleil couché, & les Estoiles.

VOS QVOQVE AD OCCASVM.

Vous y viendrez aussi.

Et les grands & les petits meurent.

XI. Les Estoiles.

OMNIA SIMVL.

Tout en mesme temps.

Il y a des personnes qui font paroître en mesme temps, toutes les vertus dans leur conduite, comme toutes les Estoiles brillët en mesme temps quand le Soleil est couché.

XII. Le Firmament rempli d'Estoiles.

MOVENTVR NON MVTANTVR.

Elles ont mouvement, & ne font point changées.

Cette Devise parut en l'appareil solemnel, que le College Romain, fit pour la Reception des Princes Rospigliosi, neveux du Pape Clemét IX. & cêtoit pour exprimer l'éclat invariable des vertus de ce Pape & de ceux de sa Famille.

XIII. L'Estoile du matin.

DISPONIT CVM SOLE VIAS.

Sur le Soleil elle regle ses pas.

C'est le caractere d'un Saint Pontife, comme le Pape Clement IX. qui ne se propose que Dieu seul pour regle de ses actions.

XIV. Le Firmament semé d'Estoiles.

ET CREBRIS ET RARIS.

Ny trop frequantes ny trop rares,

Pour une personne moderée, qui n'affecte ny de trop paroistre, ny de trop se cacher.

XV. L'an 1593. la Ville de Palerme ayant obtenu par le moyen de la Comtesse d'Olivares, Vice-Reine de Sicile, du Pape Clement VIII. La teste de Sainte Nymphe Vierge & Martyre de Palerme, qui estoit dans une Eglise de Rome, on fit à cette Relique une reception magnifique. La Nation Florentine fit dresser une Arc de triomphe, enrichi d'Emblêmes, d'inscriptions, & de Devises. Entre ces Devises estoit le Soleil au Signe du Lion, avec ces mots.

CVM FORTI FORTIOR.

Le fort avec le fort.

Pour marquer la protection que cette Sainte donneroit à cette Ville, pour sa garde & pour sa défense, cette protection estant jointe aux autres forces de la Ville.

XVI. Les Estoiles que l'on nomme de Medicis, qui sont les Satellites de Jupiter.

JVDICIVM FALLIT DISTANTIA IN MAGNITVDINE.

L'éloignement empéche, de juger de leur grandeur.

Pour marquer que nous ne connoißons pas assez la vertu & le credit des Saints qui sont dans le Ciel, parce qu'ils sont éloignez de nous.

XVII. La Voye de lait.

EX LVMINE CANDOR.

La lumiere fait ma blancheur.

VIII. Le Pere Raggi Capucin Genois, faisant imprimer un Traité de Theologie, de la conduite des Reguliers, prit pour Devise le Soleil levant, dont les rayons dissipoient les tenebres, avec ces mots.

ABSCONDITA IN LVCEM.

Je mets au jour ce qu'on ne voyoit pas.

Les rayons du Soleil se nomment Raggi *en Langue Italienne, ainsi le nom du corps de la Devise faisoit allusion au nom de ce Pere.*

XIX. Jean Keerberg Libraire d'Anvers, avoit pour Devise le Soleil sur le Globe de la terre, avec ces mots.

FOVET ET ORNAT.

Il en est le soûtien, & fait ses ornemens.

On peut appliquer cette Devise à la Iustice qui conserve le monde, & qui y maintient l'ordre.

XX. Monsieur de Santüeil qui fait de si beaux Vers, & qui est si heureux à tourner les inscriptions des Fontaines & des Ouvrages publics, a fait cette année la Devise des Jettons de l'extraordinaire des Guerres, c'est un Soleil; avec ces mots.

ET FVLMEN SINE NVBE PARAT.

Et tout serein qu'il est il prepare la foudre.

Cette Devise s'appliquoit à la marche du Roy vers Strasbourg, & à la prise de cette Place faite sans beaucoup de bruit, & sans qu'il parût aucun preparatif de Guerre.

Deux mille Devises des Elemens, & deux mille tirées des corps artificiels acheveront ce Recueil.

www.ingramcontent.com/pod-product-compliance
Lightning Source LLC
Chambersburg PA
CBHW050553270326
41926CB00012B/2028